WAPPEN UND FAHNEN DER SCHWEIZ

Louis Mühlemann

WAPPEN UND FAHNEN

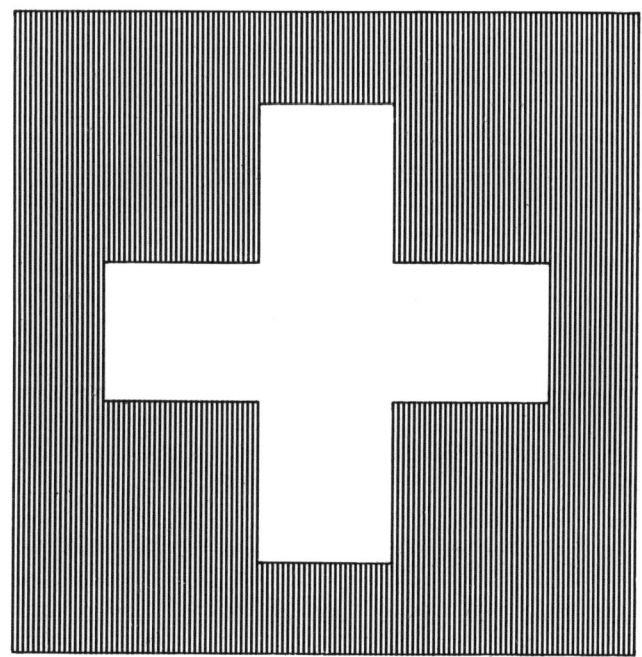

DER SCHWEIZ

Erscheint unter dem
Patronat der Schweizerischen
Heraldischen Gesellschaft
und der Schweizerischen
Gesellschaft für Fahnen- und
Flaggenkunde

Reich Verlag Luzern

Dieses Buch wurde aus der Times gesetzt von der Fotosatz AG, Horw, und in Offset gedruckt bei der Polygraphischen Gesellschaft, Laupen.
Die Bild-Reproduktionen wurden ausgeführt von der E. Kreienbühl & Cie AG, Luzern. Die buchbinderische Verarbeitung lag in Händen der Großbuchbinderei Maurice Busenhart, Lausanne.

© 1977 by Reich Verlag AG, Luzern
Alle Rechte vorbehalten
Printed 1977 in Switzerland
ISBN 3-7243-0150-2

BILDNACHWEIS

Die farbigen Wappen, Farbenflaggen und Fahnen der Eidgenossenschaft und der Kantone wurden von Werner Luzi, Luzern, nach Angaben des Verfassers speziell für dieses Buch gezeichnet, ebenso die Wappen der nachfolgend aufgeführten Gemeinden: Meilen, Wädenswil (ZH-I); Interlaken, Langnau, Muri, Zollikofen (BE-II); Entlebuch, Kriens, Rothenburg (LU-I); Arth, Einsiedeln, Freienbach, Ingenbohl, Küssnacht, Lachen (SZ-I); Buochs (OW/NW-I); Näfels (GL-I); Villars-sur-Glâne (FR-I); Grenchen, Olten (SO-I); Rüte (AR/AI-I); Kaiserstuhl, Klingnau, Mellingen, Oftringen, Wettingen (AG-II); Ascona, Biasca, Giubiasco (TI-I); Montreux, Prilly (VD-II); Carouge (GE-I); Bassecourt (JU-I).

Die Abbildungen von rund 170 Gemeindewappen wurden mit freundlicher Erlaubnis der Verleger folgenden Werken entnommen:

- Rund 120 Gemeindewappen nach dem von der Kaffee Hag AG, Feldmeilen, herausgegebenen Markensammelwerk *Die Wappen der Schweiz* (Zeichnungen von P. Boesch).
- Kanton Zug: A. Iten/E. Zumbach: *Wappenbuch des Kantons Zug, Heraldik und Familiengeschichte* (Wappenzeichnungen von A. Wettach und E. Hotz), Druck und Verlag Kalt-Zehnder, Zug 1974.
- Kanton Baselland: P. Suter: *Die Gemeindewappen des Kantons Baselland* (Zeichnungen A. Müller, O. Plattner und A. Zehntner), Kantonale Drucksachen- und Materialzentrale (heutige Kantonale Drucksachen-, Büromaterial- und Lehrmittelverwaltung Baselland), Liestal 1952.
- Kanton Schaffhausen: B. Bruckner-Herbstreit: *Die Hoheitszeichen des Standes Schaffhausen und seiner Gemeinden* (Wappenentwürfe B. Bruckner-Herbstreit, E. Huber, J. Morier und G. Zimmermann), im Selbstverlag der Verfasserin, Reinach-Basel 1951.
- Kanton St. Gallen: *Die Gemeindewappen des Kantons St. Gallen*, bearbeitet von der Gemeindewappenkommission des Kantons St. Gallen (Wappenzeichnungen von W. Baus), Verlag der Fehr'schen Buchhandlung, St. Gallen 1947.
- Kanton Graubünden: *Die Wappen der Kreise und Gemeinden von Graubünden*, bearbeitet von der Wappenkommission Graubünden (Wappenbeschreibung und -begründung von R. Jenny, Farbtafeln A. Nigg), Verlag Kantonale Drucksachen- und Materialzentrale (heutiger Druckschriften- und Lehrmittelverlag des Kantons Graubünden), Chur 1953.
- Kanton Thurgau: B. Meyer: *Die Gemeindewappen des Kantons Thurgau*, herausgegeben vom Kanton Thurgau, Frauenfeld 1960. (Die Zeichnungen der auf unserer Tafel TG-I abgebildeten Gemeindewappen stammen von E. Bosshart).

Archives heraldiques suisses/Schweizer Archiv für Heraldik (AHS): 24 (unten links/AHS 1945), 35 (unten links/AHS 1941), 42 (oben rechts/AHS 1933), 58 (AHS 1905), 72 (unten rechts/AHS 1948), 76 (unten/AHS 1903), 107 (AHS 1919), 127 (TG-I/1, AHS 1941), 133 (links, rechts/AHS 1923), 136 (AHS 1905), 139 (AHS 1921), 145 (unten/AHS 1950), 152 (oben/AHS 1918).
Archivio dell'Armoriale dei comuni Ticinesi, 1953, di Gastone Cambin, Lugano: 132 (TI-II/1), 130, 134.
Bernisches Historisches Museum: 14/15 (oben und unten), 22, 35 (oben links), 37, 40 (oben rechts), 41, 135, 141 (Zeichnung Werner Luzi, Luzern).
Bibliothèque du Ministère de la Défense, Paris: 21 (CH-I/2, Foto Peter Mäder).
Bibliothèque publique et universitaire, Genf: 153.
J.-D. Blavignac, «Armorial genevois», Genf 1849: 151.
Josef Brun, Luzern: 42 (unten), 43 (LU-I/1), 46, 49 (UR-I/1).
Fritz Brunner, Zürich: 148 (Zeichnungen nach Originaldokumenten).
Bundesbriefarchiv Schwyz: 56 (Foto Archiv McGraw-Hill, Luzern).
Burgerbibliothek, Bern: 10, 12 (unten links), 21 (CH-I/1).
Denkmalpflege des Kantons Zug: 73.
Eidg. Drucksachen- und Materialzentrale Bern: 27 (unten).
Faksimile Verlag AG, Luzern: 13 (oben, unten Mitte), 49 (UR-I/1).
The Flag Bulletin, Bd. X, Nr. 4, Winchester/USA 1971: 156 (oben rechts, Mitte rechts).
Gemeindearchiv Herisau: 103 (Ms. Fisch, Foto Peter Mäder, Küsnacht).
Gemeindehaus Urnäsch: 105 (Foto Bachmann, Appenzell).
Gendarmerie Vaudoise, Lausanne: 138.
Heimatmuseum Appenzell: 31 (ZH-I/3).
Historischer Verein des Kantons St. Gallen; Neujahrsblatt 1903: 106.
Historischer Verein Zug, Sammlung: 75 (rechts).

Historisches Museum Basel: 86 (rechts), 87, 88, 90 (unten), 91 (unten).
Historisches Museum Herisau: 100 (oben, Foto E. Steinmann, Trogen).
Historisches Museum Luzern: 44 (LU-II/1–2, Fotos Josef Brun), 61 (OW/NW-I/1, Foto Josef Brun).
Historisches Museum Sarnen: 62 (OW/NW-II/1, Foto Carl Abächerli).
Jahrbuch des Standes Aargau, 1957: 120 (oben).
Joh. Kammermann, Zollikon: 24/25 oben (Foto Giordani, Rom).
Kantonale historische Sammlung, Schloß Lenzburg: 122 (AG-II/2–3).
Kantonsarchiv Sitten: 144.
Mitteilungen der Antiquarischen Gesellschaft in Zürich, «Die Städte und Landessiegel der Schweiz», Bd. IX (1853–1856/E. Schulthess) und Bd. XIII (1858–1862): 29 (unten Mitte), 36 (oben links), 51 (links, Mitte), 54, 59, 63 (oben links), 70 (oben), 72 (rechts), 79 (Mitte), 82 (links), 90 (oben), 96, 111 (oben), 129 (oben links), 143 (links), 150, 152 (oben links).
Musée d'Art et d'Histoire, Genf: 154 (Foto Yves Siza).
Musée d'Art et d'Histoire, Neuenburg: 149 (unten, Foto A. Germond).
Musée Jurassien, Delsberg (Fotos François Enard): 156, 157 (oben links und rechts), 159.
Museum Altes Zeughaus, Solothurn: 83 (Foto Nicolo Vital), 84 (Foto Schweiz. Landesmuseum, Zürich), 85 (unten, Zeichnung Peter Mäder), 85 (Mitte).
Museum des Kantons Thurgau, Frauenfeld: 128 (Foto J.G. Perret, Luzern), 125.
Museum des Landes Glarus, Näfels: 67, 68 (Foto Schweiz. Verkehrszentrale, Zürich).
Museum für Kunst und Geschichte, Freiburg: 77 (Foto Leo Hilber), 76, 80 (oben).
Museum Liestal: 93 (Foto Günter Mattern).
Museum zu Allerheiligen, Schaffhausen: 97.
Rätisches Museum, Chur: 116, 117, 118, 119.
Rathaus Altdorf: 50 (Foto Richard Aschwanden), 52 (unten links, Foto Archiv McGraw-Hill, Luzern), 52 (unten rechts, Foto Richard Aschwanden).
Rathaus Stans: 62 (OW/NW-II/2, Foto Schweiz. Landesmuseum, Zürich).
Rathaus Stein am Rhein: 95.
Robert, Familie, St-Blaise: 147 (Foto A. Germond, Neuenburg).
Pietro von Salis, «Wappen, Fahne und Flagge von Graubünden wie sie von Rechts wegen sein müssen», Zürich 1936: 115 (GR-I/3).
Spar- und Leihkasse Oberfreiamt, Muri AG (Foto Hallwag AG, Bern): 74.
Schweiz. Bundeskanzlei, Bern, «Die Wappen der Schweizerischen Eidgenossenschaft und der Kantone», 1931: 115 (GR-I/1–2).
Schweiz. Landesbibliothek, Bern, Sammlung Pochon: 57 (links), 75 (unten links), 80 (unten).
Schweiz. Landesmuseum, Zürich: 14 (oben links und unten), 16, 17, 18 (oben), 19 (oben und unten), 20 (unten), 26 (unten), 27 (oben), 31 (ZH-I/1–2), 28 (oben links und unten), 30 (oben links, rechts), 33 (unten rechts), 35 (oben rechts), 45 (Mitte links), 47, 48, 52 (oben), 55 (SZ-I/1), 57 (rechts), 65, 66 (oben rechts), 71 (rechts), 94, 104, 112, 113, 120, 122 (AG-II/1), 129 (unten rechts), 140 (unten), 155.
Staatsarchiv, Basel: 86 (links), 89.
Staatsarchiv des Kantons Bern: 36 (oben rechts).
Staatsarchiv des Kantons Tessin, Bellinzona: 131 (Fotobrioschi, Bellinzona), 132 (TI-II/2, Fotobrioschi).
Staatsarchiv des Kantons Thurgau: 127 (TG-I/2–3).
Staatsarchiv Freiburg: 78 (Foto Kunstverlag Benedikt Rast).
Staatsarchiv Nidwalden (Fotos Arnold Odermatt): 60, 63 (rechts).
Staatsarchiv Schaffhausen: 98 (Foto Koch, Wessendorf).
Staatsarchiv Solothurn: 82 (rechts).
Staatsarchiv Zürich: 29 (oben und Mitte links).
Stadtbibliothek (Vadiana), St. Gallen: 18 (unten rechts), 109 (Foto Peter Mäder, Küsnacht), 110 (Fotos Peter Mäder).
Stadtmuseum Zofingen: 81 (Foto Roland Schöni), 124 (unten).
E. Steinmann, Trogen: 102 (oben).
Maurice Tripet, «Les Armoiries et les couleurs de Neuchâtel», Neuenburg 1892: 149 (oben).
Verlag Ars Helvetica, «Die Standesscheiben der Kantone der Schweizerischen Eidgenossenschaft im Rathaus zu Schwyz», Zürich 1942: 111 (unten).
Vexilla Helvetica, 1975: 157 (unten).
Waadtländisches Militärmuseum, Morges: 137 (Zeichnung Werner Luzi, Luzern).
Walliser Militärmuseum, St-Maurice: 142 (Foto Heinz Preisig, Sitten).
Zentralbibliothek, Zürich: 8 (Foto P. Scheidegger), 13 (unten rechts), 15 (oben links/AHS 1902, oben rechts), 140 (oben).

Inhalt

Zum Geleit					6

Vorwort des Verfassers			7

Zur Einführung				9

Die Schweizerische Eidgenossenschaft	12

Die Kantone

> Zürich 28, Bern 35, Luzern 42, Uri 48, Schwyz 53, Obwalden 58, Nidwalden 60, Gesamtkanton Unterwalden 64, Glarus 66, Zug 71, Freiburg 76, Solothurn 81, Basel-Stadt 86, Basel-Landschaft 92, Schaffhausen 94, Appenzell Ausserrhoden 100, Appenzell Innerrhoden 101, St. Gallen 106, Graubünden 113, Aargau 120, Thurgau 125, Tessin 130, Waadt 135, Wallis 140, Neuenburg 145, Genf 150, Jura 156.

Anhang					161

> Heraldik und Vexillologie in Kürze 161, Fahnen und Flaggen und ihre korrekte Verwendung 161, Anmerkungen und benützte Literatur 162.

Zum Geleit

Die Fahnen- und Wappenbilder der schweizerischen Kantone sind ein wesentlicher Bestandteil der föderativen Eigenständigkeit innerhalb der Eidgenossenschaft. Wohl nirgends auf der Welt haben sich in einem so kleinen Gebiet so viele altehrwürdige Zeichen durch die Jahrhunderte praktisch unverändert erhalten. Sie begegnen uns jeden Tag auf amtlichen Dokumenten, Polizeiuniformen, Schiffen und Automobilen, Tramwagen und Trolleybussen, Lokomotiven und Flugzeugen, um nur einige der häufigsten Wappenträger zu nennen. Die Kantonsfahnen, seit über 160 Jahren keine militärischen Feldzeichen mehr, werden fast ausschließlich als Dekorationselemente benützt. Sie sind Zeichen festlicher Freude geworden, die in Erinnerung an die ruhmvolle Geschichte der Panner unserer alten eidgenössischen Stände nunmehr dem ganzen Volke gehören und zu seinen Festen leuchten wollen.

Als erfreuliche Tatsache ist eine stetige Zunahme der Wappenfreudigkeit in der Schweiz festzustellen. Die Kenntnisse aber haben nicht im gleichen Maße zugenommen; selbst die elementarsten heraldischen Gesetze sind wenig bekannt. Fragt man aber nach bebilderter Literatur, so müssen viele Einzelpublikationen mühsam zusammengetragen werden. Die ersten umfassenden Übersichten von Adolphe Gautier, Ludwig Stantz und Arnold Keller datieren aus dem letzten Jahrhundert, sind längst vergriffen und zum Teil überholt. Eine zusammenhängende und hinreichend illustrierte Veröffentlichung der Fahnen und Farben der Schweizerischen Eidgenossenschaft und der Kantone bot Robert Mader nach der Schweizerischen Landesausstellung 1939. Aber auch diese 1942 erschienene, instruktive Schrift ist nur mit Glück antiquarisch zu bekommen, wie auch die Sammelbücher für Kaffee Hag-Wappenmarken.

Die seit Jahren bestehende Lücke ist nun dank Louis Mühlemanns umfassender Arbeit geschlossen worden. Als Präsident der Schweizerischen Gesellschaft für Fahnen- und Flaggenkunde, als Vorstandsmitglied der Schweizerischen Heraldischen Gesellschaft und der Internationalen Akademie der Heraldik hat sich der Autor seit Jahrzehnten intensiv mit der schweizerischen Standesheraldik befaßt. Sein lange gehegter Wunsch, die Früchte seiner Freizeitarbeit nach angestrengtem Tagewerk einer weiteren Öffentlichkeit vorzulegen, ist mit diesem Werk in Erfüllung gegangen. Der Wissenschaftler wie der Praktiker lesen es gleicherweise mit Genuß und Gewinn. Die Zeiten des unbekümmerten Fahnenwirrwarrs sollten damit endgültig der Vergangenheit angehören.

Die Schweizerische Heraldische Gesellschaft dankt Louis Mühlemann und dem Reich Verlag. Mit Freude übernimmt sie das Patronat über die Herausgabe dieses Buches.

JOSEPH MELCHIOR GALLIKER
Präsident der Schweizerischen
Heraldischen Gesellschaft

Signet der Schweizerischen Heraldischen Gesellschaft.
Zeichnung von Paul Boesch.

Vorwort des Verfassers

Fahne der Schweizerischen Gesellschaft für Fahnen- und Flaggenkunde. Entwurf von Louis Mühlemann.

Früh übt sich, ... wer ein Heraldiker werden will. Es begann damals in Paris. In der Schule bestand in unserer Klasse bereits eine «Heraldische Gesellschaft en miniature», wenn wir auch nur drei an der Zahl und jung an Jahren waren. Wir legten aus unserem sauer ersparten Taschengeld gerade so viel auf die Seite, um in einem Antiquariat ein heraldisches Lehrbuch zu erstehen. Es war: *L'art héraldique* von H. Gourdon de Genouillac (das Büchlein steht, abgegriffen und vergilbt, immer noch in meinem Bücherregal). Bald gaben wir uns mit Begeisterung den neu entdeckten Freuden des Blasonierens (der Wappenbeschreibung in der heraldischen Fachsprache) hin, wobei die geheimnisvollen, poetischen Ausdrücke der edlen französischen Heroldssprache uns in Entzücken versetzten. Zu dieser Zeit sammelten wir auch eifrig die bunten Wappenmarken zu den in Frankreich – wie in mehreren anderen europäischen Ländern – von einer Kaffee-Firma herausgegebenen Heften mit Städtewappen. Damit war für mich der Grundstein meiner heraldischen Bibliothek gelegt und mein Interesse für ein seither unablässig gepflegtes Teilgebiet geweckt: die öffentliche Heraldik – das Wappenwesen der Staaten, Landesteile, Städte und Gemeinden – hatte von mir Besitz ergriffen. Später – es war im Jahre 1939 – entdeckte ich in dem inhaltsreichen Büchlein *Fahnen und Flaggen* von Ottfried Neubecker eine neue Welt, die mich sofort in ihren Bann zog, nicht zuletzt deshalb, weil die Fahnen- und Flaggenkunde (heute auch Vexillologie genannt) zahlreiche Berührungspunkte mit der Staatsheraldik besitzt und, wie sie, in engem Zusammenhang mit Geschichte und Politik steht.

Seither sind bald 40 Jahre vergangen, und die Dokumentation ist von Jahr zu Jahr gewachsen. Neue Impulse gewann ich mittlerweile im Rahmen der *Schweizerischen Heraldischen Gesellschaft.* Ihre Publikation, das seit 90 Jahren erscheinende *Schweizer Archiv für Heraldik,* zählt zu den besten auf diesem Fachgebiet und wird im vorliegenden Buch oft zitiert. Auch die Arbeit der *Gilde der Zürcher Heraldiker* bot viele Anregungen. Dank der Initiative und dem Optimismus einiger Freunde aus diesen beiden Gesellschaften konnten wir im Jahre 1967 die *Schweizerische Gesellschaft für Fahnen- und Flaggenkunde* gründen, die es sich zur Aufgabe macht, die Forschung auf den einschlägigen Gebieten zu betreiben und zu fördern und die Ergebnisse ihrer Arbeit in ihrem seit 1969 erscheinenden Jahrbuch *Vexilla Helvetica* zu publizieren. Ohne die fruchtbaren Kontakte mit den Fachkollegen und Freunden aus den vorgenannten Kreisen und die dort gewonnenen Kenntnisse wäre das vorliegende Buch nie entstanden. Allen, die mir mit wertvollen Ratschlägen und Auskünften geholfen haben, sei hier herzlich gedankt.

Eine sehr wertvolle Hilfe waren für mich die von den verschiedenen Museen, Staatsarchiven und weiteren öffentlichen Stellen freundlich erteilten Auskünfte. Hierfür, wie auch für die Beschaffung von photographischen Aufnahmen, möchte ich an dieser Stelle allen betreffenden Beamten meine Anerkennung und meinen Dank aussprechen.
Auch dem Verlag danke ich für die stets angenehme Zusammenarbeit und das meinen Anliegen entgegengebrachte Verständnis. Möge dieses Buch eine gute Aufnahme finden und dazu beitragen, das Verständnis und das Interesse für unsere schweizerischen Wappen und Fahnen – insbesondere bei der Jugend – zu wecken und zu fördern: in ihnen lebt die Geschichte unserer Heimat.

LOUIS MÜHLEMANN

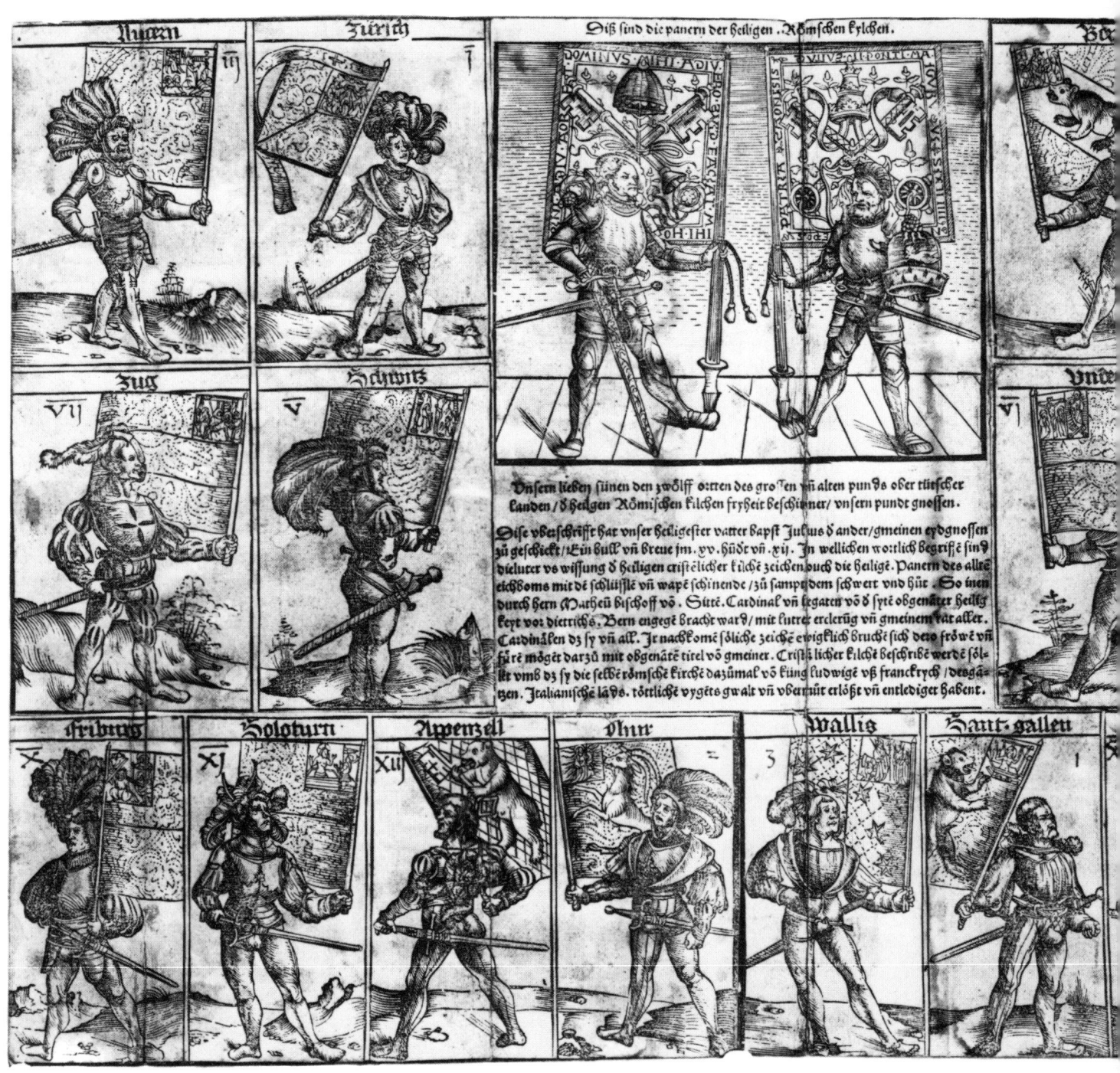

Bannerträger der eidgenössischen und zugewandten Orte mit den von Papst Julius II. verliehenen Bannern. In der Mitte oben die der Eidgenossenschaft überreichten Ehrengaben: ein geweihtes Schwert, ein geweihter Hut sowie zwei päpstliche Ehrenfahnen. Zürcher Holzschnitt, 1512.

Zur Einführung

Hochgestellte Ziffern im Text verweisen auf Anmerkungen im Anhang des Buches, hochgestellte Kleinbuchstaben auf Anmerkungen auf der jeweiligen Textseite.

Zu Beginn des Buches werden Geschichte und Entwicklung des Schweizerkreuzes in Wappen und Fahne der Eidgenossenschaft erläutert. Die weiteren Teile behandeln die Feldzeichen der Armee, die Schweizerflagge zur See und die Bundessiegel.

Die einzelnen Kapitel über die Hoheitszeichen der Kantone sind nach folgenden Studiengebieten gegliedert:

1. HERALDISCHER UND SIEGEL- KUNDLICHER TEIL

KANTONSWAPPEN

Am Anfang der ersten Farbtafel eines jeden Kapitels ist das heutige Wappen des Kantons dargestellt, wofür, soweit möglich, offizielle Vorlagen herangezogen wurden. Nicht bei allen Kantonen bestehen einheitliche Muster. Deshalb haben wir uns in einigen Fällen erlaubt, sie gemäß den Erfordernissen der heraldischen Kunst wiederzugeben.

Den zum Kanton gehörenden Text haben wir jeweils wie folgt gegliedert: Zuerst wird die Blasonierung (Beschreibung in der heraldischen Fachsprache) gegeben und, daran anschließend, der Ursprung und die geschichtliche Entwicklung des Wappens erläutert. Wir haben besonderen Wert darauf gelegt, zum Teil auf den Farbtafeln, zum Teil in den schwarzweißen Textabbildungen, Originaldokumente und Darstellungen aus verschiedenen Gebieten der angewandten Kunst abzubilden, um die mannigfaltige Verwendung der Standeswappen zu illustrieren.

In der Schweiz erreichte die Glasmalerei mit heraldischen Motiven, besonders im 16. Jh. – nicht zuletzt durch die weit verbreitete Sitte der Wappenscheibenschenkungen für Ratsstuben und Privathäuser – ein beachtliches künstlerisches Niveau. Zeugen dafür sind die reichhaltigen Glasgemäldesammlungen unserer Museen – in diesem Kunstbereich die größten Sammlungen der Welt. Auf dem Gebiet der Staatsheraldik vom 16. Jh. gehören die prächtigen Standesscheiben zu den wertvollsten Zeitdokumenten. Sie nehmen deshalb in unserem Bildteil einen wichtigen Platz ein.

KANTONSSIEGEL

Zu den wichtigsten Hoheitszeichen unserer Kantone gehörten – und gehören in einzelnen Fällen heute noch – die Siegel, denn sie bildeten vielfach die Grundlage für das erst später angenommene Standeswappen. Da Darstellung und Erläuterung sämtlicher einst und jetzt verwendeter Siegel den Rahmen dieses Werkes weit überschritten hätten, haben wir uns darauf beschränkt, die historisch wichtigsten – oder künstlerisch wertvollsten – Siegel abzubilden und zu beschreiben. Für weitere Dokumentation verweisen wir auf die unter den einzelnen Kapiteln und im Literaturverzeichnis am Schluß dieses Buches aufgeführten einschlägigen Werke und Artikel.

STÄDTE- UND GEMEINDEWAPPEN

Bis gegen Ende des 19. Jahrhunderts führten nur die Städte und größeren Gemeinden der Schweiz Wappen. Die ersten Bestrebungen, für sämtliche Gemeinden eines Kantons, die noch kein Wappen hatten, ein solches zu schaffen, gingen von der Westschweiz aus. Der erste Kanton, der ein solches Vorhaben ausführte, war der Kanton Neuenburg! Bald folgten Freiburg, Genf und die Waadt sowie mittlerweile, in der deutschen Schweiz, der Aargau, Appenzell Ausserrhoden, Unterwalden und Zürich, um nur diejenigen Kantone zu nennen, die ihre Gemeindewappen während des ersten Drittels unseres Jahrhunderts bereinigten oder neu schufen. Die Ergebnisse dieser von namhaften Heraldikern geleiteten Arbeiten wurden auf unterschiedliche Weise publiziert: als kantonale Wappenbücher, als Postkartenserien oder im Schweizer Archiv für Heraldik.

Als eine echte Pionierleistung sei hier das groß angelegte, mehrbändige Werk *Die Wappen der Schweiz* gewürdigt, das die Firma KAFFEE HAG AG, Feldmeilen (Kt. Zürich) in den zwanziger Jahren in Angriff nahm und unter der wissenschaftlichen Leitung von Professor Paul Ganz, in Zusammenarbeit mit dem heraldischen Künstler Paul Boesch, jahrzehntelang herausgab. Über Gemeindewappen sind bisher 15 Alben mit eingeklebten Wappenmarken in Farbendruck, nebst Blasonierung in deutscher und französischer Sprache, erschienen.

Einen mächtigen Impuls zugunsten der Gemeindeheraldik gab die Schweizerische Landesausstellung 1939 in Zürich. Der Anblick des mit den schweizerischen Gemeindefahnen geschmückten Höhenweges an der «Landi» bleibt für jeden Besucher ein unvergeßliches Erlebnis. Bei dieser Gelegenheit zeigte sich – da manche Gemeinde mangels eines eigenen Wappens nicht vertreten war – erst recht die Notwendigkeit, kantonale Gemeindewappenkommissionen zu bilden, ein Vorhaben, das in einer ganzen Reihe von Kantonen seither in die Tat umgesetzt wurde. Dank der wertvollen Arbeit dieser Kommissionen, die auf geschichtlich und heraldisch einwandfreier Grundlage zahlreiche Gemeindewappen bereinigten und neue schufen, besitzt heute jede schweizerische Gemeinde ihr Wappen. Zudem haben die meisten Kantone Gemeindewappenbücher herausgegeben, in denen die Früchte der langjährigen, oft mühseligen Arbeit der Wappenkommissionen sichtbar werden. Auf der Schweizerischen Landesausstellung 1964 (EXPO) in Lausanne flatterten sämtliche Gemeindefahnen – es waren über 3000 – in der am Ufer des Lac Léman aufgestellten Fahnenpyramide (vgl. die Farbtafel auf Seite 159). Gegenwärtig bestehen in der Schweiz 3042 politische Gemeinden.

Verschiedene kantonale Wappenbücher sind längst vergriffen. Ein Gesamtwerk über sämtliche Gemeindewappen der Schweiz ist nicht vorhanden. Wir haben uns deshalb entschlossen, unserem – ursprünglich nur als eine Arbeit über Wappen und Fahnen der Eidgenossenschaft und der Kantone gedachten – Buch eine Serie von Ortswappen in Farben anzugliedern. Die Farbtafeln zeigen sämtliche Wappen der schweizerischen Städte (Gemeinden mit 10000 Einwohnern und mehr), die hier zum ersten Mal in einer einzigen Buchpublikation vereinigt erscheinen, ferner eine Anzahl weiterer Gemeindewappen, die nach verschiedenen Kriterien (Kantonshauptorte, geschichtlich als Städte geltende oder für ein bestimmtes Gebiet repräsentative Gemeinden, die übrigen Gemeinden nach ihrer Bevölkerungszahl) ausgewählt wurden.

Diesen Teil des vorliegenden Buches möchten wir als einen Querschnitt durch die schweizerische Gemeindeheraldik aufgefaßt sehen. Wir haben uns deshalb im Text auf die Wappenbeschreibung beschränkt und lediglich bei einigen Kantonshauptorten sowie bei Wappenvarianten einige Erläuterungen beigefügt.

Mit Ausnahme von rund 60 Orts- und Kantonswappen, die von Werner Luzi, Luzern, eigens für dieses Buch gezeichnet wurden, haben wir unsere Wappenabbildungen, mit freundlicher Genehmigung der betreffenden Verleger, folgenden Werken entnommen:
– rund 110 Wappen, seinerzeit gezeichnet von Paul Boesch, durften wir nach dem vorerwähnten Werk *Die Wappen der Schweiz* reproduzieren;
– die übrigen Ortswappen (Gemeinden der Kantone Zug, Baselland, Schaffhausen, St. Gallen, Graubünden und Thurgau) wurden nach kantonalen Wappenbüchern reproduziert, deren Titel im Bildverzeichnis aufgeführt sind.

Damit haben wir die Gelegenheit wahrgenommen, unseren Lesern einige Proben des heraldischen Schaffens der letzten Jahrzehnte auf dem Gebiet der schweizerischen Gemeindeheraldik zu bieten.

Im Gefecht am Laubeggstalden (1346) werden die Berner vom Grafen Peter von Greyerz, dessen Banner mit dem Kranich rechts im Bilde zu sehen ist, überfallen. Der Berner Venner Peter Wentschatz gerät mit der Vorhut in einen Hinterhalt und wird vom Gewalthaufen abgeschnitten. Er rettet das Banner, indem er es über die feindlichen Reihen hinweg zu den nachdringenden Bernern schießt, die es bei ihrem Rückzug beschirmen. Der Venner selbst fällt, von den feindlichen Waffen durchbohrt.
Aus der Spiezer Bilderchronik von Diebold Schilling, 1485.

Wir möchten an dieser Stelle allen Verlegern, die uns mit ihrer freundlichen Genehmigung die Reproduktion dieser Gemeindewappen ermöglicht haben, unseren herzlichen Dank aussprechen.

2. FAHNENKUNDLICHER TEIL

KANTONSFAHNEN

Auf unseren Farbtafeln sind die heutigen – quadratischen, den Standeswappen nachgebildeten – Kantonsfahnen dargestellt. Das korrekte Hissen dieser Fahnen geht aus den Abbildungen deutlich hervor, ebenso aus dem beschreibenden Text. Weitere praktische Hinweise vermittelt der Anhang.
Eine erste umfassende Arbeit über die heutigen Kantonsfahnen unter besonderer Berücksichtigung ihrer praktischen Anwendung verdanken wir Robert Mader, der in seinem Buch *Fahnen und Farben der Eidgenossenschaft und der Kantone* (Verlag Zollikofer & Co., St. Gallen, 1942) das Thema in übersichtlicher Form behandelt hat.

FAHNENGESCHICHTE

Die meisten Kantonsfahnen gehen auf die Standesbanner, die ehemaligen Feldzeichen der Eidgenossen, zurück. Kein Land dürfte über einen so reichen Bestand an Bannern aus dem 14. und 15. Jahrhundert verfügen wie die Schweiz. Diese ehrwürdigen Zeugen unserer Freiheitskriege gehören zu den kostbarsten Schätzen unserer Museen. Einen ganz besonderen Platz nehmen die im Jahre 1512 geschaffenen Juliusbanner ein, die Ehrengaben, die der damalige kriegerische Papst Julius II. der Tagsatzung und den einzelnen Ständen der Eidgenossenschaft sowie den zugewandten Orten (durch die Vermittlung Kardinal Schiners) als Dank für die erfolgreiche Unterstützung seiner nationalen Politik zukommen ließ[2] (Abb. S. 8). Einige dieser Feldzeichen aus prächtigem italienischem Seidendamast, mit ihren reich ausgeführten Eckquartieren (auch Zwickelbilder genannt) mit religiösen Darstellungen, haben wir abgebildet.
Die kantonalen Militärfahnen aus dem 17. und 18. Jahrhundert und der ersten Hälfte des 19. Jahrhunderts (bis zur Einführung der eidgenössischen Fahne) haben wir für jeden Kanton in einem besonderen Abschnitt behandelt. Einige davon sind hier erstmals abgebildet.

Ein eingehendes Studium des schweizerischen Fahnenwesens ist ohne Benützung des grundlegenden, monumentalen Werkes von A(lbert) und B(erty) Bruckner: *Schweizer Fahnenbuch* (Verlag Zollikofer & Co., St. Gallen 1942) undenkbar. Damit ist eine Arbeit von unschätzbarem wissenschaftlichem Wert entstanden und zugleich ein Denkmal des schweizerischen Fahnenwesens. Die zahlreichen Abbildungen – darunter 88 Farbtafeln – sind schon deshalb kostbar, weil in den 35 Jahren seit dem Erscheinen des Fahnenbuches viele Feldzeichen zugrundegegangen sind. Seither wurden beträchtliche Anstrengungen unternommen, die alten Banner und Fahnen zu restaurieren und sie vor der Zerstörung zu bewahren, wobei dem Textilatelier des Schweizerischen Landesmuseums in Zürich eine besonders wichtige Rolle zukommt[3].
Aus Platzgründen mußten wir uns auf eine knappe Übersicht der Fahnengeschichte jedes Kantons beschränken. Eine Auswahl der für ihre Zeit besonders repräsentativen und historisch bedeutenden Banner und Fahnen stellen wir in den nachfolgenden Kapiteln im Bilde vor. Für die ausführliche schweizerische Fahnengeschichte und die einzelnen Feldzeichen verweisen wir auf das obenerwähnte Schweizer Fahnenbuch.
In der alten Eidgenossenschaft spielten die Bannerträger eine bedeutende Rolle. Es waren Leute von hohem Rang und Ansehen, die zu den tapfersten Kriegern gehörten und – die Geschichte beweist dies abermals – die Verteidigung und Rettung des ihnen anvertrauten Banners oft genug mit ihrem Leben bezahlten. (Abb. S. 10). Wir haben deshalb den Darstellungen der Bannerträger in der zeitgenössischen Kunst (Glasmalerei, Holzschnitte, Standesscheiben) einen breiten Platz eingeräumt.

KANTONSFARBEN

Die Standesfarben sind auf den Farbtafeln in ihrer am meisten angewandten Form dargestellt, nämlich in den langen, zweizipfligen Farbenflaggen. Auf die Darstellung der «querrechteckigen Farbenflaggen», die Robert Mader abgebildet und beschrieben hat und die praktisch nie zur Anwendung kommen, haben wir verzichtet, ebenso auf die Kokarden. Letztere wurden, als sie noch einen Bestandteil der militärischen Kopfbedeckungen bildeten, und werden heute noch bei ihrer Verwendung auf den Zweispitzen der Standesweibel, nicht immer nach einer einheitlichen Regel für die Farbenreihenfolge ausgeführt.

Die Schweizerische Eidgenossenschaft

WAPPEN DER SCHWEIZERISCHEN EIDGENOSSENSCHAFT

Gemäß Bundesbeschluß vom 12. Dezember 1889 muß das Kreuz im Schweizerwappen so dargestellt werden, daß «dessen unter sich gleiche Arme je einen Sechsteil länger als breit sind». Das Verhältnis von Breite und Länge der Kreuzarme beträgt somit 6:7, von Breite und Gesamtlänge des Kreuzbalkens 6:20 (3:10).

LANDESFAHNE (Schweizerfahne)

Die zu Lande gehißte Schweizerfahne ist quadratisch. Das Kreuz muß die für das Wappen geltenden Proportionen aufweisen. Das Größenverhältnis des Kreuzes zur Fahne ist nicht festgelegt. Es empfiehlt sich, ein Verhältnis der Kreuzbalkenlänge zur Seitenlänge der Fahne von 7:10 zu wählen. (Für die Schweizerflagge zur See: vgl. den betreffenden Abschnitt auf Seite 25).

SCHWEIZERKREUZ UND SCHWEIZERFAHNE: GESCHICHTLICHE ENTWICKLUNG

Zur Zeit der achtörtigen Eidgenossenschaft zogen die Kriegsscharen der einzelnen Stände unter deren Bannern ins Feld. Ein eidgenössisches Banner war nicht vorhanden. Also mußte ein *gemeinsames Zeichen* geschaffen werden, das die Angehörigkeit der Krieger zum Bund der Eidgenossen für Freund und Feind sichtbar machen sollte (Uniformen gab es bekanntlich damals noch nicht). Dieses Zeichen bestand aus einem weißen Kreuz aus Leinwandstreifen, das jeder Kriegsmann auf seinem Gewand aufgenäht oder mit Nesteln befestigt trug.

Das weiße Kreuz als gemeineidgenössisches Zeichen ist erstmals *1339* bezeugt: die Eidgenossen trugen es auf ihrem Gewand in der Schlacht bei Laupen (Tafel CH-I/1). Im *Conflictus Laupensis*, dem zeitgenössischen Bericht eines bernischen Deutschordensbruders (um 1339–1340), lautet die betreffende Aufzeichnung (in deutscher Übersetzung): «...zogen die von Bern mit dem Banner aus, sichtbarlich gezeichnet vom Höchsten bis zum Geringsten mit dem Zeichen des heiligen Kreuzes, verfertigt aus weißem Tuch.»[1] Von da an ist dieses Kreuzzeichen rund 200 Jahre lang auf dem Waffenrock und anderen Kleidungsstücken der Eidgenossen bezeugt. Mit dem Kreuz werden bald auch die Waffen (die Hellebarden, später auch die Dolche und Feldbinden, etc.) gekennzeichnet.

Die *Standesfähnlein* trugen alle das gemeineidgenössische Kreuz. In der Luzerner Chronik von Diebold Schilling 1513 begegnen wir in den Darstellungen bestimmter kriegerischer Ereignisse, die im Laufe des 15. Jahrhunderts stattfanden, immer wieder den «Venli», unter denen die kleineren Kontingente der alten Orte auszogen. Im Gegensatz zum Banner, das die gesamte Kriegsmacht eines Standes begleitete, wurde das Fähnlein im 15. Jahrhundert für weniger bedeutende Kriegszüge, die nur ein Teilaufgebot der Mannschaft erforderten, verwendet. Das Fähnlein zeigte in den meisten Fällen (Glarus bildete eine der Ausnahmen)

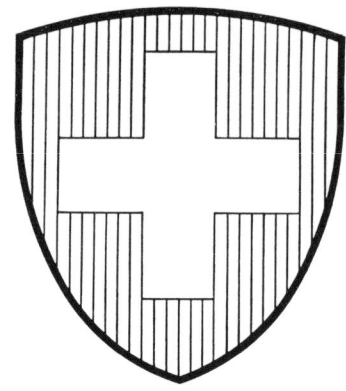

Offizielle Darstellung des Wappens der Schweizerischen Eidgenossenschaft gemäß Bundesbeschluß vom 12. Dezember 1889.

Unten links: Die Schlacht bei Laupen, 1339. Kampf der Waldstätte gegen die Ritter. Die Eidgenossen (rechts) tragen auf ihrem Gewand einen roten Schild mit durchgehendem weißem Kreuz. Aus der Spiezer Chronik von Diebold Schilling, 1485.

Die Banner der 8 Orte und Solothurns ziehen in den Sundgau, 1468. Aus der Luzerner Chronik von Diebold Schilling, 1513.

ANMERKUNGEN

[a] Nach der Legende sandte der römische Kaiser Maximianus (er regierte 286–305 und 306–310) eine aus Christen aus der ägyptischen Landschaft Thebais bestehende Legion gegen die Bagauden, eine aufständische Gruppe gallischer Bauern. Als die Soldaten der Legion sich bei Agaunum weigerten, den Göttern zu opfern, wurden sie mit ihrem Führer *Mauritius* hingerichtet. Sie wurden später unter dem Namen *Zehntausend Ritter* in das Martyrologium aufgenommen (Fest am 22. Juni). Die Abtei Saint-Maurice verdankt ihre Entstehung der Verehrung dieser für ihren Glauben hingeschlachteten Märtyrer.

[b] Dem heiligen Georg, zum Beispiel, wurde eine weiße Fahne mit rotem Kreuz zugewiesen. Diesem Zeichen nachgebildet sind die Flaggen von England (diese bildet ihrerseits einen Bestandteil der britischen Unionsflagge und der dortigen Kriegsflagge) und von Genua.

Unten Mitte: Gebet der Eidgenossen vor der Schlacht bei Nancy am 5. Januar 1477. Standesfähnlein mit dem gemeineidgenössischen Kreuz.
Aus der Luzerner Chronik von Diebold Schilling, 1513.
Unten rechts: Schlacht bei St. Jakob an der Birs, 1444. Das Fähnlein der im Siechenhaus eingeschlossenen Eidgenossen. Aus der Berner Chronik von Bendicht Tschachtlan, 1470.

nur die waagrecht (bei Zürich schrägrechts) angeordneten *Standesfarben*, also keine Tierbilder oder anderen heraldischen Figuren, wie sie im Banner standen. Als Zeichen der Zugehörigkeit zur Eidgenossenschaft setzten die Stände das freischwebende, schlanke weiße Kreuz in ihre Fähnlein.

Mit großer Wahrscheinlichkeit besteht ein Zusammenhang zwischen dem eidgenössischen Kreuz und dem Kult der *Zehntausend Ritter* [a]. Dazu gehörte die in der Schweiz seit dem Frühmittelalter weit verbreitete Verehrung der heiligen Mauritius, Viktor und Ursus. Mauritius war der Führer der thebäischen Legion, die unter Kaiser Maximianus I. in Agaunum (dem heutigen Saint-Maurice im Wallis) den Märtyrertod erlitt. Ursus und Viktor, zur gleichen Truppe gehörend, sollen in Solothurn als Glaubenszeugen hingerichtet worden sein. Diese Heiligen sind auf kirchlichen Geräten, Reliquiaren, Siegeln, später auch auf Glasgemälden, Altartafelgemälden häufig dargestellt. Seit den Anfängen der Heraldik hat man diesen Heiligen der Phantasie entsprungene Fahnen und Wappen zugelegt, ein Brauch, der sich auch in anderen europäischen Ländern feststellen läßt [b]. Die meisten Darstellungen zeigen in Rot ein weißes Kreuz, das bald durchgehend (für Mauritius und Ursus), bald als schwebendes Kleeblattkreuz (für Mauritius und Viktor) erscheint (vgl. das Kapitel «Kanton Solothurn»).

Detail des Oberbildes einer Wappenscheibe des Herzogs von Mailand, Maximilian Sforza, um 1512. Eidgenössisches Fußvolk mit Fähnlein.

Es zeigte sich bald die Notwendigkeit, für Kriegszüge, bei denen das Heer aus größeren und kleineren Kontingenten zusammengesetzt war, wie auch für die Besatzungen wichtiger Plätze (etwa in den gemeinen Herrschaften), ein gemeineidgenössisches Feldzeichen zu schaffen. Es kam hiefür selbstverständlich nur das weiße Kreuz in Frage, das bereits zur Kennzeichnung der Waffenröcke und Standesfähnlein Verwendung gefunden hatte, und es galt nur noch, die Grundfarbe des Fahnentuches zu bestimmen: gewählt wurde Rot. Für diese Farbenwahl spricht die bereits erwähnte Tradition der den Heiligen der thebäischen Legion zugeschriebenen Fahnen. Vielleicht mag auch das rote Berner Fähnlein mit dem durchgehenden weißen Kreuz als Vorbild gedient haben – war doch Bern damals die führende militärische Macht in der alten Eidgenossenschaft.

Ob auch dem roten kaiserlichen Kriegsbanner mit dem ebenfalls durchgehenden weißen Kreuz eine gewisse Rolle bei der Entstehung des eidgenössischen Fähnleins zugestanden werden muß, ist schwer zu entscheiden. Ein solcher Einfluß ist jedoch nicht auszuschließen[2].

Das rote eidgenössische Fähnlein zeigte stets ein durchgehendes weißes Kreuz (nie ein schwebendes Kreuz wie in den meisten Standesfähnlein). Das Fähnlein tritt uns in verschiedenen Bilderchroniken entgegen: unter anderem als dreieckiges Fähnlein in der Darstellung der Schlacht bei Arbedo, 1422[3], in der Luzerner Bilderchronik von Diebold Schilling, 1513. Wegen des großen Zeitabstandes zwischen Ereignis und Chronik mag das Vorkommen des Fähnleins beim Luzerner Schilling nicht unbedingt als sichere Quelle gelten. Diesbezüglich von größerer Bedeutung ist hingegen die Berner Chronik von Tschachtlan, 1470 mit der Darstellung der Schlacht bei St. Jakob an der Birs, 1444 mit einem dreieckigen eidgenössischen Fähnlein. In der 1474 begonnenen amtlichen Berner Chronik des Diebold Schilling von 1483 ist das bei St. Jakob mitgeführte Fähnlein zweizipflig.

Verhältnismäßig spät geben uns die Tagsatzungsbeschlüsse, die sogenannten «eidgenössischen Abschiede» (EA), Nachrichten über das gemeineidgenössische Feldzeichen:

EA II. S. 488, 1474, 23. April (Zug nach Mülhausen): «gemein gesellschaftsfenly».
EA III. S. 613, 1499, 10. Juni (Schwabenkrieg): «ein gemein Venly rott mit eim wissen Krütz».

Auf dem Oberbild einer im Schweizerischen Landesmuseum aufbewahrten Wappen-

Die Schlacht bei Novara, 1513. Links die angreifenden Eidgenossen, vorne das Berner Fähnlein mit durchgehendem weißem Kreuz; rechts die flüchtenden deutschen Landsknechte, in deren Fahnen das burgundische Astkreuz zu erkennen ist.

Oberbild des Glasgemäldes mit dem «Alten und jungen Eidgenossen» von Hans Funk, nach Entwürfen von Niklaus Manuel; nach 1532.

Der Schweizer (links), der Landsknecht (rechts).
Holzschnitte von Hans Rudolf Manuel, 1547.

Jakob Stampfer: Eidgenössische Medaille (Patenpfennig) aus dem Jahre 1547 für die französische Prinzessin Claudia. Die Vorderseite (links) zeigt das

Wappen der 13 Orte, die Rückseite (rechts) das Schweizerkreuz mit den Wappen der zugewandten Orte.

scheibe des Maximilian Sforza, Herzog von Mailand, ist eine Szene aus den italienischen Feldzügen dargestellt, vermutlich der Einzug der Eidgenossen in Mailand, 1512. Rechts erkennt man einen Krieger mit dem eidgenössischen Fähnlein. Auch in ausländischen Bildern aus dem Anfang des 16. Jahrhunderts, insbesondere in den «Bilderfolgen des maximilianischen Kunstkreises, die zur Verherrlichung dieses Fürsten geschaffen wurden»[4] begegnen wir vereinzelten Darstellungen des eidgenössischen Feldzeichens. Nach der Schlacht bei Marignano 1515, die der eidgenössischen Eroberungspolitik ein Ende setzte, wurden keine nationalen Kriege mehr geführt, und es dürfte kaum mehr eine Gelegenheit gegeben haben, das eidgenössische Fähnlein im Felde zu tragen[5]. Das Kreuz blieb jedoch das gemeinsame nationale Zeichen der Eidgenossen. In der Schweizer Chronik des Johannes Stumpf von 1548 ist in einer Landkarte Deutschlands (*Germania Teütschland*) auf dem mit *Helvetia* bezeichneten Gebiet der Eidgenossenschaft eine Fahne mit einem durchgehenden Kreuz aufgepflanzt. In einem vom gleichen Autor stammenden Wappenbuch[6] wird die «Eidgenoschaft» mit einem roten Schild mit durchgehendem weißem Kreuz und zwei ebensolchen Bannern gekennzeichnet. Die Bildlegende lautet: «des alten und grossen Punds in Obertütschen Landen zeychen». Es dürfte sich um die älteste Darstellung des Schweizerwappens handeln.

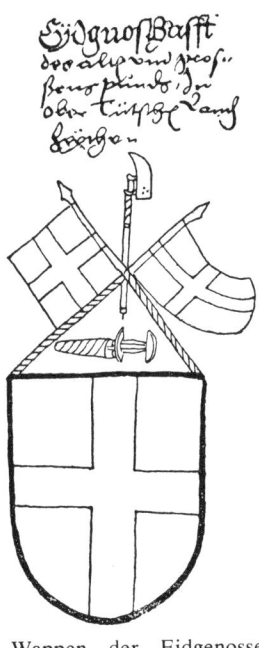

Das Wappen der Eidgenossenschaft, überhöht von 2 eidgenössischen Feldzeichen, einem Schweizer Dolch und einer Hellebarde. Aus dem Wappenbuch von J. Stumpf, Mitte des 16. Jahrhunderts.

Am 19. Dezember 1547 nahmen alle Orte die Einladung Heinrichs II., Königs von Frankreich, gerne an, die Eidgenossen möchten gemeinsam die «Ehre der Gevatterschaft» für seine Tochter, Prinzessin Claudia, annehmen[7]. Der Zürcher Goldschmied Jakob Stampfer (1505–1579) wurde mit der Ausführung einer goldenen Medaille beauftragt, die 1548 als Patenpfennig überreicht wurde. Die Medaille zeigt auf der Vorderseite die Wappen der damaligen XIII Orte. Die kreisförmig angeordneten Schilde sind von einem Band umschlungen, aus dem Lilien (Symbol Frankreichs) wachsen und das von der aus Wolken ragenden Hand Gottes zusammengehalten wird. Damit wird das Bündnis der Eidgenossen mit Frankreich versinnbildlicht. Auf der Rückseite sind die Wappen der zugewandten Orte dargestellt, und in ihrer Mitte wird das schlanke eidgenössische Kreuz von zwei Engeln gehalten. Das Schweizerkreuz begegnet uns auch auf späteren Medaillen (zum Beispiel auf den Ehrenmedaillen für den Freiherrn Ludwig von Hohensax, 1592).

Marsch der bewaffneten Zürcher Jungmannschaft auf den Uetliberg am 26. August 1567 unter der Führung des Pannerherrn Heinrich Lochmann.
Aquarell aus der «Wickiana».

Auf der Titelvignette des Vertrages von 1577 zwischen Herzog Emanuel Philibert von Savoyen und den sechs katholischen Orten sind zwei Wappen aufgemalt. Das eine mit dem durchgehenden weißen Kreuz in Rot ist das Wappen von Savoyen; auf dem von der Kette des Annunziatenordens umgebenen Schild ruht die Herzogskrone. Der andere Schild, ebenfalls rot mit weißem Kreuz, ist von einem grünen Kranz umrahmt: es ist das *Wappen der Eidgenossenschaft*. Das gleiche Wappen erkennen wir in der Urkunde des Walliser Bundesschwurs von 1578. Wir stellen also fest, daß das weiße Kreuz in rotem Feld seit der Mitte des 16. Jahrhunderts auch nach außen als das offizielle Hoheitszeichen der Eidgenossenschaft gilt.

Das Schweizerkreuz, anfänglich Parteizeichen, entwickelte sich erst etwa zwischen 1450 und 1520 zum eigentlichen nationalen Zeichen der Eidgenossen, wobei vom Ende des 15. Jahrhunderts an die Gegensätzlichkeit zu den deutschen Landsknechten – deren Zeichen das burgundische Schrägkreuz (Andreaskreuz) war[8] – eine große Rolle spielte. In zahlreichen Darstellungen begegnen wir dem – meistens geschlitzten – Schweizerkreuz auf den Kleidern der eidgenössischen Krieger und dem Andreaskreuz

Die eidgenössischen Zuzüger anläßlich der Grenzbesetzung in Basel, 1792.
Kolorierter Umrißstich von Rudolf Huber.

der Landsknechte auf der Seite des Gegners [9]. Der Gegensatz Schweizerkreuz/Andreaskreuz manifestiert sich auch bald an der Schwelle zum 16. Jahrhundert in den – immer größer werdenden – Fahnen auf den Kriegsschauplätzen Italiens und später während der Hugenottenkriege in Frankreich.

Im *Fahnenwesen* läßt sich um diese Zeit eine deutliche Wandlung feststellen. Die Zeit der nationalen Kriege ist vorbei, und die ehrwürdigen alten Banner bleiben in der Bannerkiste; sie haben ausgedient. Bereits im ersten Drittel des 16. Jahrhunderts rücken die eidgenössischen Kriegsscharen meistens nur noch unter den Fähnlein – zum Teil unter Freifahnen – aus [c], und bald werden neue Feldzeichen die mehr denn je für fremde Kriegsherren ausrückenden Schweizer anführen. Die in der Schlacht bei Pavia (1525) von den Eidgenossen geführten Feldzeichen[10] und das beim Savoyerzug 1536 getragene Berner Fähnlein mit Kreuz und Streifenmuster sind Vorläufer der Fahnen, unter denen die Schweizerkompanien in französischen Diensten bei Moncontour, 1569[11], und anderen Schlachten der Religionskriege kämpften. Da es sich nicht mehr um Truppen der einzelnen Stände handelt, sind deren Farben in den neuen Feldzeichen nicht mehr vertreten. Einzig das durchgehende *weiße Kreuz* und das besondere Muster der vier Felder kennzeichnet die Kompanien als schweizerisch[12]. Die Felder sind entweder alle horizontal gestreift (heraldisch ausgedrückt: geteilt), oder nur die oberen Felder zeigen dieses Muster, während die unteren einfarbig sind. Die Farben sind die der Hauptleute, wobei Wappen- oder Livreefarben Verwendung finden[13]. Diesem Fahnenmuster, das über 100 Jahre lang in Gebrauch stand, begegnen wir auch innerhalb der Schweiz, wobei verschiedene Varianten, wie Wellen- oder Zickzackbalken, aber auch Rauten vorkommen. Manchmal wird das Fahnenbild durch Wappen und diverse Embleme bereichert.

In einem nicht mehr genau feststellbaren Zeitpunkt in der zweiten Hälfte des 17. Jahrhunderts tritt ein neues Fahnenmuster auf, das während rund 200 Jahren das Bild der schweizerischen Militärfahnen und der Feldzeichen der Schweizerregimenter in fremden Diensten prägen wird: das *Flammenmuster*. Es ist sehr wahrscheinlich, läßt sich jedoch nicht genau beweisen, daß es zuerst bei den Schweizern in französischen Diensten[14] kreiert und später in der Heimat nachgeahmt wurde. (Die ersten geflammten Kantonalfahnen werden oft «Defensionalfahnen» genannt[d]). Eine datierte Fahne der Basler Zunft zu Schmieden von 1644 zeigt bereits in den durch das weiße Kreuz gebildeten vier Feldern diagonal angeordnete, ineinandergreifende rote und weiße Flammen[16]. Anderseits wurden die ersten stehenden schweizerischen Linienregimenter im Dienste der französischen Krone erst 1672 errichtet[e]. Schweizertruppen dienten zwar schon seit längerer Zeit in Frankreich (sie wurden jeweils nach Kriegsschluß entlassen); ihre Fahnen lassen sich jedoch nicht mit Bestimmtheit ermitteln. Die Zuweisung und Datierung solcher in unseren schweizerischen Museen (unter anderen im Schweizerischen Landesmuseum in Zürich und im «Alten Zeughaus» in Solothurn) aufbewahrten Feldzeichen ist beinahe unmöglich. Das erste französische Fahnenbuch, in dem auch die Fahnen der Schweizerregimenter abgebildet sind[f], wurde erst um 1680, d.h. nach Errichtung dieser ersten stehenden Truppenkörper, begonnen. Es ist aber anzunehmen, daß einzelne Schweizerkompanien – vielleicht sogar das berühmte Schweizer-Garderegiment – schon im zweiten Drittel des 17. Jahrhunderts geflammte Fahnen führten. (Eine dreieckige Standarte des Obersten Ludwig von Roll in französischen Diensten, 1641 bis 1649, zeigt bereits ein Flammenmuster[17].)

Sowohl die Fahnen des 16. Jahrhunderts mit den gestreiften Feldern als die geflammten Feldzeichen des 17. Jahrhunderts fallen durch ihre beträchtlichen Maße auf, die in

ANMERKUNGEN

[c] Vgl. die schwarz-gelb gerautete Freifahne des Berner Hauptmanns Ludwig von Diesbach in der Schlacht von Novara, 1513 (Seite 14).

[d] Häufig liest man, die sogenannten Defensionalfahnen seien nach den Vorschriften des eidgenössischen Defensionale von Baden (1668) angefertigt worden. Der Badener Vertrag enthält aber keine näheren Angaben über geflammte Fahnen. Der die Fahnen erwähnende Absatz lautet wie folgt: *Der erste Auszug solle beschehen mit dem Schützenfahnen, oder einer anderen Fahnen des Orts Ehrenfarb; der ander mit dem Stadtfahnen; der dritt mit dem Panner*[15].

[e] Es waren die Regimenter Erlach, Stuppa, Salis-Zizers und Pfyffer de Wyher.

[f] *Recueil des drapeaux des régiments d'infanterie de France, présenté à Son Altesse Sérénissime le Duc du Maine par Du Vivier en 1715* (Manuskript). Eine minutiös ausgeführte Kopie des seit 1940 verlorenen Originals befindet sich in der Bibliothek Raoul und Jean Brunon, Salon-de-Provence.

vielen Fällen 250 cm Seitenlänge und mehr erreichen.

An der Schwelle des 18. Jahrhunderts wird das Flammenmuster der Ordonnanzfahnen der Schweizerregimenter in französischen Diensten geändert. Anstelle der diagonal angeordneten, ineinander greifenden Flammen treten radial angeordnete, gegen die inneren Kreuzwinkel zulaufende Flammen (Tafel CH-I/2). Außerdem werden die Fahnen im Verlauf des 18. Jahrhunderts kleiner, ebenso ihre Anzahl pro Regiment[g].

Die von den Schweizerregimentern in französischen, niederländischen, sardinischen und neapolitanischen Diensten geführten Ordonnanzfahnen mit durchgehendem weißem Kreuz[h] waren auf allen Schlachtfeldern bekannt – so bekannt wie die Uniformen, insbesondere die berühmten «roten Röcke» der Schweizer im Dienste der französischen Könige. Das weiße Kreuz erinnerte die auf fremder Erde für eine fremde Sache kämpfenden Schweizer an ihre Heimat. Ja die Fahne, die dieses Zeichen trug, bedeutete für diese tapferen Soldaten ein Stück Schweiz und stärkte zugleich ihr Zusammengehörigkeitsgefühl und ihren Willen, die schweizerischen Militärtugenden hochzuhalten: *Treue und Ehre*[19].

Der Einführung des neuen Flammenmusters bei den Schweizerregimentern in französischen Diensten folgte nach und nach die entsprechende Änderung der kantonalen Militärfahnen, wiederum ein Beweis für die starke Beeinflussung des schweizerischen Fahnenwesens durch die Fremdendienste. Die in den geflammten Fahnen des 17. Jahrhunderts zum großen Teil noch herrschenden Farben von Talschaften, Ämtern, Städten weichen im 18. Jahrhundert den Standesfarben. Es wäre jedoch durchaus falsch, anzunehmen, alle Orte der Eidgenossenschaft hätten für ihr Militär das Flammenmuster mit dem durchgehenden weißen Kreuz angenommen. Die Fahnen Luzerns hatten ein Kreuz in den Standesfarben. Andere Orte (wie Appenzell Ausserrhoden) übernahmen wohl ein Flammenmuster, das Kreuz jedoch nicht. Recht zahlreich waren noch alte, heraldisch gestaltete Banner. Die Liebe und Verehrung gegenüber den altehrwürdigen Feldzeichen, die an manchen glorreichen Freiheitskampf der Eidgenossen erinnerten, war im Volke noch tief verwurzelt. So erkennen wir auf dem Bild der eidgenössischen Zuzüger von 1792 nebst den geflammten Fahnen noch einige Banner aus früheren Jahrhunderten.

DIE HELVETIK 1798–1803

Die 1789 ausgebrochene französische Revolution erschütterte bald auch die sich vorwiegend auf das aristokratische Regime stützende Eidgenossenschaft in ihren Grundfesten. 1798 griff die Revolution auf einzelne Gegenden der Schweiz über. Freiheitsbäume wurden aufgerichtet, Freiheitsfahnen gehißt, Kokarden in den neuen Farben am Hut getragen. Kurzlebige Bewegungen und Republiken wählten eigene, dreifarbige Fahnen nach französischem Vorbild[20]:

Basel: rot-weiß-schwarz (Kombination der baselstädtischen Farben und derjenigen der Landschaft, Bistum Basel, Amt Liestal);

Zürich: weiß-blau-rot (Zürcher Farben mit der zusätzlichen roten Farbe), aber auch schwarz-gelb-rot (Farben der Urkantone, «der ersten Stifter der schweizerischen Freiheit»);

St. Gallen: weiß-rot-hellblau

Nur die Lemanische Republik wählte eine einzige Farbe, nämlich Grün (vgl. das Kapitel «Kanton Waadt»). Diese Farbe sollte nicht nur die Fahne der Helvetischen Republik, sondern auch die fünf Jahre später von den neuen Kantonen Waadt, St. Gallen und Thurgau – 1848 auch Neuenburg – gewählten Farben beeinflussen (vgl. die betreffenden Kapitel). Am 19. März 1798 wurde unter dem Druck der Fremdherrschaft die Hel-

---

[g] Ende des 17. und zu Beginn des 18. Jahrhunderts führten die meisten französischen Regimenter eine Oberstenfahne und elf Ordonnanzfahnen (eine pro Kompanie). Dadurch läßt sich die beträchtliche Zahl der jeweils an einer Schlacht erbeuteten Fahnen erklären.

[h] Wie aus dem Fahnenbuch von Du Vivier (vgl. Anm. f) ersichtlich, trugen auch die meisten französischen Fahnen ein durchgehendes weißes Kreuz. Die Schweizerregimenter, die dieses Zeichen ebenfalls führten, waren zusätzlich durch das Flammenmuster gekennzeichnet.

Dasselbe galt bis ca. 1774 für die Fahnen der meisten Schweizerregimenter in sardinischen Diensten; die Regimenter von Sardinien-Piemont führten ebenfalls ein weißes Kreuz (das von Savoyen). Von ca. 1774 an wurde für die Fahnen der einheimischen und der schweizerischen Regimenter ein Einheitsmuster eingeführt, wobei letztere nur noch durch das Wappen der Kantone, die mit dem Königreich Sardinien eine Kapitulation abgeschlossen hatten, gekennzeichnet waren[18].

vetische Republik proklamiert. Am 14. April faßten die in Aarau versammelten gesetzgebenden Räte des neuen Einheitsstaates den Beschluß, «daß die Kokarde dreifarbig sei, und zwar sollen die Farben *grün, rot und strohgelb* sein, grün oben, rot in der Mitte und gelb unten». Günter Mattern schreibt dazu[21]: «Der Beschluß war im Großen Rate von Escher aus Zürich beantragt worden. Er schlug vor, für ganz Helvetien eine gleiche und allgemeine Farbe zu wählen und zu bestimmen, ob die Kokarde ein- oder dreifarbig zu machen sei. Darauf wurde eine dreifarbige angenommen. Ein anderes Mitglied wünschte, daß aus Achtung für den Kanton Léman, der sich zuerst für die neue Republik erklärt und die grüne Farbe als Zeichen der Freiheit angenommen hatte, eine dieser Farben grün sein solle, was ebenfalls zum Beschluß erhoben wurde. So ist anzunehmen, daß die Farbenwahl durch die neuen Kokardenfarben Zürichs schwarz-gelb-rot (oder schwarz-rot-orange) unter Austausch der schwarzen Farbe durch die grüne des Waadtlands bestimmt wurde.»

Am 13. Februar 1799 beschloß das helvetische Direktorium, neue Fahnen nach einem einheitlichen Muster in den Farben Grün-Rot-Gelb einzuführen. Mehrere Fahnen und Standarten aus dieser Zeit werden in schweizerischen Museen aufbewahrt. Die helvetische Trikolore darf als die erste Landesfahne der Schweiz betrachtet werden.

DIE KANTONALFAHNEN NACH 1803

Die Mediationsakte vom 19. Februar 1803 brachte das Ende der unitarischen Republik, die von einem Ständestaat föderalistischer Prägung abgelöst wurde. Die geflammten Militärfahnen mit dem durchgehenden weißen Kreuz kamen wieder zu Ehren. Die neu gegründeten Kantone wählten Feldzeichen, die zum Teil den übrigen traditionellen Kantonalfahnen mit dem eidgenössischen Kreuz nachgebildet waren (St. Gallen – zunächst ohne Flammen – und Aargau), zum Teil jedoch das Kreuz nicht aufnahmen (Tessin und Waadt).

Der am 16. Mai 1814 in der eidgenössischen Tagsatzung beratene Artikel 41 des Verfassungsentwurfes bezeichnet das als Siegelbild gewählte *weiße Kreuz im roten Feld* ausdrücklich als «das Feldzeichen der alten Schweizer».

Ein Jahr später ehrte die Tagsatzung die aus Frankreich heimkehrenden Schweizerregimenter, die der Aufforderung der Eidgenossenschaft gefolgt und – ihrem dem König von Frankreich geschworenen Eid treu geblieben – zu dem aus Elba zurückgekehrten Kaiser Napoleon nicht übergetreten waren. Die Tagsatzung bestimmte, daß den Offizieren, Unteroffizieren und Soldaten ohne Unterschied eine silberne Denkmünze geschenkt werde, «die auf der einen Seite das Feldzeichen der Eidgenossenschaft, ein weißes fliegendes Kreuz im roten Feld, mit der Umschrift ‹Schweizerische Eidgenossenschaft› und der Jahreszahl ‹1815›, auf der Kehrseite aber, in einem Eichenkranz, die Worte ‹Treue und Ehre› enthält, und mit einem rot und weißen Band am Knopfloch getragen wird». Die nun zur Verfügung der Eidgenossenschaft stehenden Mannschaften wurden «in vier Bataillone von gleicher Stärke eingeteilt». Am 12. Oktober 1815 wurden ihnen die erwähnten Medaillen ausgeteilt, und jedes Bataillon erhielt eine besondere Fahne: auf rotem Grund ein freischwebendes weißes Kreuz, auf dem senkrechten Balken ein mit Lorbeer umwundenes Schwert, auf dem waagrechten Balken eine Inschrift in goldenen Lettern, nämlich auf der Vorderseite «Schweizerische Eidgenossenschaft», auf der Rückseite «Für Vaterland und Ehre».[22]

Nach längeren Vorbereitungen wurde 1817 das Eidgenössische Militärreglement angenommen, das 1818 in Kraft trat. In § 65 dieses Reglements wird bestimmt: «*Die Fahne jedes bei der eidgenössischen Armee einrückenden Korps wird von dem weißen Kreuz durchschnitten und nimmt die rot und weiße Schleife an.*» In der Praxis zeigten die durch das Kreuz gebildeten Felder die Kantonalfarben, meistens in geflammter Anordnung. (Mittlerweile waren das Wallis, Neuenburg und Genf in den Bund aufgenommen worden; diese drei Kantone nahmen sofort Fahnen nach dem eidgenössischen Muster an. Vgl. die betreffenden Kapitel.)

Die am 3. Juli 1815 durch Armeebefehl General Bachmanns eingeführte *eidgenössische Armbinde* wurde in § 85 des gleichen Reglements gesetzmäßig festgehalten: «Das allgemeine Feldzeichen aller in aktivem Dienst stehenden Militärpersonen ist ein rotes drei Zoll breites Armband mit weißem Kreuz, am linken Arm getragen.» Wir begegnen in dieser Armbinde allen möglichen Kreuzformen, vom Kleeblatt- bis zum Johanniter- oder Malteserkreuz.

Somit besaß die eidgenössische Armee wohl ein einheitliches Reglement, jedoch für jedes Kontingent der damaligen 24 Kantone eine andere Fahne. Gemeinsame Zeichen waren lediglich das weiße Kreuz in der Fahne und die rot-weiße Schleife sowie – an der Uniform – die eidgenössische Armbinde.

Eidgenössische Ehrenfahne für die Bataillone, die von den aus französischen Diensten heimgekehrten Schweizern gebildet wurden (1815).

St. Galler Fähnrich mit helvetischer Fahne (grün-rot-gelb), 1798–1803. Aquarell von D.W. Hartmann.

Aquarellierte Federzeichnung der ersten eidgenössischen Fahne; von Carl Stauffer, 1841.

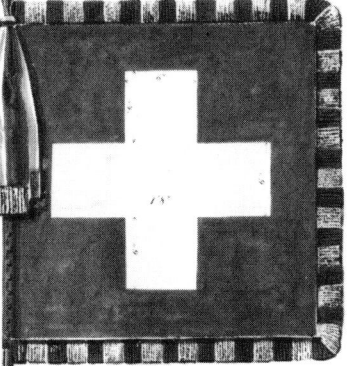

Aquarellierte Federzeichnung der ersten eidgenössischen Standarte; von Carl Stauffer, 1842.

DIE EIDGENÖSSISCHE FAHNE

«Ich habe kräftig für die Annahme der eidgenössischen Fahne für die Gesamtarmee gewirkt und sie erst nach zehnjähriger Anstrengung errungen», schreibt General Henri Dufour gelegentlich in seinen Aufzeichnungen. Seinem unermüdlichen, zielhaften Wirken und Wollen verdankt das Schweizervolk seine heutige Fahne. Im Dezember 1830 hatte der damalige Genie-Oberst Dufour vor dem Genfer Rat seine Auffassung in klaren, wohl abgewogenen Sätzen formuliert: «Die Tagsatzung sollte erwägen, ob es nicht angemessen wäre, allen unseren Bataillonen die gleiche Fahne, allen unseren Wehrmännern die gleiche Kokarde zu geben. Es ist wichtiger, als man glaubt, nur eine Fahne zu haben, weil die Fahne das Zeichen der Sammlung ist, das Bild des gemeinsamen Volkstums. Wenn man die gleichen Farben trägt, unter dem gleichen Banner kämpft, so ist man bereitwilliger, einander in der Gefahr zu unterstützen, man ist wahrhaftiger ein Heer von Brüdern. Dagegen gibt es immer einige Schattierungen unter den Menschen, wenn es deren in den Farben gibt, unter welchen sie sich einreihen; in den entscheidenden Augenblicken aber bedarf es der Schattierungen nicht. Man muß alles tun, um die Reihen zu schließen; vor keinem Opfer darf man zurückschrecken, selbst nicht vor dem Opfer alter und ehrwürdiger Erinnerungen ... Doch diese Erinnerungen, die niemand höher achtet als ich, da sie die Quelle der edelsten Taten sein können, widerstreben nicht dem Gedanken, sich um eine einzige Fahne, um ein wahrhaftes Landesbanner zu scharen.»[23]

Als Dufour im Jahre 1831 die Frage der einheitlichen Fahne auf der Tagsatzung – an die er abgeordnet war – verfocht, brachte man seinem Vorschlag kaum das nötige Verständnis entgegen. Für diesen Gedanken war man zu jener Zeit nämlich noch nicht reif, da jeder an seiner kantonalen Auffassung festhielt. Einzig der Kanton Aargau bestimmte in seiner Militärorganisation von 1833: «Die aargauischen Truppen führen die eidgenössische Fahne, rot mit einem weißen Kreuze.»

Den unablässigen Bemühungen Dufours ist es zu verdanken, daß anläßlich der Revisionsarbeiten der Wehrverfassung von 1817 die eidgenössische Militäraufsichtsbehörde einen Artikel in das neue Militärreglement aufnahm, das die Einführung der eidgenössischen Fahne vorsah. Dieser Artikel wurde 1835 von der Tagsatzung durch eine Mehrheit von 17 Standesstimmen angenommen. Da die Totalrevision des Militärreglements jedoch scheiterte, kam diese Frage erst vier Jahre später erneut zur Sprache. Am 2. September 1839 wurde der betreffende Hauptantrag in der Tagsatzung beraten und mit einer Mehrheit von zwölf Ständen folgender Beschluß gefaßt: «Jedes Infanteriebataillon erhält von seinem Kanton eine Fahne mit den Farben der Eidgenossenschaft, dem *weißen Kreuz auf rotem Grunde,* mit dem Namen des Kantons in Gold auf den Querbalken des Kreuzes.» Die Beratungen wurden am 21. Juli 1840 fortgesetzt und mit der Annahme der eidgenössischen Fahne abgeschlossen[24].

Darauf erging am 17. Mai 1841 ein Zirkular des eidgenössischen Kriegsrates an die Stände, dem eine «Zeichnung einer eidg. Fahne, wie solche die Infanteriebataillone künftighin erhalten sollen» beilag. In der Beschreibung der Fahne steht ausdrücklich, daß sie «mit einem weißen Kreuz *durchschnitten*» ist, womit die Zeichnung übereinstimmt. Ein weiteres Rundschreiben vom 21. Juli 1841 wies die kantonalen Behörden an, «bis auf weitere diesseitige Anzeige noch keine Fahnen nach dieser Zeichnung anfertigen zu lassen». In diesem zweiten Schreiben kommt die über die Form des Kreuzes bestehende Unsicherheit zum Ausdruck. Letztlich drang die Meinung durch, statt des durchgehenden sei das – dem Bundessiegel entsprechende – *schwebende* Kreuz in die Fahne aufzunehmen. Carl Stauffer zeichnete das definitive Modell, das mit Kreisschreiben vom 11. Oktober 1841 den Regierungen der Kantone bekanntgegeben wurde. Das unästhetische, aus fünf Quadraten bestehende Kreuz war sehr weit entfernt vom traditionellen schlanken Kreuz der alten Eidgenossen, wie es in den vier Bataillonsfahnen von 1815 nochmals zu Ehren gekommen war.

Im Jahre 1840 waren auch für die Dragonerschwadronen Feldzeichen vorgesehen worden. Den ersten Entwurf für die Standarte der Kavallerie zeichnete ebenfalls Carl Stauffer im Jahre 1842. Mittlerweile hatte sich die bei verschiedenen Anlässen gehißte eidgenössische Fahne – wenn auch nur langsam – durchgesetzt. Die schweizerische Offiziersgesellschaft und der eidgenössische Schützenverein hatten sie längst als Bundeszeichen angenommen. In den zwanziger und dreißiger Jahren des 19. Jahrhunderts wurde die rote Fahne mit weißem Kreuz bei eidgenössischen Übungslagern, ebenso bei «Ehr- und Freischießen» gehißt, einmal mit durchgehendem, einmal mit freischwebendem Kreuz. Auch die Proportionen des Kreuzes waren recht verschieden. Kurz: bezüglich Form und Größe des Bundeszeichens herrschte größte Unsicherheit. Erst die Einführung der neuen eidgenössischen Fahne für die Armee trug zu einer relativen Einheitlichkeit und vor allem zur allgemeinen Verwendung des schwebenden Kreuzes bei. 1843 wurde in der neuen Bekleidungsordnung, Art. 146, die eidgenössische Armbinde als «allgemeines Feldzeichen aller im aktiven Dienste der Eidgenossenschaft stehender Militärpersonen» vorgeschrieben und auch deren Form und Größe festgelegt: «ein rotes drei Zoll breites Armband mit weißem Kreuz von zwei 15 Linien langen und 5 Linien breiten Balken».

In der schweizerischen Bundesverfassung von 1848 wird die eidgenössische Fahne unter Art. 20, 5 ausdrücklich erwähnt: «Alle Truppenabteilungen im eidgenössischen Dienste führen die eidgenössische Fahne.»

Das «Bundesgesetz über die Bekleidung, Bewaffnung und Ausrüstung des Bundesheeres» vom 27. August 1851 enthält nähere Bestimmungen:

«Art. 30: das allgemeine Feldzeichen aller im aktiven Dienste der Eidgenossenschaft stehenden Militärpersonen ist ein rotes *Armband* mit weißem Kreuz am linken Arm getragen.»

Art. 62: Jedes *Infanteriebataillon* erhält eine *Fahne* mit den Farben der Eidgenossenschaft, dem weißem Kreuz mit rothem Grunde, und dem Namen des Kantons in Goldschrift; Schleife mit den Kantonalfarben; außerdem zwei Führerfähnchen, roth mit silbernem Kreuz.»

Art. 63: Jede *Schwadron Dragoner* erhält vom Bunde eine *Standarte*, roth mit weißem Kreuz.»

Das eidgenössische «Reglement über die Bekleidung, Bewaffnung und Ausrüstung des Bundesheeres» vom 27. August 1852 stützt sich auf das im Jahr zuvor erlassene Gesetz und regelt sehr ausführlich alle Einzelheiten. Im § 363 wird die *Fahne der Infanterie-Bataillone* beschrieben. Die Seitenlänge des quadratischen Fahnentuches beträgt 4 Schuh 5 Zoll (135 cm). Der Name des Kantons ist auf dem Querbalken des Kreuzes auf beiden Seiten der Fahne aufgemalt. Die Bataillone, die sich aus verschiedenen Kantonen rekrutieren, «werden an den nämlichen Stellen mit den Namen der betreffenden Kantone in ihrer gewohnten Ordnung bezeichnet.» Einzig die Inschrift und die unter der Fahnenspitze angebrachte Schleife in den Standesfarben erinnern noch an die kantonale Selbständigkeit.

Die jeder *Schwadron Dragoner* zustehende *Kavallerie-Standarte* war 2 Schuh 5 Zoll im Geviert (75 cm). In dem mit roten und silbernen Fransen eingefaßten Standartentuch trug das weiße Kreuz keine Inschriften. Die Schleife war in den eidgenössischen Farben Rot und Weiß gehalten.

Die ersten ordonnanzmäßigen eidgenössischen Feldzeichen wurden nach diesem Reglement angefertigt.

Die alten Kantonalfahnen wurden hierauf an die Landwehr abgetreten, bis auch sie 1865 durch eidgenössische Fahnen ersetzt wurden.

Weder die Bundesverfassung vom 29. Mai 1874 noch die Militärorganisation vom 14. Wintermonat 1874 erwähnen die Feldzeichen der Armee. Sie waren bereits zur Selbstverständlichkeit geworden. Die Dragonerregimenter erhielten 1874 eigene Standarten. 1884 wurde die Inschrift in den Fahnen der Füsilierbataillone in der Weise geändert, daß auf der einen Seite des Kreuzes der Kantonsname und auf der anderen die Bataillonsnummer zu stehen kam.

Das unschöne Quadratenkreuz war gegen Ende der achtziger Jahre von verschiedenen kompetenten Seiten angefochten worden, da es ja vor allem im Widerspruch zum geltenden Bundessiegel stand. Über die richtige Form des Schweizerkreuzes ist damals sehr viel Tinte geflossen. Schließlich beschloß die Bundesversammlung am 12. Dezember 1889 «nach Einsichtnahme einer Botschaft des Bundesrates vom 12. November 1889,

Wappen der Schweizerischen Eidgenossenschaft
In Rot ein schwebendes silbernes (=weißes) Kreuz.

Landesfarben
Rot und Weiß.

Landesfahne (Schweizerfahne)
In Rot ein schwebendes weißes Kreuz.

Fähnrich mit eidgenössischer Fahne, 1852. Lithographie von G. Wolf.

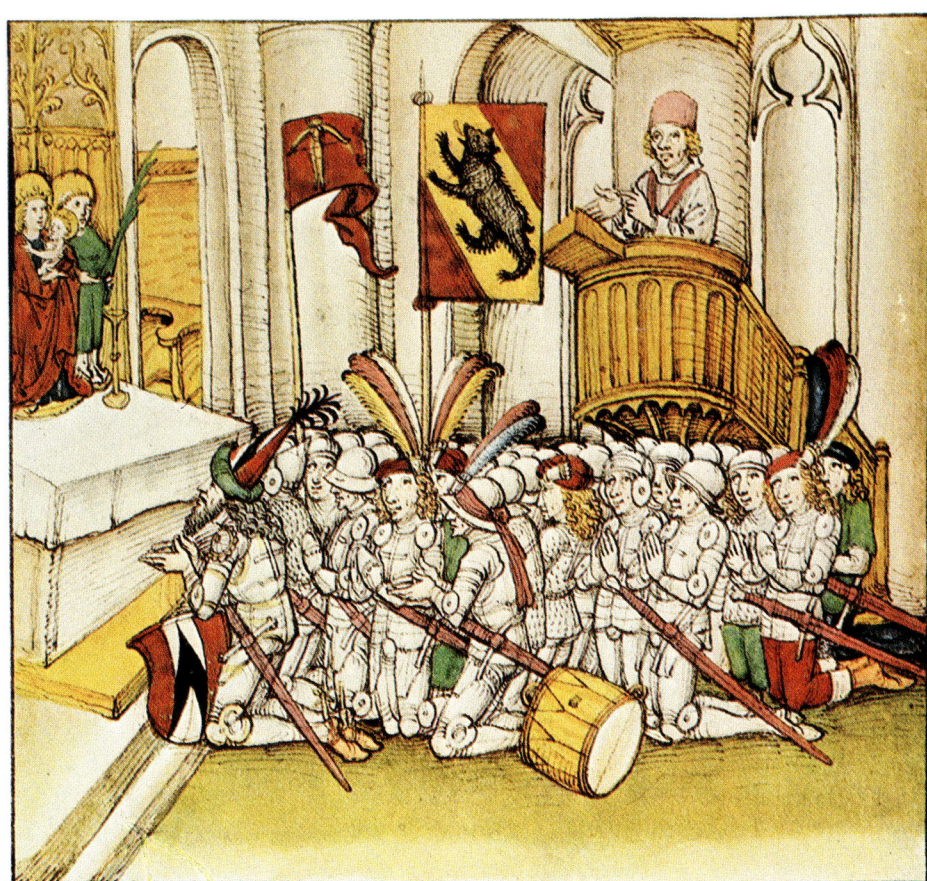

CH-I/1: Gebet und Predigt vor dem Auszug in die Laupenschlacht von 1339. Vor dem Altar Ritter Rudolf von Erlach, Feldhauptmann und Anführer in der Schlacht. Über den Kriegern das Berner Banner und das Schützenfähnlein. An ihren Waffenröcken tragen die Krieger zum erstenmal das Kreuz als gemeinsames Zeichen der Eidgenossen. Aus der Spiezer Bilderchronik von Diebold Schilling, 1485.

CH-I/2: Fähnrich des Schweizergarderegiments in französischen Diensten mit Ordonnanzfahne. Sie zeigt das für die Schweizerregimenter typische Flammenmuster sowie das durchgehende weiße Kreuz.
Gouache von Delaistre, 1721.

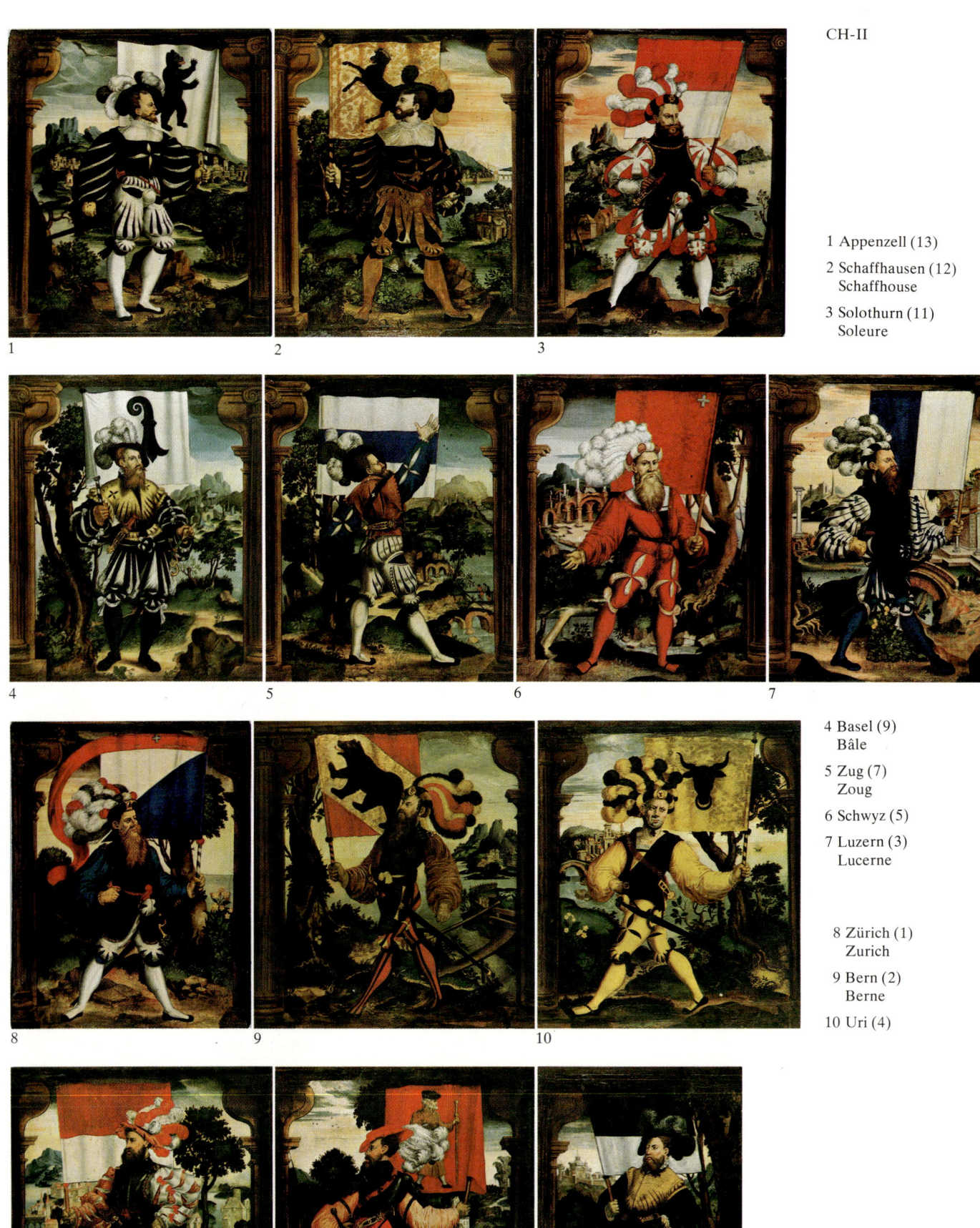

CH-II

1 Appenzell (13)

2 Schaffhausen (12)
  Schaffhouse

3 Solothurn (11)
  Soleure

4 Basel (9)
  Bâle

5 Zug (7)
  Zoug

6 Schwyz (5)

7 Luzern (3)
  Lucerne

8 Zürich (1)
  Zurich

9 Bern (2)
  Berne

10 Uri (4)

11 Unterwalden (6)
   Unterwald

12 Glarus (8)
   Glaris

13 Freiburg (10)
   Fribourg

DIE BANNERTRÄGER DER DREIZEHN ALTEN ORTE DER EIDGENOSSENSCHAFT

Von Humbert Mareschet 1585 geschaffener Gemäldezyklus, bis 1832 in der Burgerstube des Berner Rathauses, heute im Bernischen Historischen Museum.

Nach jedem eidgenössischen Stand steht in Klammern die der damaligen offiziellen Rangordnung entsprechende Zahl. Um die vom Künstler beachtete Rangfolge zu verstehen, muß man andere zeitgenössische Gesamtdarstellungen der Wappen der eidgenössischen Orte zu Hilfe nehmen, z.B. den berühmten Titelholzschnitt der Schweizer Chronik von Etterlyn 1507 (vgl. Kapitel Wallis, Seite 140) oder die eidgenössische Medaille 1547 von Jakob Stampfer (Seite 14 in diesem Kapitel). In diesen Darstellungen sind die Wappen, oben beginnend mit den Vororten Zürich und Bern und in der weiteren Folge alternierend links, rechts, links usw. angeordnet. Im hier dargestellten Gemäldezyklus schreiten die ersten acht Bannerträger alle nach rechts in aufsteigender Rang- bzw. absteigender Zahlenfolge bis und mit Zürich. Die Bannerträger der ersten Vororte Zürich und Bern begegnen sich, so daß der Berner und mit ihm die weiteren vier Bannerträger in absteigender Rang- bzw. aufsteigender Zahlenfolge nach links schreiten.

Im Hintergrund der Bannerträger schließen sich die Flüsse, die Seen und die schneebedeckten Berge zu einer einheitlichen schweizerisch geprägten Phantasielandschaft zusammen, mit Brücken, Gehöften, Städten und – als Hinweis auf die römische Vergangenheit – mit antiken Ruinen. (Im Luzerner Banner hat der Künstler die Farben irrtümlicherweise senkrecht anstatt waagrecht angeordnet.

in Ergänzung des Tagsatzungsbeschlusses vom 14. Juli 1815 das eidgenössische Siegel und Wappen betreffend» folgendes: «Das Wappen der Eidgenossenschaft ist im roten Felde ein aufrechtes, freistehendes weißes Kreuz, dessen unter sich gleiche Arme je einen Sechsteil länger als breit sind.»

So wie das «Quadratenkreuz» mancherorts Anstoß erregt hatte, so traf das neue «Sechstelkreuz» gemäß Bundesbeschluß vom 12. Dezember 1889 wiederum auf Widerstand, diesmal in anderen Kreisen. Schon vor der Annahme des Beschlusses hatte sich Maurice Tripet, Redaktor des «Schweizer Archivs für Heraldik», mit seiner vom 27. November 1889 datierten Druckschrift «Bemerkungen über die Botschaft des Schweizerischen Bundesrathes an die hohe Bundesversammlung betreffend das [sic] Wappenschild der Schweizerischen Eidgenossenschaft/Offener Brief an die hohe Schweiz. Bundesversammlung» für die Beibehaltung des aus fünf Quadraten bestehenden Kreuzes eingesetzt. Er berief sich dabei auf die Kreuzmaße der 1843 festgelegten Armbinde und in der Bataillonsfahne gemäß Reglement von 1852, im Gegensatz zur bundesrätlichen Botschaft, die sich auf das Kreuz in den seit 1815 angefertigen Bundessiegeln und auf den «in den Jahren 1826 ff. ausgeprägten kantonalen Konkordatsmünzen» stützte. Nach Annahme des Bundesbeschlusses wurden wieder Stimmen laut, die die Wiedereinführung des alten Kreuzes forderten, so etwa der von einer «Volksversammlung von La Chaux-de-Fonds» am 1. März 1890 (Gedenkfeier für die Neuenburger Revolution von 1848) gefaßte Beschluß; die Petition Haffter (thurgauischer Regierungsrat und Ständerat) und Konsorten, Juni 1890, in beiden Räten «durch Übergehen zur Tagesordnung erledigt»; die – unberücksichtigt gebliebene – Petition Imhof, Hottingen, Mai 1891.

Man kann in bezug auf den Bundesbeschluß von 1889 verschiedener Meinung sein. Sicherlich ist für offizielle Darstellungen eines Hoheitszeichens eine gesetzliche Regelung notwendig. Den ausführenden Künstlern hingegen legt eine solche Regelung unerwünschte und der künstlerischen Freiheit abträgliche Fesseln auf. Um mit dem häßlichen Quadratenkreuz aufzuräumen und gleichzeitig der künstlerischen Freiheit einen gewissen Spielraum zu gewährleisten, hätte man mit Vorteil die Formulierung «*mindestens* ein Sechsteil länger als breit» wählen sollen[25].

Aufgrund des Bundesbeschlusses von 1889 verfügte das Eidgenössische Militärdepartement im Jahre 1890 die Änderung der Feldzeichen der Armee, um «sie in Übereinstimmung mit dem Wappen der Schweizerischen Eidgenossenschaft zu bringen»[26].

Die Truppenordnung von 1911 bestimmte gemäß der Militärorganisation von 1907: «Fahnen und Standarten: die Infanterie- und Sappeur-Bataillone sind mit der eidgenössischen Fahne, die Kavallerie-Regimenter mit der Standarte ausgerüstet.» 1912 zeigte sich die Notwendigkeit, für die gemäß Truppenordnung neu geschaffenen Bataillone Fahnen anzufertigen. Es erwies sich dabei als zweckmäßig, für den Gebrauch im Felde ein kleineres Format des Fahnentuches zu wählen. Aufgrund dieser Überlegungen verfügte das Eidgenössische Militärdepartement am 13. November 1913, anstelle der alten Maße von 135 × 135 cm für die Infanteriefahnen die Größe von 110 × 110 cm. Die Fahnenschleife blieb wie bisher in den Kantonsfarben, bei eidgenössischen und aus verschiedenen Kantonen zusammengestellten Truppen rot-weiß. Die Verfügung des Eidgenössischen Militärdepartements vom 19. Dezember 1913 regelte die Ausführung der Inschriften (Abkürzung BAT. für Bataillon, die Bezeichnung der Zugehörigkeit jedoch vollständig ausgeschrieben, somit z.B. «FÜSILIER-BAT. 28»).

Für die *Kavallerie-Standarte* bestand kein Grund, Änderungen vorzunehmen. Mit Ausnahme geringfügiger Abweichungen sowie unter Berücksichtigung der 1889 beschlossenen Änderung der Kreuzmaße wurde das im Reglement vom 27. August 1852 beschriebene Modell bis zur Aufhebung der Kavallerie (1973) beibehalten. Der Name der Einheit war auf ein Messingschild graviert, das am Standartenschaft befestigt wurde.

Von 1931 bis 1963 wurden die Armeefeldzeichen mehrmals durch behördliche Erlasse festgelegt. Heute gelten der Bundesratsbeschluß vom 14. 6. 1965 und die Verfügung des Eidg. Militärdepartements vom 25. 6. 1965. Danach bestehen 5 (heute noch 4) Modelle:

1. *Die Fahne* 110 × 110 cm, die von den Bataillonen bzw. Abteilungen der Infanterie (mit Ausnahme der Trainabteilungen), der Genietruppen, der Sanitätstruppen (mit Ausnahme der Sanitätstransportabteilungen) und der Luftschutztruppen geführt wird.
2. (Das Modell 2 – Kavalleriestandarte – ist seit 20. Dezember 1973 aufgehoben.)
3. *Die Standarte der Radfahrerbataillone*, 60 × 60 cm, ohne Fransen gemessen.

4. *Die Standarte «Modell motorisierte Truppen»*, 60×60 cm, ohne Fransen gemessen, die von den «übrigen Truppenkörpern mit Standarten» geführt wird (u.a. Train-, Panzer-, Fliegerabwehr-, Übermittlungstruppen, etc.).
5. *Die auf den Gewehrlauf aufzusteckende Standarte* der Festungswachtkompanien, 50×50 cm, ohne Fransen gemessen.

Die Fahnen (Modell 1) tragen auf dem waagrechten Kreuzbalken goldene Inschriften, nämlich

1. auf der rechten Seite die Bezeichnung und die Nummer des betreffenden Truppenkörpers in der Sprache des Landesteiles, aus dem er sich rekrutiert;
2. auf der linken Seite:
    a) den Namen des Kantons für die kantonalen Bataillone der Infanterie,
    b) die gleiche Inschrift wie auf der linken Seite für die eidgenössischen Bataillone der Infanterie sowie für alle anderen Truppenkörper.

Es bestehen einige Ausnahmen der Inschriften gemäß Ziffer 2b, nämlich für die Fahne des aus Mannschaften der beiden Halbkantone Appenzell Ausserrhoden und Innerrhoden zusammengesetzen Füsilierbataillons 84, dessen Fahne die Inschrift APPENZELL trägt, sowie für acht zweisprachige Truppenkörper, deren Feldzeichen auf der linken Seite in einer zweiten Amtssprache beschriftet sind.

Die Bezeichnungen und Nummern der zur Führung einer Standarte berechtigten Truppenkörper sind auf der Hülse der Fahnenspitze, bei den Standarten Modell 5 auf der Spitze eingraviert.

Sämtliche Feldzeichen sind aus Seide gefertigt; die Standarten sind zudem mit seidenen *Fransen* in den eidgenössischen Farben versehen.

Unter der Fahnenspitze ist (mit Ausnahme der Standarten der Grenzschutzkompanien) eine zu einer Masche gebundene *Schleife* befestigt, die bei den Feldzeichen der kantonalen Bataillone der Infanterie die Farben des betreffenden Kantons, bei den eidgenössischen Truppenkörpern die eidgenössischen Farben zeigt. Die Schleife ist mit goldenen oder silbernen Fransen versehen: golden für die eidgenössischen Truppenkörper, ebenso für die Truppen der Kantone, in deren Wappenfarben Gold (Gelb) vorkommt; silbern für die Kantone mit entsprechender Wappenfarbe.

Die hölzernen *Stangen* der Feldzeichen sind, (mit Ausnahme der Standarten der Grenzschutzkompanien, spiralförmig in den eidgenössischen Farben Rot und Weiß gestrichen. Die Fahnenspitze ist aus Messing.

STANDARTE DES GENERALS

Die erste reglementarische Bestimmung über die General-Standarte finden wir im «Reglement über die Bekleidung und Ausrüstung der Schweizerischen Armee» vom 11. Januar 1898, Artikel 46: «Im Gefecht und auf dem Marsche begleitet als Erkennungszeichen: den General eine Ordonnanz (Kavallerieunteroffizier) mit Kavalleriestandarte...» Bei Inkrafttreten dieser Bestimmung bestand jedoch keine Veranlassung, eine spezielle General-Standarte anzufertigen, da der General der Schweizer Armee erst ernannt wird, wenn die Lage an der Grenze bedrohlich wird und ein größeres Truppenaufgebot in Aussicht steht. Die Wahl des Generals wird durch die Bundesversammlung vorgenommen.

Als nach Ausbruch des Ersten Weltkrieges im Jahre 1914 die Kriegsmobilmachung angeordnet und Ulrich Wille zum General gewählt wurde, kam die erste General-Standarte zur Ausführung. Sie bestand vorschriftsgemäß aus einer Kavallerie-Standarte mit roten und silbernen Fransen. Unter der vergoldeten Messingspitze war eine rot-weiße Schleife (Fahnenband) mit silbernen Fransen angebracht. General Henri Guisan führte während der Kriegsmobilmachung 1939–1945 eine bis auf geringfügige Abweichungen gleich ausgeführte Standarte[27].

STANDORTZEICHEN DER HEERESEINHEITSKOMMANDANTEN

Im bereits erwähnten Artikel 46 des Reglements von 1898 wird ausgeführt: «Im Gefecht und auf dem Marsch begleiten:
– den Armeekorpskommandanten eine Ordonnanz mit Fanion mit weißem Kreuz im roten dreieckigen Feld, Höhe 60 cm, Länge 100 cm;
– den Divisionskommandanten eine Ordonnanz mit Fanion, rot-weiß in Flaggenform, Höhe 50 cm, Länge 100 cm.»

Die Idee zur Einführung von Standortzeichen für die Kommandanten der Heereseinheiten dürfte von schweizerischen Offizieren stammen, die zur Ausbildung und bei Manövern in ausländischen Armeen weilten. In der Deutschen Armee zum Beispiel führten Kommandierende Generäle und Divisionskommandeure schon lange Kommandostandarten.

Vereidigung eines Gardisten bei der päpstlichen Schweizergarde im Vatikan. Die 1506 von Papst Julius II. gegründete Schweizergarde ist die einzige noch bestehende Schweizertruppe in fremden Diensten. Ihre Fahne ist durch ein weißes Kreuz in vier Felder aufgeteilt: 1. in Rot das Wappen des jeweils regierenden Papstes, 2. und 3. viermal geteilt von Blau, Gelb, Rot, Gelb und Blau (die Farben der Garde), 4. in Rot das Wappen von Julius II. In der Mitte des Kreuzes, innerhalb eines grünen Kranzes, das Wappen des Gardekommandanten.

Den schweizerischen Standortzeichen begegnen wir erstmals auf einer Lithographie, die den schweizerischen Generalstab bei der Ruine Unspunnen bei Interlaken im Jahre 1898 darstellt. Die Armeekorpsstandarte und die damals noch zweizipflige Divisionsstandarte sind deutlich zu erkennen. Einige Jahre später (das genaue Datum ist nicht mehr feststellbar, es dürfte jedoch spätestens 1905 gewesen sein) wurde die Divisionsstandarte querrechteckig.

Mit der Schaffung selbständiger Gebirgsbrigaden als Heereseinheiten durch die Truppenordnung von 1938 erfolgte die Einführung der Brigadefanions.

Diese grundsätzlich gleich gebliebenen *Fanions* werden immer noch verwendet. Sie sind aus Baumwolltuch gefertigt, und ihre Abmessungen entsprechen dem 1940 eingeführten Modell. Es bestehen folgende drei Typen:

– für den *Armeekorpsstab:* dreieckig, rot mit freischwebendem weißem eidgenössischem Kreuz;
– für den *Divisionsstab:* querrechteckig, geteilt (waagrecht) von Rot und Weiß;
– für den *Brigadestab:* querrechteckig, gespalten (senkrecht) von Rot und Weiß.

Die Schweizerfahne (Landesfahne) geht, wie es die vorstehende Darstellung ihrer geschichtlichen Entwicklung aufzeigt, auf militärische Feldzeichen zurück, deshalb ihre quadratische Form. In ihrer zu Lande allgemein gebräuchlichen Ausführung ist die Schweizerfahne – nebst der Flagge der Vatikanstadt – die einzige quadratische Nationalflagge der Welt. Bemerkenswert ist auch, daß die Schweiz der einzige Staat ist, dessen Wappen und Fahne genau das gleiche Bild zeigen[i].

Die in der Schweiz allgemein geltende Regel des quadratischen Fahnenformats wurde zu Beginn dieses Jahrhunderts erstmals durchbrochen, als für die schweizerischen Bodenseeschiffe das querrechteckige Format der Seeschiffahrtsflaggen eingeführt wurde. Die Schiffahrtsinspektion der Schweizerischen Bundesbahnen in Romanshorn hat in ihrer «Dienstanweisung für den Betrieb der Bodensee-Dampfschiffahrt» vom 15. Januar 1911 die Flaggenordnung für ihre Dampfschiffe festgelegt, wonach «die Heck- und Bugflaggen rechteckig etwa im Verhältnis der Breite zur Länge von 2:3» sind. Diese Regelung gilt heute noch, und gemäß Flaggenordnung vom 20. Mai 1951 führen die Bodenseeschiffe die am Heck gehißte Schweizerflagge in rechteckiger Form. Auch die Schiffahrtsgesellschaft des Vierwaldstättersees hat vor ca. 12 Jahren die Schweizerflagge zur See angenommen.

Auf den übrigen schweizerischen Seen weht bis jetzt hingegen immer noch die quadratische Flagge. Diese Regelung gilt auch für die Rheinschiffahrt.

DIE SCHWEIZERFLAGGE ZUR SEE

Schon im Jahre 1862 hatte eine schweizerische Gesellschaft, die sich mit Kolonisationsplänen beschäftigte, die Frage der Zulässigkeit der Schweizerflagge auf den Weltmeeren aufgeworfen, worauf vom damaligen Handels- und Zolldepartement Material zu dieser Frage gesammelt wurde. In einer vom 10. August 1864 datierten Petition wandten sich 53 Schweizer aus Triest an den Bundesrat mit dem Ersuchen, die schweizerische Neutralität «auf die Schiffahrt erstrecken zu lassen, welche auf dem Meere, wie auf Flüssen unter der schweizerischen Flagge erfolge». Es folgten weitere Eingaben, u.a. von Schweizern in St. Petersburg und in Smyrna. Darauf richtete der Bundesrat am 25. November 1864 eine Botschaft an die Bundesversammlung «betreffend Ermächtigung zum Gebrauch der eidgenössischen Flagge.» Diese Botschaft blieb praktisch ohne Folge.

Für die weitere geschichtliche Entwicklung, die schließlich zur Einführung der Schweizerflagge zur See führen sollte, ist die «Botschaft des Bundesrates an die Bundesversammlung zum Entwurf eines Bundesgesetzes über die Seeschiffahrt unter der Schweizerflagge» vom 22. Februar 1952 sehr aufschlußreich. Die wichtigsten Fakten seien hier erwähnt:

Die Schiffe, die während des Ersten Weltkrieges die für die Landesversorgung notwendigen Güter transportierten, fuhren unter ausländischer Flagge. «Obschon die Hindernisse auf internationalem Gebiet nach dem Kriege von 1914–1918 weggefallen waren, verweigerte der Bundesrat im Jahre 1923 einer Schiffahrtsgesellschaft die Bewilligung zur Führung der Schweizerflagge auf ihren Schiffen, und noch am Vorabend des Zweiten Weltkrieges wiesen die Bundesbehörden den Plan eines bekannten Unternehmens, welches sich die Schaffung einer schweizerischen Flotte zum Ziele setzte, zurück. Bei diesen Entscheiden waren vor allem Gründe politischer Natur sowie das Fehlen einer entsprechenden schweizerischen Gesetzgebung maßgebend.»

«Von neuem stellte sich das Problem, diesmal im allgemeinen Interesse, vor 1940, als die Schwierigkeiten unserer Landesversor-

---

ANMERKUNG

[i] Die Tatsache, daß Wappen und Fahnen der Eidgenossenschaft und der Kantone genau das gleiche Bild zeigen (mit Ausnahme von Luzern, Schwyz und Tessin, wobei die unterschiedliche Darstellung der Hoheitszeichen dieser Kantone in Wappen und Fahne [vgl. die betreffenden Kapitel] im allgemeinen zu wenig bekannt ist), mag in der Schweiz dazu geführt haben, daß die beiden Begriffe *Wappen* und *Fahne* in der breiten Öffentlichkeit manchmal verwechselt werden und als identisch gelten.

gung wuchsen, weil die internationalen Ereignisse uns nicht mehr erlaubten, die nötige Tonnage aufzutreiben und weil die im Dienste unseres Außenhandels fahrenden ausländischen Seeschiffe dem Zugriff der Kriegführenden ausgesetzt waren.»... «Angesichts dieser Situation legten sich die Bundesbehörden darüber Rechenschaft ab, daß die Schaffung einer unter Schweizerflagge fahrenden Flotte noch die einzige Möglichkeit war.»

Der «Bundesratsbeschluß über die Seeschiffahrt unter der Schweizerflagge» vom 9. April 1941 (am 17. April 1941 in Kraft getreten) bestimmte u.a.:

- Art. 5: Schweizerische Seeschiffe sind Schiffe, die auf Grund einer vom Bundesrat erteilten Verleihung zur Führung der Schweizerflagge berechtigt und in das vom eidgenössischen Schiffsregisteramt geführte Register der Seeschiffe aufgenommen worden sind. Diese Schiffe haben das Recht und die Pflicht zur Führung der Schweizerflagge auf dem Meere.
- Art. 11, Abs. 1: Die von den schweizerischen Seeschiffen zu führende Flagge zeigt ein weißes Kreuz im roten Feld in der für die Feldzeichen der Armee vorgeschriebenen Form; für das Verhältnis von Länge und Breite der Flagge sowie für die Stellung und die Größe des Kreuzes ist das diesem Bundesratsbeschluß als Anlage beigefügte Muster maßgebend.

Das schweizerische Seerecht war «eine Schöpfung des Zufalls»; es mußte notgedrungen in kürzester Zeit geschaffen werden. Bald zeigte sich die Notwendigkeit einer Gesetzesrevision. Mit der bereits erwähnten bundesrätlichen Botschaft vom 22. Februar 1952 wurde der Bundesversammlung der Entwurf zu einem neuen Gesetz unterbreitet und erläutert.

Im neuen «Bundesgesetz über die Seeschiffahrt unter der Schweizerflagge (Seeschiffahrtsgesetz)» vom 23. September 1953, in Kraft seit dem 1. Januar 1957, wird unter Art. 3 (Schweizerflagge zur See) bestimmt:

«1. Die Schweizerflagge darf nur von schweizerischen Seeschiffen geführt werden; die schweizerischen Seeschiffe führen ausschließlich die Schweizerflagge.

2. Die Schweizerflagge zeigt ein weißes Kreuz im roten Feld; für Form und Größenverhältnisse ist das im Anhang zu diesem Gesetz abgebildete Muster maßgebend.»

Die in Anhang I zum betreffenden Gesetz beigefügte Musterzeichnung entspricht genau derjenigen von 1941.

Nachdem die Gesetzesänderung vom 14. Dezember 1965 dem Bundesrat die Möglichkeit gegeben hatte, auch die Eintragung von Jachten in einem schweizerischen Register vorzusehen, wurde am 15. März 1971 die «Verordnung über die schweizerischen Jachten zur See» erlassen, die unter Art. 1. Abs. 3, besagt:

«Schweizerische Jachten führen die Schweizer Flagge gemäß Artikel 3 des Seeschiffahrtsgesetzes. Das Schweizerische Seeschiffahrtsamt kann Eigentümern, die Mitglieder nautischer Vereine schweizerischen Charakters sind, gestatten, die Schweizer Flagge für Jachten mit einem Vereinsemblem zu ergänzen, sofern dadurch keine Verwechslung mit einer ausländischen Flagge entsteht.»

HOHEITSZEICHEN DER ZIVILLUFTFAHRT

Die «Verfügung des Eidgenössischen Luftamtes über die Hoheits- und Eintragungszeichen der Luftfahrzeuge» vom 14. Mai 1965 schreibt für jedes im schweizerischen Luftfahrzeugregister eingetragene Luftfahrzeug die Führung der «ihm vom Eidgenössischen Luftamt zugeteilten Hoheits- und Eintragungszeichen» vor. In Art. 5, Abs. 2, wird ausgeführt:

«Das Wappen muß bei allen Flugzeugen und Segelflugzeugen in den amtlichen Farben und Formen, ohne Umrandung, auf dem Seitenleitwerk dargestellt werden, entweder als parallel zur Längsachse verlaufendes Band oberhalb der Schriftzeichen oder als oberer Abschluß des Seitenleitwerkes.»

Art. 7, Abs. 2 schreibt für die *Ballone* die Führung einer «von unten gut sichtbaren Schweizerfahne von mindestens 100 cm Seitenlänge» am Netzwerk vor.

Die Militärflugzeuge führen das schweizerische Hoheitszeichen sowohl auf dem Seitenleitwerk als auf den Tragflächen (oben und unten) in der auch bei ausländischen Flugwaffen üblichen «Kokardenform» (rote Scheibe mit schwebendem weißem Kreuz).

DIE SIEGEL[28]

Von den Siegeln der Eidgenossenschaft lassen sich zwei inhaltlich und stilistisch grundverschiedene Typen unterscheiden: der allegorische Typ von 1798 bis 1815 und der heraldische Typ seit 1815.

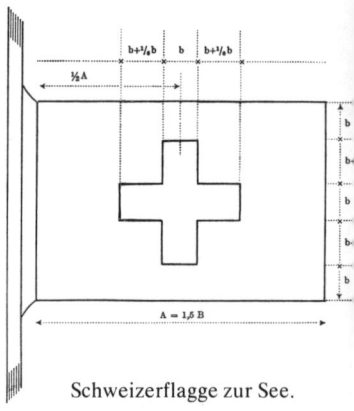

Schweizerflagge zur See.

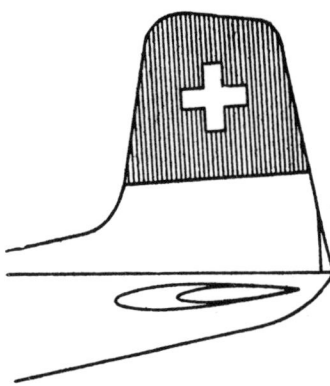

Hoheitszeichen der schweizerischen Zivilluftfahrt.

Siegel des Senats der Helvetischen Republik, in Gebrauch vom 12. April 1798 bis 7./8. August 1800.

Eidgenössisches Siegel, 1803 bis 1815.

Bundessiegel der Schweizerischen Eidgenossenschaft, 1848 bis 1948, mit den neuen Wappen von Basel (gespalten von Basel-Stadt und Basel-Landschaft) und Neuenburg (zweimal gespaltener Schild mit Kreuzchen anstelle des alten Wappens mit Pfahl und Sparren).

Bundessiegel, 1948. Entwurf: Werner Eggs, Zürich. Gravur: Heinrich Eggs, Zürich.

ANMERKUNG

[k] Im wirklich ausgeführten Siegel steht «Schweizerische…».

Das von der *Helvetischen Republik* erlassene Grundgesetz vom 12. Mai 1798 sah vier Hauptsiegel vor: das große und das kleine Staatssiegel, deren Gebrauch dem Directorium zustand, das Siegel für den Senat und das für den großen Rat. Das in Art. 1 des Gesetzes erwähnte Siegelbild zeigte «Wilhelm Tell, dem sein Knabe den Apfel am Pfeile überreicht».

Als Folge der *Mediationsakte* von 1803 hatte der Landammann der Schweiz, Louis d'Affry, die Kantone ermächtigt, ihre alten Wappenbilder wieder aufzunehmen und die neu geschaffenen Kantone aufgefordert, ihre Hoheitszeichen festzulegen. Am 5. Juli 1803 genehmigte die Tagsatzung die Schaffung eines eidgenössischen Siegels: «Dieses Siegel stellt einen alten Schweizer in vatterländischer Tracht vor, der seine rechte Hand auf einem Schilde ruhen läßt, während dem die Linke mit einem Spieß bewaffnet ist. Auf dem Schilde stehen die Worte NEUNZEHN CANTONE; als Legende SCHWEIZERISCHE EIDGENOSSENSCHAFT und unter der Figur die Jahrs-Zahl 1803». Zwischen diesem Text und dem wirklich ausgeführten Siegel lassen sich einige Abweichungen feststellen. Der «alte Schweizer» trägt ein elegantes Kostüm aus der zweiten Hälfte des 16. Jahrhunderts mit bauschigen Kniehosen und einem mit einer Feder geschmückten Hut; er ist nicht mit einem Spieß, sondern mit einer Hellebarde bewaffnet. Auf dem Schild ist die Inschrift XIX CANTONE angebracht.

Nachdem die Mediationsakte für nichtig erklärt worden war, wurde ein als Verfassung dienendes Konkordat angenommen, in Erwartung eines neuen eidgenössischen Vertrages. Am 16. Mai 1814 beschloß die Tagsatzung als Art. 41 des Verfassungsentwurfes: «Das Siegel der Eidgenossenschaft ist das Feldzeichen der alten Schweizer: *ein weißes freistehendes Kreuz im rothen Felde*, sammt der Umschrift ‹Schweizerische Eidgenossenschaft›». Da das Vertragsprojekt zurückgewiesen wurde, konnte dieser Artikel nicht zur Ausführung gelangen, und das Siegel von 1803 blieb bis August 1815 in Gebrauch.

Am 4. Juli 1815 beschloß die Tagsatzung, ein Staatssiegel stechen zu lassen: «In der Mitte der Eidgenössische rothe Schild mit dem weißen Kreuze als gemeineidgenössisches Wappenzeichen. Ringsherum eine zirkelförmige einfache gothische Verzierung. Außer derselben die Inschrift: Schweizerische[k] Eidgenossenschaft mit der Jahrszahl 1815. In einem äußern Zirkel alle 22 Cantons-Wappen in runden Feldern nach ihrer eidgenössischen Ordnung und das Ganze mit einem einfachen Siegelkreuz in untergeschobenen kleinen Blättern geschlossen.» In dem von J. Aberli gestochenen Siegel sind die Farben der Wappen mit den üblichen heraldischen Schraffierungen bzw. Punktierungen bezeichnet. Unheraldisch sind hingegen die überflüssigen Sterne und Verzierungen im Schweizerwappen.

Dieses auf dem Bundesvertrag vom 7. August 1815 angebrachte Siegel war nur ein Jahr lang in Gebrauch. Die Aussöhnung zwischen Obwalden und Nidwalden (vgl. Kapitel «Unterwalden») bedingte eine Änderung des Bundessiegels, in dem Unterwalden nur durch das alte Wappen Obwaldens (geteilt von Rot und Weiß) vertreten war. Nach dem am 8. August 1816 abgeschlossenen und vier Tage später von der Tagsatzung ratifizierten Vergleich wurde für den Gesamtkanton Unterwalden ein gespaltenes Wappen, das die Hoheitszeichen beider Kantone vereinigte, in das Bundessiegel aufgenommen: heraldisch rechts war Obwalden durch ein von Rot und Weiß geteiltes Feld mit einem einfachen Schlüssel – irrtümlicherweise nach heraldisch links gewendet – in gewechselten Tinkturen vertreten; die linke Schildhälfte nahm der Doppelschlüssel von Nidwalden ein. J. Aberli stach eine neue Matrize, wobei die Jahreszahl 1815 unverändert blieb und lediglich das Unterwaldner Wappen geändert wurde.

Die Teilung des Kantons Basel 1833 und die am 11. April 1848 vom Kanton Neuenburg beschlossene Änderung seines Wappens erforderten erneut die Schaffung eines neuen Bundessiegels, in dem – nebst den beiden fraglichen Wappen – auch die Jahreszahl geändert wurde: das Siegel ist mit MDCCCXLVIII, dem Jahr der Entstehung des neuen Bundesstaates, bezeichnet.

Am 7. April 1948 hat der Bundesrat auf Antrag der Bundeskanzlei beschlossen, neue Siegel anfertigen zu lassen. Am gleichen Tag genehmigte er die Vorlage zu einem neuen Bundesratssiegel und am 7. Mai diejenige zum großen Bundessiegel. Beide Siegel wurden von dem Zürcher Goldschmied und Heraldiker Werner Eggs gezeichnet und von seinem Vater Heinrich Eggs gestochen. Das in einwandfreiem heraldischem Stil ausgeführte Bundessiegel zeigt eine interessante Neuerung: eine mit den beiden Halbkantonen Appenzell Ausser- und Innerrhoden getroffene Vereinbarung ermöglichte die Aufnahme eines neuen gemeinsamen Landeswappens, in dem beide Kantonshälften vertreten sind, in das Bundessiegel (vgl. das Kapitel «Appenzell Innerrhoden»).

Der Kanton Zürich

KANTONSWAPPEN

Dieses Wappen ist aus dem Banner der mittelalterlichen Stadt hervorgegangen; das einfache, klare Bild mit der Schrägteilung wurde vom Bannertuch auf den Schild übertragen. Die früheste Darstellung dieses Schildes findet sich in einem Siegel des Zürcher Hofgerichtes auf einer Urkunde des Jahres 1389. Zu Beginn des 15. Jahrhunderts setzen die farbigen Belege ein; das weiß-blaue Wappen erscheint auf Armbrusterschilden (Setztartschen, Pavesen)[1], an Holzdecken in Dorfkirchen und vor allem in den von der Obrigkeit gestifteten Glasgemälden[2]. Sowohl diese vorwiegend im 16. Jahrhundert und zu Beginn des 17. Jahrhunderts geschaffenen Standesscheiben als auch die Darstellungen des Zürcher Wappens auf Holzschnitten zeigen meistens zwei einander zugewendete Zürichschilde, überhöht vom gekrönten Reichswappen, und zwei Löwen als Schildhalter. Auch nach der mit dem Westfälischen Frieden 1648 erfolgten Loslösung der Eidgenossenschaft vom Heiligen Römischen Reich Deutscher Nation und ihrer de jure-Anerkennung als völkerrechtlich unabhängige, souveräne Konföderation begegnet man eine Zeit lang noch der beliebten Dreipaßkomposition mit dem Reichswappen.

Das Titelblatt der Mandate – der gedruckten obrigkeitlichen Bekanntmachungen – war mit dem Zürcher Staatswappen in dieser Dreipaßkomposition geschmückt. Bald kamen Territorialwappen hinzu, womit der mächtige Stand Zürich auch auf seinen amtlichen Druckerzeugnissen die Ausdehnung seines Gebietes zur Schau stellte.

Im 18. Jahrhundert begegnen wir auf amtlichen Drucksachen meistens zwei Löwen als Schildhaltern, wobei der eine einen Palmenzweig, der andere ein Schwert hält. Aber auch ein einzelner Löwe mit Palmenzweig kommt vor. Im Gegensatz zu anderen patrizisch regierten Ständen der Eidgenossenschaft trägt der Schild nie eine Krone.

Im 19. und 20. Jahrhundert werden wiederum verschiedene Darstellungen des Zürcher Kantonswappens verwendet. Heute noch wird es nicht einheitlich dargestellt, und es bestehen – je nach Amtsstelle – verschiedene Muster. Als Schildhalter werden entweder zwei Löwen, der eine mit einem Schwert, der andere mit einem Palmenzweig oder nur ein Löwe (wie in den Notariatsstempeln) verwendet. Aber auch der Schild allein ist anzutreffen. Im Gegensatz zum Stadtwappen – und das ist das eigentliche Unterscheidungsmerkmal – ist der Schild des Kantonswappens nicht gekrönt.

Siegel des Zürcher Hofgerichtes, 1389. Früheste Darstellung des Wappens von Zürich.

Wappentafel des Standes Zürich von 1603 aus dem Zürcher Rathaus. Holzschnitzerei von Ulrich Oeri.

Zürcher Armbrusterschild (Pavese) aus dem 15. Jahrhundert.

SIEGEL

Das mit dem Wappen in keinem Zusammenhang stehende Siegel des Stadtstaates zeigt von Anfang an das Bild der Schutzpatrone Zürichs, Felix, Regula und Exuperantius. In einem der beiden ersten Siegel von 1225 erscheinen alle drei Stadtheiligen (Siegel des Rates und der Bürger), in dem anderen (Rat von Zürich) nur Felix und Regula, ebenso in den nachfolgenden drei Typen (1239 bis 1347).

Gemäß der Legende über diese Heiligen hatte Mauritius, Befehlshaber der Thebäischen Legion (im Jahre 285), Felix den Rat erteilt, sich mit seiner Schwester Regula und dem Diener der beiden, Exuperantius, vor dem drohenden Massaker in Sicherheit zu bringen. Über Furka, Urnerberge und Glarus kamen sie ans untere Ende des heutigen Zürichsees, zur Burg Turicum. Hier erfaßten

Zürcher Staatswappen, 1525.

Zürcher Staatswappen, 1774.

Eine der heutigen offiziellen Darstellungen des Kantonswappens.

ANMERKUNG

[a] Zürich betrachtete den Schwenkel als ein besonderes Ehrenzeichen. Nach anderer, vereinzelt auftretender Meinung soll der Schwenkel das Kennzeichen für den 1292 erlittenen Bannerverlust an Winterthur gewesen sein. Zur Zeit der Burgunderkriege war die Auffassung des Schwenkels als Ehrenzeichen seitens der Zürcher unbestritten. Als Herzog Renatus von Lothringen nämlich nach der Schlacht von Murten den Schwenkel vom Zürcher Banner abschnitt und diese Geste – wohl aufgrund seiner französischen Auffassung (vgl. die Ausführungen im Anhang) – als eine besondere Ehrung des zürcherischen Kampfmutes betrachtete, wehrten sich die Zürcher dagegen und nähten den Schwenkel nach ihrer Rückkehr wieder an.

sie die Fragwürdigkeit ihrer Flucht vor dem Martyrium. Freiwillig stellten sie sich dem römischen Statthalter, weil sie nicht hinter der Thebäischen Legion an Standhaftigkeit und Bekenntnisfreude zurückstehen wollten, und wurden einem strengen Verhör unterzogen. Ihr Bekenntnis zu Christus war für die Römer ein Bekenntnis ihrer «Schuld». Sie weigerten sich auch dann den Göttern zu opfern, als sie grausam gemartert wurden. Nun überantwortete man Felix, Regula und ihren Begleiter dem Scharfrichter und führte sie zur Richtstätte, nach der Legende ein Felsen in der Limmat, wo heute die Wasserkirche steht. Als der Schwertstreich ihre Häupter vom Leibe trennte, erschollen Engelstimmen, die Leiber der Gerichteten erhoben sich, nahmen die Häupter und trugen sie 40 Ellen weit auf eine kleine Anhöhe dorthin, wo sie beigesetzt zu werden wünschten. Einige Jahrhunderte später soll daselbst Karl der Große über ihrer Grabstätte das Großmünster errichtet haben. Und jahrhundertelang, bis zur Reformation, blieb diese Stelle eine berühmte Wallfahrtsstätte[3].

Mit dem 1347 eingeführten großen Siegel – das bis heute durch keinen Beschluß außer Kraft gesetzt wurde – wird die Dreizahl der Heiligen zur festen Regel. Dieses Siegel diente als Vorbild für den heutigen Stempel der Staatskanzlei. In diesem Stempel, dessen Stil bestem mittelalterlichem Vorbild nachstrebt, stehen nach wie vor innerhalb der Legende SECRETVM CIVIVM THVRICENSIVM (Sekretsiegel der Bürgerschaft Zürichs) die ihre abgeschlagenen Köpfe tragenden Heiligen. Ihre kontinuierliche Darstellung seit rund 750 Jahren – mit Ausnahme der kurzen Zeit der Helvetik 1798 bis 1803 – hat sogar die stürmischen Zeiten der Reformation und der Aufklärung überdauert und gibt uns ein beachtenswertes Beispiel lebendig gebliebener Staatssymbolik.

KANTONSFAHNE

Wie bereits erwähnt, ist das Stadtbanner, aus dem die heutige Kantons- und Stadtfahne hervorgegangen ist, älter als das Wappen. Der Tradition zufolge bestand das Zürcher Banner bereits im 13. Jahrhundert. Die frühesten noch erhaltenen und datierbaren Exemplare tragen die Jahreszahl 1437, was aber ein früheres Vorkommen nicht ausschließt. Sie sind am oberen Rand mit einem über das Bannertuch hinausragenden roten Schwenkel versehen, der im Sinne einer «Bannermehrung» als Symbol der freien Reichsstadt gewertet werden mag[a]. Der Überlieferung zufolge soll die Verleihung dieses roten Schwenkels auf König Rudolf I. von Habsburg zurückgehen, wobei die eine Version (nach dem Chronisten Stumpf) dieses Privileg als eine Belohnung der Zürcher für ihre Kriegshilfe gegen den Bischof von Basel (1273) darstellt, die andere es als Dank für die Teilnahme der Zürcher am Feldzug gegen König Ottokar von Böhmen (1278) betrachtet.

Von den beiden Bannern, unter denen der Zürcher Heerhaufen u.a. im Zürichkrieg (1437 bis 1446) ausrückte, zeigt nur das eine – 1531 in der Schlacht bei Kappel getragen und gerettet – das weiße eidgenössische Kreuzlein auf dem roten Schwenkel. Möglicherweise wurde das Kreuz, als Zeichen der Zugehörigkeit zur Eidgenossenschaft, erst nach dem Zürichkrieg – in dem die Zürcher den Eidgenossen als Feinde gegenüberstanden – aufgenäht.

Das Zürcher *Juliusbanner* von 1512 aus kostbarer Damastseide ist mit einem in reicher florentinischer Stickerei ausgeführten Eckquartier (Tafel ZH-I/2) geschmückt, in dem die heilige Dreifaltigkeit und die Krönung Mariae dargestellt sind, darunter das Wappen von Papst Julius II. (della Rovere: in Blau eine entwurzelte goldene Steineiche – italienisch *rovere*, also ein «redendes» Wappen). Da dieses Banner den Zürchern zu kostbar war, um im Feld getragen zu werden, ließen sie eine Gebrauchskopie anfertigen, die 1515 in der Schlacht von Marignano die Bluttaufe erhielt. Im Eckquartier dieses Feldzeichens fehlt das päpstliche Wappen. Das bei kleineren kriegerischen Unternehmungen verwendete *Auszugsfähnlein* wird in den schweizerischen Chroniken des 15. Jahrhunderts quadratisch oder rechteckig

Großes Staatssiegel, 1347.

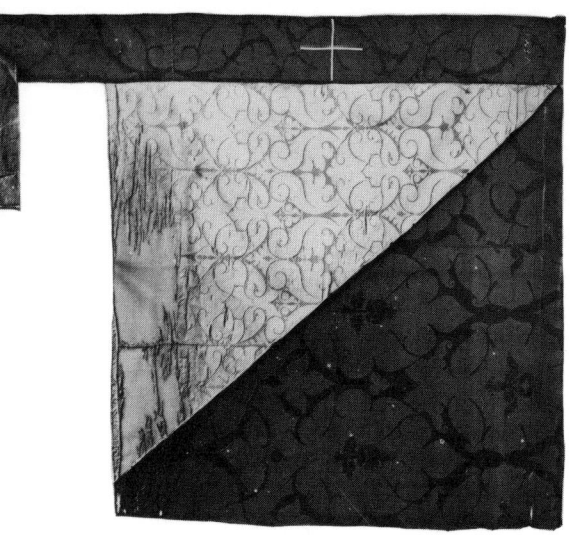

Zürcher Hauptbanner, datiert 1437, getragen in der Schlacht bei Kappel, 1531.

dargestellt, im Gegensatz zu den Fähnlein der anderen alten Orte nicht waagrecht, sondern stets schräg geteilt wie das Banner, und meistens mit einem weißen Kreuzchen im blauen Teil. Eigenartig ist, daß manchmal der – nicht über das Tuch hinausragende – rote Schwenkel in diesen Feldzeichen erscheint. Demgegenüber sind die noch erhaltenen Standesfähnlein dreieckig mit einem Kreuzchen im blauen Teil.

Die Zürcher *Schützenfähnlein* (Feldzeichen der Armbrust- und Büchsenschützen) aus der zweiten Hälfte des 15. und dem Beginn des 16. Jahrhunderts sind dem Muster des Hauptbanners nachgebildet. Sie sind jedoch

Zürcher Zuzüger 1792, mit blau-weiß geflammter Fahne. Kolorierter Kupferstich von M. Engelbrecht.

zusätzlich mit dem anfänglich beiderseits in Gold aufgemalten Bild einer Armbrust versehen; bald erscheint es nur auf einer Seite, während die andere mit dem Bild einer Luntenschloßbüchse geschmückt ist (Tafel ZH-I/1). «Waffengeschichtlich und militärkundlich verdienen diese Schützenfähnlein unser besonderes Interesse, vor allem deshalb, weil die darauf dargestellten Embleme beinahe naturgetreu wiedergegeben sind und damit für die Datierung der Fahnen und noch existierender Originalwaffen wie auch für kunstgeschichtliche und kulturgeschichtliche Belange von großer Bedeutung sind.»[4]

Die ersten zürcherischen *Militärfahnen* aus dem letzten Drittel des 17. Jahrhunderts sind durch ein durchgehendes weißes Kreuz in vier Felder aufgeteilt, die diagonal angeordnete und ineinandergreifende Flammen in den Farben der Hauptleute zeigen. Von einem nicht mehr feststellbaren Zeitpunkt an – vermutlich zu Beginn des 18. Jahrhunderts – zeigt das Flammenmuster[b] die Farben der Vogteien, aus denen sich die Kompanien rekrutieren. Auf einem Gemälde im Schweizerischen Landesmuseum, das die Zürcher Truppen vor Baden im zweiten Villmerger Krieg (1712) darstellt, sind eine blau-weiß und zwei rot-weiß geflammte Fahnen (Zürich bzw. Winterthur) zu sehen. Zwei große Fahnen von Bülach von ca. 225 cm Seitenlänge und eine kleinere von 82×82 cm sind in den Farben dieser Vogtei, also rot-weiß, geflammt. Ebenfalls diagonal geflammt sind einige noch erhaltene Fahnen in den Standesfarben vom Anfang des 18. Jahrhunderts. Sie weisen eine kleinere Anzahl von Flammen auf als die Feldzeichen, nämlich, vom Kreuz ausgehend, drei ganz sichtbare blaue Flammen zwischen zwei nur als kleine Dreiecke vorhandenen Flammen; vom Fahnenrand ausgehend, vier weiße Flammen[c].

Das Flammenmuster dürfte auf die ersten Fahnen der Schweizerregimenter in französischen Diensten zurückgehen. Im ersten Viertel des 18. Jahrhunderts entstand bei diesen Truppen ein hinsichtlich der Zeichnung der Flammen geändertes Fahnenmuster, in dem die Flammen radial – auf die inneren Kreuzwinkel zulaufend – angeordnet wurden. Im Verlauf des 18. Jahrhunderts zeigen auch die Zürcher Fahnen das neue Bild: auf blauem Grund ein durchgehendes weißes Kreuz, in jedem Feld sechs weiße Flammen, was insgesamt 28 blaue und 24 weiße Flammen ergibt.

Der kolorierte Stich von M. Engelbrecht mit dem Zürcher Zuzüger von 1792, das Erinnerungsblatt von R. Huber[5] und die dem

Kantonswappen
Schräg geteilt von Silber und Blau.

Kantonsfarben
Blau und Weiß.
Die Rangfolge wird durch die Kantonsfahne bestimmt, in der Blau an der Stange steht und deshalb die Hauptfarbe bildet.

Kantonsfahne
Schräg geteilt von Blau und Weiß.
Die Beschreibung der Zürcher Fahne richtet sich nach einer anderen Regel als das Wappen: bei einer schräggeteilten Fahne wird die an der *Stange* befindliche Farbe – hier Blau – zuerst genannt und gilt als *Vorrangfarbe*.
Beim Hissen der Zürcher Fahne ist zu beachten, daß die beiden gleich langen Seiten des blauen Dreiecks sich an der Stange und am unteren Fahnenrand befinden.
Am 23. Mai 1957 hat der Regierungsrat des Kantons Zürich «Richtlinien für Wappen, Flaggen und Fahnen» in der Form eines Doppelblattes mit farbigen Abbildungen herausgegeben. Daraus sind korrektes Hissen der Fahne sowie richtige Anordnung der Standesfarben klar ersichtlich. (Einige im Text verwendete Fachausdrücke wären hingegen korrekturbedürftig.)

Kompaniefähnlein von Bülach, rot-weiß geflammt; Ende des 17. Jahrhunderts.

ANMERKUNGEN

[b] Über die bis heute in der Fachliteratur verwendete Bezeichnung «Defensionalfahnen» für die ersten Feldzeichen mit dem Flammenmuster vgl. das Kapitel «Schweizerische Eidgenossenschaft».

[c] Die sogenannten «abgerundeten Ecken» bei einigen dieser Fahnen sind darauf zurückzuführen, daß die Ecken der – stets einer größeren Abnützung als die Stangenseite ausgesetzten – Flugseite zu einem nicht mehr feststellbaren Zeitpunkt derart ausgefranst waren, daß sie repariert werden mußten, wobei sie rund ausgeschnitten und neu gesäumt wurden.

ZH-I/1: Zürcher Schützenfahne um 1512. Armbrust auf der Vorderseite, Luntenschloßbüchse auf der Rückseite.

ZH-I/2: Eckquartier des Zürcher Juliusbanners, 1512. Das Eckquartier stellt die Krönung Mariä durch Gottvater und Gottsohn dar. Darüber der Heilige Geist in Gestalt der Taube. Unten im Vordergrund das Wappen von Papst Julius II. mit der Tiara und den päpstlichen Schlüsseln. Dieses Wappen ziert heute noch den Helm der päpstlichen Schweizergardisten.

ZH-I/3: Banner der Stadt Winterthur. 1648 ausgeführte Kopie des Winterthurer Stadtbanners, von den Appenzellern in der Schlacht am Stoss 1405 erbeutet.

WINTERTHUR

 ADLISWIL
 BÜLACH
 DIETIKON
 DÜBENDORF

 HORGEN
 ILLNAU
 KLOTEN
 KÜSSNACHT

 MEILEN
 OPFIKON
 RÜTI
 SCHLIEREN

 STÄFA
 THALWIL
 USTER
 VOLKETSWIL

 WÄDENSWIL
 WALLISELLEN
 WETZIKON
 ZOLLIKON

Gemeindewappen

STADT ZÜRICH
Schräg geteilt von Silber und Blau. Das Wappen der Stadt Zürich stimmt, was den Schild anbetrifft, mit dem des Kantons überein. Die äußeren Beizeichen weichen jedoch von denen des Kantons ab. Der mit der fünfzinnigen Mauerkrone geschmückte Schild des Stadtwappens wird von zwei Löwen gehalten.

ADLISWIL
Geteilt von Blau und Gold, oben ein aus der Teilung wachsender goldener Adler, unten ein halbes blaues Mühlrad.

BÜLACH
In Rot ein silberner Rost.

DIETIKON
In Blau ein in Lilien endigender silberner Stab.

DÜBENDORF
Geteilt von Blau mit wachsendem goldenem Einhorn und fünfmal gespalten von Silber und Rot.

HORGEN
In Rot ein goldenbewehrter silberner Schwan.

ILLNAU
In Silber ein blauer Schrägbalken, belegt mit drei schräglinks gestellten silbernen Rochen.

KLOTEN
In Rot ein halber silberner Löwe.

KÜSNACHT
In Rot ein übereck gestelltes goldenes Kissen mit Quasten.

MEILEN
In Gold, über grünem Dreiberg, eine zweitürmige schwarze Zinnenburg, überhöht von zwei sechsstrahligen roten Sternen.
Die Darstellung mit der *auf* dem Dreiberg stehenden Burg wäre dem heute von der Gemeinde Meilen geführten Wappen vorzuziehen. Die älteren Dokumente – Ämterscheiben, offizielle Druckerzeugnisse, die Vogteitafel von 1674, etc. – zeigen das Wappen von Meilen stets mit der den Dreiberg berührenden Burg.

OPFIKON
Geteilt von Rot und Silber, oben ein aus der Teilungslinie wachsender Mannesrumpf mit schwarzem Rock und silbernem Kragen, unten ein schwarzes Tatzenkreuz.

RÜTI
In Gold ein roter gotischer Versalbuchstabe R.

SCHLIEREN
In Blau eine goldene Lilie.

STÄFA
In Silber die goldengekleidete heilige Verena mit goldenem Heiligenschein, rotem Mantel, goldenem Kamm in der erhobenen Rechten und grünem Krug in der gesenkten Linken.

THALWIL
In Silber zwei gekreuzte schwarze Binsenkolben an beblätterten grünen Stengeln.

USTER
Gespalten von Silber und von Rot mit zwei silbernen Balken.

VOLKETSWIL
Geteilt, oben geschacht zu 8 Plätzen (2×4) von Schwarz und Silber, unten in Gold ein sechsstrahliger roter Stern.

WÄDENSWIL
In Rot eine goldene Schnalle.

WALLISELLEN
In Gold ein aus dem linken Schildrand hervorbrechender naturfarbener, blaugekleideter Rechtarm, einen schräglinks gestellten blauen Schlüssel haltend.

WETZIKON
In Schwarz ein goldener Pfahl, belegt mit drei grünen Windlichtern mit roter Flamme.

WINTERTHUR
In Silber ein roter Schrägbalken, bebegleitet von zwei schreitenden roten Löwen.

ZOLLIKON
Schräg geteilt von Blau mit sechsstrahligem goldenem Stern und von Silber mit rotem Schrägbalken.

Neujahrsblatt der Feuerwerkergesellschaft auf das Jahr 1867 beigegebene Tafel «Zürcherisches Militär, II. Hälfte des XVIII. Jahrhunderts» – die aufgrund zeitgenössischer Quellen zusammengestellt wurde – zeigen übereinstimmend eine blaue Fahne mit durchgehendem weißem Kreuz und vier weißen Flammen in jedem der vier Felder.
Mit der neuen Verfassung von 1803 kommen die geflammten Fahnen nach einer Unterbrechung wieder zu Ehren. Sie sind in den im ersten Viertel des 19. Jahrhunderts erschienenen Militärblättern dargestellt: auf dem kolorierten Umrißstich von Johann Jakob Sperli[6] und in der kolorierten Lithographie von Salomon Füssli, die in getreuer Wiedergabe ein Bild des Zürcher Militärs nach der Ordonnanz von 1818 vermitteln.
Die Farbtafel im Neujahrsblatt der Feuerwerkergesellschaft in Zürich auf das Jahr 1868 «Zürcherisches Militär, I. Hälfte des XIX. Jahrhunderts» stützt sich auf die vorgenannten zeitgenössischen Darstellungen. Demnach waren nur noch drei weiße Flammen in jedem blauen Feld der durch ein breiteres weißes Kreuz durchzogenen Infanteriefahne. Sie war zudem mit einem roten Fahnenband versehen (im Gegensatz zu der im eidgenössischen Militärreglement von 1817 vorgeschriebenen rot-weißen Schleife).
Im Schweizerischen Landesmuseum werden einige Zürcher *Reiterstandarten* aus dem 17. und 18. Jahrhundert aufbewahrt, bei denen zwei Typen zu unterscheiden sind. Zur ersten Kategorie gehören folgende Kavallerie-Feldzeichen mit allegorischen Figuren, Wahlsprüchen und anderen Inschriften: zwei rote Standarten mit einem naturalistisch dargestellten Löwen, eine hellblaue Standarte mit bunt gemalter Kriegsgöttin Bellona, fünf weitere Feldzeichen, die eine Seite blau mit den Buchstaben SPQT (*Senatus populusque Turicensis*, der Senat und das Volk von Zürich), die andere weiße mit dem Wahlspruch PRO PATRIA. Alle diese Standarten sind mit Fransen in zwei oder drei verschiedenen Farben eingefaßt. Eine zweite Kategorie bilden zwei sehr interessante Feldzeichen mit den Porträts der betreffenden Rittmeister (Kavallerie-Hauptleute) zu Pferd:

Standarte des Rittmeisters Melchior Steiner, von Winterthur, um 1740.

- Standarte des Rittmeisters Thomas Hartmann vom Ende des 17. Jahrhunderts: mit grün-weißen Seidenfransen eingefaßte Standarte aus weißem Seidentaffet, darin der Rittmeister selbst, hoch zu Roß und den Säbel schwingend, darunter die goldene Inschrift «Fürs vatterland und Gottes Lehr/Mein Reuter brauche sein gewer». Auf der Rückseite: «Das Vatterlandt und Gottes Lehr/zu schützen ist mein höchste Ehr».
- Standarte des Rittmeisters Melchior Steiner aus Winterthur, erste Hälfte des 18. Jahrhunderts: auf weißem Seidentaffet das Bild des Rittmeisters in der neuen Uniform der Zürcher Dragoner (blauer Uniformrock, hellrot gefüttert, gelblederner Leibrock mit silberner Einfassung und silbernen Tressen), die andere Standartenseite schwarz mit einem nicht mehr leserlichen Spruch.

GEMEINDEWAPPEN

Die Wappen der zürcherischen Städte und Gemeinden sind zum großen Teil aus den ehemaligen Vogteiwappen entstanden, die sich ihrerseits oft auf die Wappen ausgestorbener Adelsgeschlechter zurückführen lassen. Gesamtdarstellungen der Vogteiwappen beginnen mit dem frühen 16. Jahrhundert, etwa dem Zürcher Taler 1512. Wir finden sie – als Ausdruck staatlichen Repräsentationsbedürfnisses – hauptsächlich im 16. und 17. Jahrhundert auf zeitgenössischen Holzschnitten und Glasgemälden. Die heutigen Zürcher Bezirke führen keine Wappen.

Standeswappen von Zürich mit den Wappen der Vogteien nach dem Stadtplan von Jos. Murer von 1576.

STADT ZÜRICH

Nach dem Zusammenbruch der alten Eidgenossenschaft im Jahre 1798 wurden alle an die patrizische Herrschaft erinnernden Wappen und Embleme abgeschafft[d]. Die Stadt Zürich führte während der Zeit der Helvetik ein Siegel mit den damals üblichen revolutionären Emblemen (Fascesbündel mit Beil und Freiheitshut). Die Mediation Napoleons brachte 1803 die Wiedereinführung der heraldischen Hoheitszeichen. Der Gemeinderat der rechtlich vom Kanton getrennten Stadt Zürich bestimmte das neue Siegel[e]: ovaler Zürichschild mit vierzinniger Mauerkrone vor einem Säulenstumpf, darauf ein Bienenkorb. Inschrift: TURICUM VIGEAT INDUSTRIA FELIX (in freier Übersetzung: Zürich möge durch Gewerbefleiß glücklich sein). Im Jahre 1840 kam ein neues Siegel in Gebrauch[f]: spitzer gotischer Schild mit vierzinniger Mauerkrone, dazu Merkurstab, Bücher und Erdglobus, mit gleicher Umschrift wie 1803.

1892 beschloß der Stadtrat, für sich und die verschiedenen Verwaltungsabteilungen neue Stempel und Siegel anzuschaffen[g], in denen der wiederum mit der vierzinnigen Mauerkrone geschmückte Schild von zwölf Sternen («gleich der Zahl der Gemeinden, aus welchen die erweiterte Stadt hervorgegangen ist») umgeben ist. Umschrift: «Stadtrat Zürich» oder Bezeichnung der betreffenden Verwaltungsabteilung. Schon drei Jahre später wurde die Ausführung eines neuen Siegels beschlossen[h]. Darin wird der Zürcher Schild ohne Krone von einem naturalistisch konzipierten Löwen gehalten. Umschrift: «Siegel der Stadt Zürich»[i].

Der letzte Stadtratsbeschluß über die Genehmigung eines Stempels zum Stadtsiegel datiert vom 11. Dezember 1953. Das nach einem Entwurf von P. Gauchat gestaltete ovale Siegel besteht aus dem von zwei Löwen gehaltenen Zürcher Schild, dessen Mauerkrone nur noch drei Zinnen aufweist. Inschrift: «Stadt Zürich». Im Jahre 1974 beauftragte der Stadtrat, der an der dreizinnigen Krone Anstoß genommen hatte, die Stadtkanzlei, in Zusammenarbeit mit der Schul- und Büromaterialverwaltung und dem Stadtarchiv eine neue Zeichnung des Stadtwappens für amtliche Drucksachen auszuarbeiten. Mit Beschluß vom 9. April 1975 wurde die Einführung des neu gestalteten Stadtwappens mit der fünzinnigen Krone beschlossen, die der Bedeutung Zürichs als der größten Stadt der Schweiz besser Rechnung trägt[7].

Wappen der Stadt Zürich seit 1975.

ANMERKUNGEN

[d] Beschluß der Munizipalität von Zürich vom 9. Mai 1798.

[e] Beschluß des Gemeinderats vom 2. Juli 1803.

[f] Beschlüsse des Stadtrates vom 11. August und vom 3. Oktober 1840.

[g] Beschluß des Stadtrates vom 5. November 1892 für die Anschaffung auf den 1. Januar 1893.

[h] Beschluß des Stadtrates vom 8. April 1896.

[i] Siegel abgebildet im Historisch-Biographischen Lexikon der Schweiz, Bd. VII, Seite 692.

Der Kanton Bern

Berner Setzschild, 14. Jahrhundert.

Druckermarke von Jean Le Preux, Lausanne, auf der Titelseite einer Plutarch-Ausgabe aus dem Jahre 1571.

KANTONSWAPPEN

Das Kantonswappen geht auf das Wappen der nach der Überlieferung im Jahre 1191 von Herzog Berchtold V. von Zähringen gegründeten und 1208 erstmals urkundlich erwähnten Stadt Bern zurück, die bereits 1224 ein Siegel mit dem schreitenden Bären führte. Das Siegel- und Wappenbild weist auf den Stadtnamen hin; in einem solchen Fall spricht man von einem «redenden» Wappen. Das Stadtbanner bestand höchstwahrscheinlich vor dem Wappen. Die älteste datierbare und noch erhaltene Darstellung dieses Wappens findet sich im Berner Rathaus auf einem Säulenkapitell, das aus den Jahren 1412/1413 stammt. Noch älter – wenn auch nicht genau datierbar – dürften die farbigen Berner Wappen auf den im Bernischen Historischen Museum aufbewahrten Setzschilden (Tartschen) sein[1].

Einer Freiburger Chronik zufolge waren solche Berner Schilde schon 1388 in Gebrauch. Von der Mitte des 15. Jahrhunderts an treten die Darstellungen des Berner Wappens immer häufiger auf, im Udelbuch von 1466, in den Bilderchroniken, auf Münzen (mit dem Wappen in der heutigen Form erst 1492), sowie, in Stein gehauen oder aufgemalt, als Symbol der Staatshoheit, auf Mauern, Türmen, Grenzsteinen, Brunnen etc. Von besonderem künstlerischem Wert sind die prachtvollen Standesscheiben, in denen das Berner Wappen in die sehr repräsentative Komposition «Bern-Rych» eingefügt ist: zwei einander zugekehrte Berner Wappen, vom gekrönten Reichsschild überhöht, erscheinen darin zwischen zwei Schildhaltern; als solche dienen meistens Löwen, seltener Krieger oder Bären. Ähnliche Darstellungen begegnen uns in den amtlichen Druckerzeugnissen seit der Reformation. Nachdem im 16. und im 17. Jahrhundert die Beizeichen eine dem jeweiligen Zeitgefühl verpflichtete stilistische Wandlung erfahren, tritt kurz vor 1700 das Berner Wappen mit Rangkrone in Erscheinung. Die anfänglich gewählte Blattkrone muß bald der – auch bei anderen eidgenössischen Stadtstaaten aristokratischer Prägung üblichen – Standeskrone weichen, die mit ihrer purpurenen Mütze über dem Blattreif einer Herzogskrone gleicht und die «fürstlichen Prätentionen des Staatswesens und das patrizische Standesgefühl der Regierung zum Ausdruck bringt»[2]. Diese Form behauptet sich – die kurze Zeitspanne der Helvetik ausgenommen – bis zu den Dreißiger Jahren des 19. Jahrhunderts, also bis zum Zerfall der amtlichen Heraldik.

Um die letzte Jahrhundertwende entstanden wieder bessere Zeichnungen des Staatswappens. Eine wirkliche Verbesserung läßt sich jedoch erst in den letzten Jahrzehnten wahrnehmen. Am 23. Juni 1961 genehmigte der Regierungsrat ein neues einheitliches Wappen für sämtliche kantonalen Stellen. Mit Regierungsratsbeschluß vom 15. November 1973, seit dem 1. Januar 1974 in Kraft, der den früheren aufhebt, wird endlich eine stark vereinfachte Zeichnung eingeführt, womit das Berner Staatswappen für längere Zeit seine endgültige Gestalt erlangt haben dürfte.

SIEGEL

Das älteste erhalten gebliebene Siegel der Stadt Bern stammt aus dem Jahre 1224; es zeigt einen frei im Siegelfeld schräg aufwärts schreitenden Bären. Im zweiten Siegel, dem wir erstmals 1268 begegnen, schreitet der Bär waagrecht dahin. In den nachfolgenden großen und kleinen Siegeln, die von 1319 bis 1716 nacheinander oder gleichzeitig in

Berner Ämterscheibe, 1577, vom Brugger Glasmaler Jakob Brunner.

Großes Berner Siegel mit Bär und Reichsadler, 1470 bis 1716.

Mittleres Staatssiegel, 1768.

Berner Staatswappen seit 1974.

Kantonswappen
In Rot ein goldener Schrägbalken, belegt mit einem rotbewehrten schwarzen Bären mit roter Zunge.

Kantonsfarben
Rot und Schwarz.

Kantonsfahne
In Rot ein gelber Schrägbalken, belegt mit einem rotbewehrten schwarzen Bären mit roter Zunge. Die Kantonsfahne ist stets so zu hissen, daß der Bär der Stange entgegenschreitet.

Gebrauch waren, erscheint auf dem weiterhin waagrecht schreitenden Bären der einköpfige Reichsadler als Zeichen der Reichsunmittelbarkeit.

In den Jahren 1716 und 1717 werden neue Siegel angefertigt, die durch ihre Prachtentfaltung das Standesbewußtsein der Patrizierstadt zum Ausdruck bringen, was ganz besonders bei dem 1717 gestochenen großen Siegel sichtbar wird: über dem von zwei Bären gehaltenen Schild prangt eine fünfblättrige Souveränitätskrone. Zum ersten Mal erscheint in den Siegeln das vollständige bernische Staatswappen, der gekrönte Schild mit dem Balken, darin der Bär; der Reichsadler – der bereits 1648 hätte verschwinden dürfen – erscheint in diesen Siegeln nicht mehr[a]. Die Inschrift des großen Siegels lautet: SIGILLUM MAIUS REIPUBLICAE BERNENSIS (Großes Siegel der Republik Bern). Das große Siegel von 1751 mit dem auf eine Rokoko-Kartusche mit «Herzogskrone» gelegten Bärenwappen wird heute noch bei besonderen Gelegenheiten verwendet, ebenso das etwas einfacher gehaltene mittlere Siegel von 1768 mit der gefütterten Krone und der Inschrift SIGILLUM REIPUBLICAE BERNENSIS.

KANTONSFAHNE

Zu Lebzeiten Berchtolds V. von Zähringen brauchte Bern weder Siegel noch Banner. Diese beiden Zeichen zu gebrauchen, stand einzig dem Herzog, ihrem Herrn, zu. Erst 1218, als die goldene Handfeste Bern zur Stadt erhob[3], wurden Siegel und Banner zum Bedürfnis. So wie das 1224 nachweisbare erste Stadtsiegel wahrscheinlich frühestens 1218 angeschafft wurde, dürfte Bern auch erst in nachzähringischer Zeit zu einem eigenen Banner gekommen sein. Nach der chronikalischen Überlieferung[4] wäre das erste Stadtbanner weiß mit einem – in Übereinstimmung mit dem ältesten Siegel – frei in der Bildfläche erscheinenden, schräg gegen die Fahnenstange ansteigenden schwarzen Bären gewesen. Im Jahre 1289, als die Berner im Kampf gegen König Rudolf von Habsburg an der Schloßhalde, unweit der Stadt, in einen Hinterhalt gerieten und ihr Banner nur mit höchster Not gerettet werden konnte, sei ein Stück des Bannertuches von Feindeshand abgerissen worden. Um die hierdurch erlittene Schande wieder auszulöschen, habe sich eine Banneränderung aufgedrängt, weshalb das seither gebräuchliche – und heute noch geltende – Fahnenbild entstanden sei[5].

Spätere Chronisten (so Ägidius Tschudi und Johannes Stumpf) haben diese Begebenheit etwas ausgeschmückt und die Änderung der ursprünglich weißen Grundfarbe in Rot mit dem im Kampf um das Banner geflossenen Blut in Verbindung gebracht. Da Stumpf zudem eine «weisse Strasse» erwähnt, die später ehrenhalber in eine goldene abgeändert worden sei[b], entstand – nicht zuletzt aufgrund eines Irrtums Ed. von Rodts[6] – die irrige Meinung, ein Zwischenstadium mit einem silbernen statt des goldenen Schrägbalkens habe eine Zeit lang (bis 1298, nach anderen bis 1339) Geltung gehabt. Für eine solche Annahme fehlt indessen jeglicher Beweis. Ausdrücklich bezeugt ist der mit dem schwarzen Bären belegte goldene Balken im roten Feld 1375 bei Justinger im Guglerlied[c], womit wir uns bereits dem ersten Auftreten des Berner Wappens im Rathaus nähern. Für die bei dieser in der Geschichte äußerst ungewöhnlichen Banneränderung getroffene Farbenwahl kann leider keine einwand-

ANMERKUNGEN

[a] Im September 1714 war in einer Sitzung von Rat und Bürgern angeregt worden, den als «nicht mehr geziemend» befundenen Reichsadler zu entfernen, worauf die Vennerkammer ihr «Gutachten betreffend Abschaffung des Reichs Adlers auff der Statt Bern Wapen» verfaßte und sich ebenfalls für die Abschaffung des Reichsadlers im Wappen der «independenten und souverainen» Stadt ausspracht.

[b] Johannes Stumpf schreibt im achten Buch seiner «Schweizer Chronik»: «Der Berner Paner was ein wenig mit blut beschweisset und ward deshalb furterhin rot gemachet darin stuend der Bär in weysse strassen über ort ob sich zu einem zeichen des sigs. Die weisse strass aber ist hernach aus etwas befreyung umb eeren willen vergüldet.»

[c] Der erste Teil des nach dem Sieg der Berner über die Gugler gesungenen Liedes lautet:
«Bernerwaffen ist so snell
mit drin gevarwten strichen,
der ein ist rot der mitel gel,
darin stat unverblichen
ein ber gar schwartz gemalet wol,
rot sint im die klauwen,
er ist schwertzer denn ein kol,
pris er bejagen sol.»

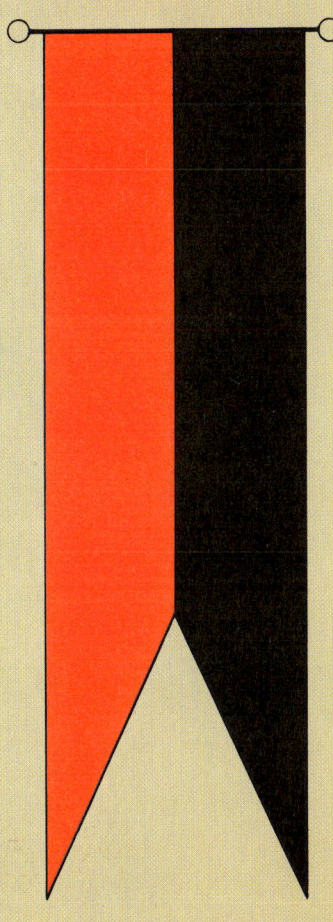

BE-I/1: Glasgemälde mit dem Bannerträger des Standes Bern. Aus der Kirche von Lenk im Simmental, um 1508.

BE-I/2: Chormantelschließe, sogenannter «Fürspan», 1479.

37

BE-II: Fahne des Berner Oberlandes.

BIEL/BIENNE	BURGDORF/BERTHOUD
INTERLAKEN	KÖNIZ
LANGENTHAL	LANGNAU
LAUPEN	LYSS
MOUTIER/MÜNSTER	MÜNSINGEN
MURI	NIDAU
SPIEZ	STEFFISBURG
THUN/THOUNE	ZOLLIKOFEN

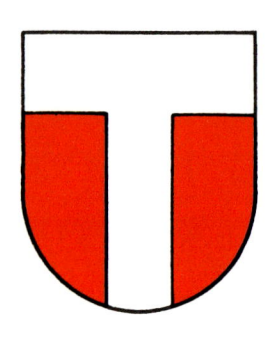

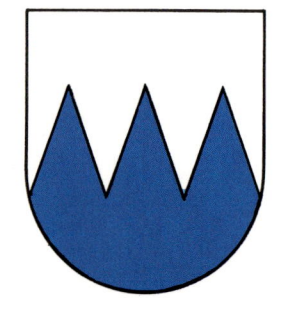

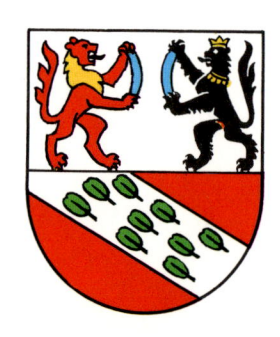

Gemeindewappen

STADT BERN
In Rot ein goldener Schrägbalken, belegt mit einem rotbewehrten schwarzen Bären mit roter Zunge. Die Stadt Bern führt den gleichen Schild wie der Kanton, und die beiden Wappen unterscheiden sich nur durch die äußeren Zeichen. Seit der rechtlichen Trennung von Kanton und Stadt und der Errichtung der Stadtgemeinde im Jahre 1832 ziert eine Mauerkrone den Schild des Stadtwappens, das sich im Laufe der bald 150 Jahre seines Bestehens als Hoheitszeichen der Stadtgemeinde in verschiedenen Formen präsentierte. Anfänglich war der Schild am oberen Rand zweimal rund ausgeschnitten, was drei Spitzen bildete (auf der mittleren balancierte die dreitürmige Mauerkrone) und lief unten ebenfalls in eine Spitze aus (vgl. Schildform des Kantons Waadt); er war rechts von einem Lorbeer- und links von einem Palmenzweig flankiert. Die heutige Darstellung ist sowohl in heraldischer als in ästhetischer Hinsicht recht ansprechend.

BIEL
In Rot zwei gekreuzte silberne Beile.

BURGDORF
Gespalten von Schwarz und Silber mit goldenem Schildrand.

INTERLAKEN
In Silber ein halber schwarzer Steinbock.

KÖNIZ
In Silber ein schwarzes Kreuz.

LANGENTHAL
In Gold drei blaue Rechtsschrägwellenbalken (Bäche). Blasonierung gemäß Protokoll des Einwohnergemeinderates von Langenthal vom 12. Februar 1945 und Protokoll des Regierungsrates des Kantons Bern vom 6. März 1946.

LANGNAU im Emmental
In Rot, auf grünem Dreiberg, drei grüne Tannen mit goldenem Stamm.

LAUPEN
In Silber eine ausgerissene grüne Linde.

LYSS
In Blau, auf grünem Dreiberg, eine silberne Lilie mit goldener Spange.

MOUTIER
In Rot ein silbernes zweitürmiges Münster.

MÜNSINGEN
In Rot ein silberner Hauptpfahl.

MURI
Gespalten von Schwarz und Silber mit einem Zinnenbalken in gewechselten Tinkturen.

NIDAU
In Silber ein roter Krebs und eine blaue Forelle, pfahlweise nebeneinander.

SPIEZ
In Silber drei blaue Spitzen.

STEFFISBURG
In Rot, auf grünem Dreiberg, eine silberne Burg mit zwei gedeckten Türmen und einem zweistufigen Giebel.

THUN
In Rot ein silberner Schrägbalken, im rechten Obereck belegt mit einem siebenstrahligen goldenen Stern.

ZOLLIKOFEN
Geteilt: oben in Silber zwei zugewendete Löwen – rechts der rote Löwe mit goldener Mähne der Berner Zunft zu Mittellöwen, links der goldengekrönte, rot bewehrte und gezungte schwarze Löwe mit goldenem, mit ebensolchen Schellen behängtem Halsband der Berner Zunft zu Obergerwern –, je ein blaues Gerbermesser mit goldenen Griffen in den Vorderpranken haltend; unten in Rot ein mit neun grünen Buchsblättern (3,3,3,) belegter silberner Schrägbalken.

Das Gefecht an der Schoßhalde am 27. August 1289. Die Österreicher überfallen die Berner aus einem Hinterhalt. Das Bernbanner kommt in Not. «Do griffen die vigende zu der von Berne paner und zarten ein Stück davon.... Und won nu der stat paner von den vigenden verseret wart, darumb wart die paner gewandlet in die wise als sie noch ist.» Chronik von Bendicht Tschachtlan, 1470.

ANMERKUNG

[d] Jahrhundertelang hatte man irrtümlicherweise angenommen, sie hätten einen goldenen Löwen in Rot geführt. Das richtige Wappen ist jedoch: in Gold ein roter Adler.[7]

frei nachweisbare Begründung angeführt werden. Ein Zusammenhang mit den rotgelben Wappenfarben der Herzöge von Zähringen wäre nicht von der Hand zu weisen[d]. Nach der Mitte des 14. Jahrhunderts mehren sich die Zeugnisse für den Gebrauch des Berner Banners. Leider ist das schöne Feldzeichen mit dem stolzen Bären nur aus den Abbildungen der mittelalterlichen Chroniken sowie aus Glasgemälden (Tafel BE-I/1) überliefert, denn kein einziges der Berner Standesbanner ist der Nachwelt erhalten geblieben. Als die Franzosen im Jahre 1798 Bern eroberten – die Aarestadt hatte im Verlauf ihrer damals rund 600 Jahre alten Geschichte noch nie einen Feind in ihren Mauern gesehen – wurde die Stadt gründlich ausgeraubt. Im Zuge der Plünderung des Zeughauses fielen auch die alten Banner dem Feind in die Hände. Diese Zeugen einer ruhmreichen Vergangenheit wurden später in Paris verbrannt.

Mit seinem vermutlich seit dem 14. Jahrhundert geführten *Stadtfähnlein* schuf Bern ein eigenes, typisches Feldzeichen. Das dreieckige – zuweilen auch zweizipflige – Fähnlein war rot mit durchgehendem weißem Kreuz[8]. Da die schweizerischen Bilderchroniken, in denen das Berner Fähnlein dargestellt ist, relativ spät geschrieben wurden und die erhaltenen Originalstücke anderseits schwer zu datieren sind, ist es nicht mehr möglich, den genauen Zeitpunkt des ersten Auftretens eines solchen Feldzeichens festzustellen. Auch läßt sich die in der Literatur immer wieder aufgestellte Behauptung

Hilfszug der Berner (mit Fähnlein) für den Herrn von Grandson, 1370.
Chronik von Bendicht Tschachtlan, 1470.

Fahne des Oberländer Regiments, rot-schwarz geflammt mit goldener Inschrift und Wappen der Landschaft Obersimmental, um die Mitte des 18. Jahrhunderts.
Aquarell von Karl Buri.

Heutiges Wappen der Stadt Bern.

schwer nachweisen, wonach das Berner Stadtfähnlein dem savoyischen Feldzeichen nachgebildet worden sei[9]. Unserer Meinung nach entstand das Auszugsfähnlein nicht vor dem zweiten Viertel des 14. Jahrhunderts, zu einer Zeit also, da die einstige Schirmherrschaft des Grafen Peter von Savoyen (1255 bis 1274) bereits der Vergangenheit angehörte. Es ist zudem kaum denkbar, daß der Graf den Bernern erlaubt hätte, sein eigenes Feldzeichen unverändert zu übernehmen. Es darf vielmehr angenommen werden, daß auch hier die – im damaligen Bern sehr lebendig gebliebene – Verehrung des heiligen Ursus mitspielte, dem eine rote Fahne mit weißem Kreuz zugeschrieben worden war.

Nach dem Pavierzug (1512) änderte Bern – offenbar um Verwechslungen vorzubeugen – sein Fähnlein und gab ihm, unter Beibehaltung des durchgehenden weißen Kreuzes, die Standesfarben, wobei – nach einem im Bernischen Historischen Museum aufbewahrten Original – die beiden oberen Felder rot, die unteren schwarz waren. In einem vom 26. April 1513 – sechs Wochen vor der Schlacht bei Novara – datierten Schreiben an Solothurn gibt der Stand Bern seinem Verbündeten diese Farbänderung bekannt[10].

Zu dieser Zeit gewann das Fähnlein allgemein an Bedeutung. Mit dem beginnenden 16. Jahrhundert nahm die Zahl der Aufgebote zum Banner merklich ab, und die Berner kämpften in den meisten Feldzügen unter ihrem Fähnlein. In dem im Savoyerzug von 1536 geführten Fähnlein zeichnet sich bereits der Übergang zum gestreiften Fahnenmuster ab, das bald darauf sowohl bei den Schweizerkompanien in französischen Diensten (Schlacht bei Moncontour 1569) als auch innerhalb der Eidgenossenschaft in Gebrauch kam.

Von den Berner *Schützenfähnlein* sind im Bernischen Historischen Museum vier Stück erhalten. Sie weisen alle die dreieckige Form auf. Das älteste, um 1490, ist aus gebleichter Leinwand gefertigt und zeigt zwei aufgemalte Figuren: das Berner Wappen an der Stangenseite und, zur Spitze hin, eine liegende Luntenbüchse. Die drei übrigen Fähnlein, aus dem ersten Drittel des 16. Jahrhunderts, sind aus roter Seide mit beidseitiger, schwarz gehöhter Malerei: auf jeder Seite eine senkrechtgestellte Armbrust und eine liegende Luntenbüchse. Eines dieser Feldzeichen, aus dem Jahre 1531, ist zusätzlich mit goldenen Flämmchen besät[11].

Die Ämter und Städte führten noch sehr lange ihre alten heraldischen Banner, und nur die städtischen Kontingente besaßen Feldzeichen in den Standesfarben. Die erste bernische Fahnenordnung von 1668 sah rote Fahnen mit durchgehendem weißem Kreuz, einem Wappen im oberen Feld bei der Fahnenstange sowie goldene Inschriften vor. Einige Fahnen aus dieser Zeit sind erhalten geblieben. Die Fahnenordonnanz von 1703 führte rot-schwarz geflammte *Militärfahnen* ein, wobei auch hier der Einfluß der Feldzeichen der Schweizerregimenter in französischen Diensten deutlich zu spüren ist. Bern beschloß 1725, jedem Regiment drei, jedem Bataillon eine Fahne zu geben unter gleichzeitigem Verbot, den Schild in der Kreuzmitte in einen Kranz zu setzen. «In der Waadt machte die Vereinheitlichung viel langsamere Fortschritte als im deutschen Teil. Die letzte Bannerfahne machte Aigle 1726, die letzte nicht uniforme Fahne Cudrefin 1723. Im ganzen führten bis 1760 die Waadtländer lieber Fetzen, als daß sie neue Feldzeichen anschafften.»[12] Die Fahnenordonnanz von 1730 bestimmte das Wappen in der Mitte und führte ein etwas geändertes Flammenmuster ein. Eine allgemeine Vereinheitlichung wurde indessen nicht erreicht, und mehrere Feldzeichen wurden mit zusätzlichen Emblemen und Sprüchen bereichert. Mit der Ordonnanz von 1766 wurden

Fahne der bernischen Stadtlegion, 1803.
Aquarell von Karl Buri.

Rechts: Fahne des 4. Infanteire-Bataillons 1812, mit durchgehendem weißem Kreuz, in jedem Feld vier rote und drei schwarze Flammen und goldener Inschrift. Die heute vielerorts gehißte «Altberner Fahne» entspricht diesem Muster, jedoch ohne Inschrift.
Aquarell von Karl Bieri.

ANMERKUNG

[e] Im Regierungsratsbeschluß vom 29. Mai 1953, betreffend die Anerkennung der Fahne des Landesteils Oberland, wird u.a. (Ziff. 2) ausgeführt: «Die Regierungsstatthalterämter und die Staatsanstalten im Landesteil Oberland sowie die Gemeindebehörden der oberländischen Amtsbezirke werden ermächtigt, bei Beflaggungen neben der Schweizerfahne, der Bernerfahne und den Fahnen ihrer Amtsbezirke und Gemeinden die oberländische Fahne zu hissen.»

alle nicht begründeten Vorrechte in der Ausschmückung der Fahnen aufgehoben. Bei den einige Jahre später übergebenen Fahnen dieses Modells steht im Kreuz nur noch der Regimentsname. Eine behördlich bewilligte Ausnahme bildeten die vier aargauischen Munizipalstädte und die Landschaft Obersimmental.

Da keine Zeichnungen zu den Fahnenordonnanzen erhalten geblieben sind, ist es sehr schwer, sich über die verschiedenen Fahnenmuster ein Bild zu machen und die noch bestehenden Originalfahnen genau zu datieren. Zudem wurden viele Fahnen den neuen Ordonnanzen zum Trotz noch viele Jahre hindurch weitergeführt, ja es wurden sogar solche nach alten Ordonnanzen neu angefertigt. Anhand der erhaltenen Feldzeichen lassen sich zwei Haupttypen unterscheiden:

1. Die dem ersten geflammten Muster entsprechenden diagonal geflammten Fahnen, wobei die roten Flammen auswärts, die schwarzen Flammen einwärts laufen[13]. In der Kreuzmitte ist ein Wappen oder eine dem Wappen entnommene Figur angebracht, auf dem waagrechten Kreuzbalken mitunter auch eine Inschrift.
2. Die später eingeführten radial geflammten Fahnen, die in Bern ein spezielles Muster aufweisen: die Flammenspitzen vereinigen sich in den inneren Kreuzwinkeln nicht, denn der Vereinigungspunkt befindet sich in der Fahnenmitte und ist vom Kreuz verdeckt. Von den durch das durchgehende Kreuz gebildeten Feldern sind zwei rot mit vier schwarzen Flammen und zwei schwarz mit vier roten Flammen. Sowohl die Anordnung Feld 1 und 4 schwarzer Grund, 2 und 3 roter Grund (im Sinne der heraldischen Vierung) als auch die Anordnung mit zwei roten Feldern an der Stange und zwei schwarzen Feldern an der Flugseite kommt vor. Dieser radial geflammte Typus läßt sich wiederum in zwei Kategorien unterteilen,
   a) Fahnen mit Wappen in der Kreuzmitte[14];
   b) Fahnen mit Inschrift auf dem waagrechten Kreuzbalken (ohne Wappen)[15].

Unter den Fahnen nach dem zweiten Muster zogen die bernischen Truppen 1798 in den letzten verzweifelten Kampf gegen die Invasionsarmee der französischen Republik.

Nach dem Ende der Helvetik, 1803, wurden die geflammten Fahnen wieder eingeführt. Es ist kennzeichnend für den Willen Berns, die alte Ordnung wieder einzuführen, daß anfänglich ausgerechnet das älteste Muster mit den diagonal angeordneten Flammen zu neuen Ehren kam. 1812 folgte bereits eine neue Ordonnanz, die für die neu gebildeten Bataillone radial geflammte Fahnen vorschrieb.

SPEZIALFAHNEN

Im Kanton Bern wird – besonders in der Stadt Bern und im Mittelland – eine Fahne gehißt, die als eine zweite – wenn auch inoffizielle – Landesfahne gilt. Es ist die sogenannte «Altberner Fahne»: in Rot ein durchgehendes weißes Kreuz, in jedem Feld drei gegen die inneren Kreuzwinkel zulaufende schwarze Flammen. Diese auf die ehemaligen Militärfahnen des 18. und des beginnenden 19. Jahrhunderts zurückgehende Fahne ist sehr dekorativ und, teils aus diesem Grund, teils aus Anhänglichkeit zu einer alten Tradition, stark verbreitet.

Zudem kennt der Kanton Bern eine Regionalfahne, nämlich die des Berner Oberlandes. Im Jahre 1953 hatte der Berner Architekt B. von Rodt eine solche Fahne vorgeschlagen, die am 29. Mai 1953 vom Berner Regierungsrat als offizielle «Landesteilfahne» anerkannt worden ist[e]. Beim Entwurf dieser Fahne, die anläßlich der Berner Jubiläumsfeiern (Sechshundertjahrfeier des Eintritts Berns in den Bund) geschaffen wurde, griff man auf das heraldische Banner des Haslitales zurück, das seit dem 15. Jahrhundert bezeugt ist. Der Adler aus diesem Banner ist Ausdruck des Freiheitswillens und Symbol der vorbernischen Geschichte des Berner Oberlandes. Die – leider in der falschen Reihenfolge angeordneten – bernischen Standesfarben werden als Zeichen der Treue zum Kanton Bern gewertet[16].

Die leicht hochrechteckige Regionalfahne (Tafel BE-II/1) weist das Verhältnis von 26 zu 23 auf. Sie ist geteilt: oben in Gelb ein gelbgekrönter schwarzer Adler (mit roter Zunge), unten gespalten von Schwarz und Rot.

Der Kanton Luzern

KANTONSWAPPEN

Das Luzerner Standeswappen, aus dem der Stadt hervorgegangen, geht – wie das Wappen Zürichs – auf das Fahnenbild zurück. Bei der Übertragung dieses Bildes auf den Schild wurde jedoch nicht die waagrechte, sondern die senkrechte Anordnung gewählt. Zudem wurde der blauen Farbe, die in der Fahne an zweiter Stelle steht, im Wappen die heraldisch rechte Schildhälfte und somit der erste Platz eingeräumt. Heraldisch ausgedrückt heißt das: der Schild ist gespalten von Blau und Silber, die Fahne hingegen geteilt von Weiß und Blau.

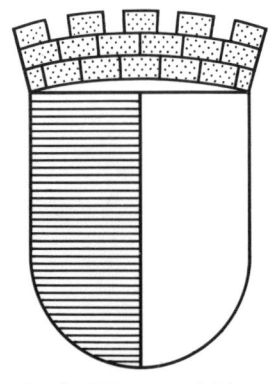

Wappen der Stadt Luzern mit Mauerkrone.

Die erste Darstellung des gespaltenen Luzerner Wappens findet sich im schönen Stadtsiegel von 1386.

Im 18. Jahrhundert wurden, wie in den anderen patrizischen Stadtrepubliken, prunkvolle Wappendarstellungen mit allerlei Beiwerk verwendet. Heute führt der Kanton den Schild allein, wobei es wünschenswert wäre, daß – wie zum Beispiel im Kanton Bern – zur besseren Unterscheidung gegenüber dem Stadtwappen die Souveränitätskrone wieder verwendet würde.

Im Gegensatz zu den – wie bei anderen alten Orten der Eidgenossenschaft – zahlreichen Standesscheiben, «sind die runden Ämterscheiben oder ‹Rundelen›, mit den Wappen aller Landvogteien bzw. Ämter, in einem Kranz um das Reichs- und die beiden Standeswappen gelegt, wie man sie vor allem in Bern und Zürich sehr häufig malte, in Luzern nur ganz selten geschaffen worden. Bis

Standeswappen von Luzern mit den Wappen der Vogteien und Ämter auf dem Stadtplan von Martinus Martini, 1597.

Standeswappen von Luzern aus dem Stadtplan von Jakob Joseph Clausner, 1792.

Kantonswappen
Gespalten von Blau und Silber.

Kantonsfarben
Weiß und Blau.

Kantonsfahne
Geteilt von Weiß und Blau.
Es ist beim Hissen der Luzerner Fahne stets darauf zu achten, daß das weiße Feld oben, das blaue unten steht.

Gemeindewappen

STADT LUZERN
Gespalten von Blau und Silber.
Im Unterschied zum Kantonswappen führt die Stadt Luzern eine gelbe (goldene) Mauerkrone. Sie wird in der Gemeindeordnung vom 7. Februar 1971, Art. 2, ausdrücklich erwähnt, ebenso die beiden gelben (goldenen) Löwen, die bei einer ausführlichen Darstellung des Stadtwappens als Schildhalter dienen.

EMMEN
In Schwarz drei silberne Angelhaken.

ENTLEBUCH
In Rot eine silberne Buche mit sieben grünbeblätterten Ästen.

HOCHDORF
In Silber ein roter Sparren, begleitet von drei grünen Kleeblättern.

HORW
In Gold ein schrägrechts gestellter roter Karpfen.

KRIENS
In Silber auf grünem Boden links der heilige Gallus mit schwarzer Kutte und goldenem Heiligenschein, in der Rechten ein goldenes Brot und in der Linken einen goldenen Krummstab haltend, rechts begleitet von einem ihm aufrecht entgegenschreitenden schwarzen Bären, der ein goldenes Holzscheit auf der linken Schulter trägt.

LITTAU
In Silber drei blaue Spitzen.

ROTHENBURG
In Silber eine zweitürmige, gezinnte, rote Burg mit schwarzem Tor und schwarzen Fenstern, zwischen den Türmen überhöht von zwei gekreuzten goldenen Schlüsseln unter goldener Tiara.

SURSEE
Gespalten von Rot und Silber.

WILLISAU
In Gold ein silbernbewehrter roter Löwe.

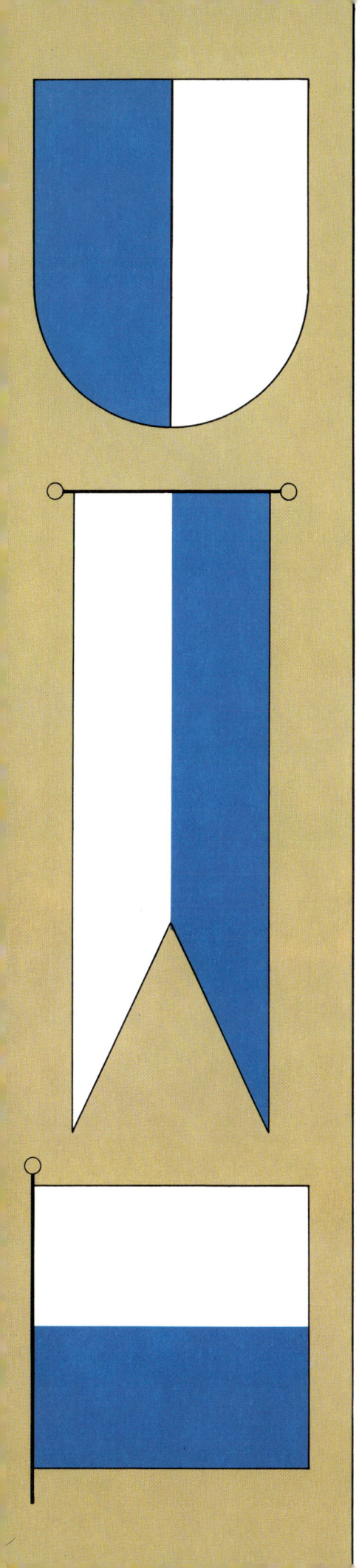

LU-I/1: Standeswappen von Luzern. Dreipaß Luzern/Reich mit Krone. Schildhalter: Löwen mit Reichsapfel und Reichsschwert. Tafel am nördlichen rechtsufrigen Kopf der Kapellbrücke in Luzern, ab 1614.

EMMEN

ENTLEBUCH

HOCHDORF

HORW

KRIENS

LITTAU

ROTHENBURG

SURSEE

WILLISAU

43

LU II/1: Bataillonsfahne von Reiden aus dem 18. Jahrhundert.

LU-II/2: Juliusbanner von Luzern, 1512. Im Eckquartier Jesus mit seinen Jüngern am Ölberg.

Heutiges Kantonswappen von Luzern mit Souveränitätskrone.

Luzerner Taler aus dem Jahre 1518 (2:1): Die Vorderseite (oben) zeigt die Wappen des Standes Luzern und der Vogteien und Ämter, die Rückseite die Blendung von St. Leodegar.

ANMERKUNG

[a] St. Leodegar war Patron des Benediktinerklosters und der Stadt Luzern. 616 geboren, aus einem vornehmen ostfränkischen Geschlecht, wurde er 653 Abt zu St. Maxentius bei Poitiers und 663 Bischof von Autun. Als Wächter der sittlichen und rechtlichen Ordnung erlitt er langjährige Verfolgungen, wurde 675 geblendet und 678 enthauptet. Auf dieses Martyrium, namentlich die Blendung mit dem Bohrer, nehmen die Siegelbilder bis zum Ende des 18. Jahrhunderts Bezug.

heute sind unseres Wissens nur fünf solcher Ämterscheiben bekannt.»[1] Bekannter ist die auf dem Stadtplan des Martinus Martini vom Jahre 1597, einem Meisterwerk der Kupferstecherkunst, dargestellte Ämterscheibe. Um das Standeswappen in der damals üblichen Dreipaßform sind die 18 Wappen der Ämter und Vogteien kreisförmig gruppiert.

SIEGEL

Das älteste – von etwa 1241 bis 1279 gebrauchte – schildförmige Siegel der Bürger von Luzern zeigt einen mit drei vierblättrigen Blumen oder Beschlägen belegten Schräglinksbalken, dessen Ursprung bis heute nicht einwandfrei geklärt werden konnte. Im zweiten Siegel (1292 bis 1296) erscheint der Stadtpatron und Märtyrer St. Leodegar[a], der sein abgeschlagenes Haupt zur Kirche trägt. Hinter ihm schreiten drei Peiniger im Schuppenpanzer mit gezückten Schwertern. Die nachfolgenden neun Siegel, die von 1296 bis 1832 nacheinander und zum Teil gleichzeitig Verwendung fanden, zeigen alle den heiligen Leodegar in mehreren Varianten der Darstellung und des Beiwerks; der Stadtpatron hat also seit über 650 Jahren seinen festen Platz im Luzerner Standessiegel. Eines dieser Siegel verdient eine besondere Würdigung: es ist das 1386 erstmals verwendete fünfte Stadtsiegel, das sich durch seine prunkvolle Gestaltung und seine bemerkenswerte künstlerische und technische Ausführung vor allen anderen auszeichnet. Schulthess[2] zählt es mit Recht zu den schönsten schweizerischen Städtesiegeln. P.X. Weber[3] gibt von diesem Siegel folgende Beschreibung:

«Zwischen zwei zusammengedrängten Perlreihen steht die Umschrift: S: VNIVERSITATIS: CIVIVM:LVCERNENSIVM: [Siegel der Gesamtheit der Bürger von Luzern], beginnend mit einem Rosettchen und abgeteilt durch je zwei kleine kreuzförmige Blumen. Die Schrift und die innere Perlenreihe werden durch den architektonischen, gothischen Aufbau des Siegelbildes getrennt. Aus der Rundbogennische des Fußgestells, gebildet durch eine Hohlkehle mit kreuzförmigem Blattornament, sticht die *älteste Darstellung des Standesschildes* hervor, die eine Hälfte des gespaltenen Schildes damasziert. Zwei Adler mit dem Schild zugewendeten Köpfen dienen als Schildhalter, ihre Flügelenden überragen den Schild. Zu beiden Seiten des Postaments erheben sich bedachte Türme. Sie sind in der Mitte von hohen Nischen unterbrochen, in denen kniende Engel die Darstellung des Mittelbildes bezeugen, während in zwei niedrigen Nischen oberhalb zwei Löwen als Sinnbild der Macht und Stärke des christlichen Glaubens dienen. Die zwei Hauptfiguren unter dem zierlichen Baldachin zwischen den Türmen zeigen die Blendung des in weite Gewänder gehüllten Stadtpatrons durch den Peiniger, oben im Leerraum zwischen beiden Häuptern ist die Seitenansicht des Krummstabes dargestellt. Dieses silbervergoldete Prunksiegel, dessen Stempel erhalten ist, wurde in der Zeitspanne zwischen 1386 und ca. 1715 allen wichtigen Vereinbarungen und den Bünden mit eidgenössischen Orten und auswärtigen Fürsten und Städten beigegeben.»

KANTONSFAHNE

Im Gegensatz zum Wappen, das gespalten ist, ist die Luzerner Fahne waagrecht geteilt, wobei auch die Reihenfolge der Farben gegenüber dem Wappen umgekehrt ist. Robert Mader[4] hat diese Eigenart betont und dazu bemerkt: «Das Beispiel der Luzerner Fahne zeigt mit einigen anderen, daß *die Fahne eigene Gesetze kennt,* die nicht ohne weiteres mit den heraldischen Regeln für die Wappen übereinstimmen.» Joseph M. Galliker[5] erklärt den Ursprung des quergeteilten Fahnenbildes aus den frühmittelalterlichen Feldzeichen und gelangt «zur sicher nicht kühnen Hypothese, daß *die Entstehung des Luzerner Banners auf gonfanonartige Fahnen zurückgeführt werden muß,* in eine Zeit also, da diese Fahnenart mit der im rechten Winkel zur Fahnenstange befindlichen heraldischen Längsachse noch gebräuchlich war.»

Die Luzerner Fahne ist älter als das Wappen der Stadt. Obwohl keines ihrer Banner aus dem 13. Jahrhundert erhalten geblieben ist, müssen wir annehmen, daß ein solches be-

Siegel von Luzern, 1386.

45

reits zu dieser Zeit existierte, da die weißblauen Farben des Standes Luzern an den Schnüren sichtbar sind, mit denen 1252 das Siegel der Bürger am «Geschworenen Brief» vom 4. Mai befestigt wurden. Wenn sie auch später ersetzt worden sind, geschah dies zweifellos in den gleichen Farben.

Im Historischen Museum Luzern wird das Fragment eines gemäß der Tradition in der Schlacht bei Sempach 1386 getragenen, von Weiß und Blau geteilten Banners aufbewahrt. Auch die in den Schlachten von Arbedo 1422 und Murten 1476 geführten, dieselbe Teilung aufweisenden Banner sind uns erhalten geblieben. Die älteste plastisch gemalte Darstellung der Luzerner Fahne – beseitet von zwei zueinander geneigten Standeswappen – ist auf der Stadtseite des Schirmerturmes in Luzern zu sehen; diese Darstellung ist zu einem nicht mehr bestimmbaren Zeitpunkt im 15. Jahrhundert entstanden.

Für die – nicht aus gesicherten Quellen nachweisbaren – Gründe der Farbenwahl sind verschiedene Hypothesen möglich:
– die gute Fernwirkung des heraldischen Bildes,
– die im 13. Jahrhundert noch fehlende Beziehung zu den Farben einer der drei Reichsfahnen (Luzern erscheint erst nach der Schlacht bei Sempach 1386 in den Urkunden als reichsfreie Stadt),
– die notwendige Unterscheidung von den wahrscheinlich älteren Bannern von Uri, Schwyz und Unterwalden,
– die für Luzern bedeutungsvolle Lage am See,
– die Übernahme der Wappenfarben der mit der Luzerner Geschichte eng verbundenen Ministerialgeschlechter von Hunwil und von Littau,
– der Einfluß von Blau als Farbe der Muttergottes, die in Luzern hohe Verehrung genoß.

Während Bendicht Tschachtlan in seiner Berner Chronik aus dem Jahre 1470 sowie Diebold Schilling der Ältere in der Berner Chronik von 1483 und der Spiezer Bilderchronik von 1485 überwiegend falsche Darstellungen des Luzerner Banners geben, zeichnet der Luzerner Kaplan Diebold Schilling in seiner zwischen 1511 und 1513 geschriebenen *Luzerner Bilderchronik* mit der ihm eigenen wissenschaftlichen Genauigkeit auf insgesamt 85 Tafeln das Banner und das Fähnlein seiner Heimatstadt in der richtigen Form.

Mit dem Bannerbrief (Mandat) vom 14. Februar 1479 erteilte Papst Sixtus IV. den Luzernern das Recht, als Eckquartier in ihrem Banner das Zeichen des Erlösers Jesus Christus mit dem Engel am Ölberg zu führen[b]. Durch eine Bulle vom 13. Januar/14. Februar 1480 erfolgte die Bestätigung dieses Rechtes. Drei mit einem solchen Eckquartier geschmückte Banner sind im Historischen Museum Luzern aufbewahrt. Wie die anderen Eidgenossen erhielten auch die Luzerner von Papst Julius II. mit der Bulle vom 5. Juli 1512 ein noch reicheres Eckquartier, in dem anstelle der bisherigen einfachen Ölbergszene ein um den Garten Gethsemane erweitertes Bild mit drei schlafenden Jüngern des Herrn, Judas, den jüdischen Häschern und den Marterwerkzeugen zur Darstellung kommt (Tafel LU-II/2).

In den Bilderchroniken des 15. Jahrhunderts begegnen wir dem analog zum Banner von Weiß und Blau geteilten *Standesfähnlein* mit dem in der unteren blauen Hälfte oder auf der Teilungslinie angebrachten weißen Kreuzchen als Zeichen der Zugehörigkeit zur Eidgenossenschaft.

Ein noch erhaltenes fünfmal von Blau und Weiß geteiltes *Auszugsbanner* mit einem Bild des Gekreuzigten und der Inschrift IN HOC SIGNO VINCES (Durch dieses Zeichen wirst Du siegen) führte die Luzerner in der Schlacht bei Marignano 1515 an. Eine gegen Ende des 15. Jahrhunderts entstandene und nicht mehr erhaltene *Schützenfahne*, die im Dijonerzug von 1513 mitgetragen wurde, ist auf einer Malerei der Kapellbrücke in Luzern dargestellt. Dieses Feldzeichen wurde 1759 durch eine noch erhaltene Kopie ersetzt. Auf dem von Weiß und Blau geteilten Fahnentuch sind auf der rechten Seite drei übereinander liegende Luntenschloßbüchsen, auf der linken Seite eine

Die älteste plastisch gemalte Darstellung der Luzerner Fahne auf der Stadtseite des Schirmerturms aus dem 15. Jahrhundert, beseitet von den beiden sich zuneigenden Standesschilden.

ANMERKUNG

[b] Dieses Eckquartier ist im Banner sichtbar, das der (heraldisch) rechts stehende Löwe in der Ämterscheibe von Martini in seiner Pranke hält.

Der Stadtvenner und die beiden Schützenvenner. Schützenfähnlein von 1623 (links) und Schützenfähnlein von Dijon (rechts). Lithographie aus dem Jahr 1828 nach der Ölmalerei auf der Kapellbrücke (Tafel 8) von Hans Heinrich Wägmann.

Armbrust zu sehen. Auf einer ebenfalls in den Standesfarben gehaltenen weiteren Schützenfahne um 1620 sind links eine Luntenschloßbüchse über einer Luntenradschloß-Büchse, rechts eine Armbrust zu sehen[6].

Im 16. und im 17. Jahrhundert treten verschiedene neue Fahnenmuster auf, zuerst in den Standesfarben mehrfach geteilt – also gestreift –, später mit durchgehendem weißem Kreuz, die vier Felder im Wellenschnitt geteilt oder ganz blau. Die Anhänglichkeit der Luzerner an ihre überlieferten Fahnenbilder bleibt jedoch sogar im 18. Jahrhundert unverkennbar, was besonders in der von Weiß und Blau geteilten Standesfahne von 1769 mit dem aufgemalten Bild der Madonna zum Ausdruck kommt.

Beachtenswert sind die im 18. Jahrhundert im Zuge der Reorganisation des Wehrwesens geschaffenen *Militärfahnen* der Luzerner Landschaft. Es sind Fahnen, deren Tuch in der Regel von einem durchgehenden geraden oder gewellten, meist blau-weiß gespaltenen Kreuz in vier Felder aufgeteilt ist, welche Flammen in verschiedenen Farben aufweisen. Charakteristisch für alle Feldzeichen dieses Musters ist der aufgemalte goldengekrönte Luzerner Schild in der Kreuzmitte sowie die in der Oberecke aufgemalten Wappen oder Darstellungen der Patrone der Orte, aus denen sich die Mannschaften rekrutierten (Tafel LU-II/1). «Mit dieser wohldurchdachten Synthese konnten Kämpfe mit den lokalen Gegenden um die Beibehaltung ihrer altangestammten Panner vermieden werden, wie sie andere Standesregierungen in zäher Arbeit durchzufechten hatten. Durch das in den Luzerner Farben geteilte Kreuz mit dem Luzerner Schild war jede Fahne als luzernische sofort erkennbar. In den vier Feldern und dem Eckquartier aber blieb den einzelnen Orten die Möglichkeit, ihre eigenen Farben, Wappen und Kirchenpatrone zu behalten.»[7]

1803 kamen wieder die alten geflammten Militärfahnen zu Ehren. Neben ihnen wurden im Sonderbundskrieg 1847 sogar noch Feldzeichen in der alten weiß-blauen Teilung (mit einem im unteren blauen Feld an der Stangenseite angebrachten, freischwebenden weißen Kreuz) verwendet.

Der Kanton Uri

KANTONSWAPPEN

Das markante Wappenbild geht in die erste Hälfte des 13. Jahrhunderts zurück. Schon damals weisen die Siegel der Talschaft Uri den Stierkopf auf. Der Stierkopf darf als redende Wappenfigur betrachtet werden. Die ersten alemannischen Bewohner nannten ihr Land *Ur* (= Wildnis). Ur bezeichnet aber auch das von den ersten Ansiedlern im Lande angetroffene Tier: den Auerochs oder Urochs oder Urs (Bos primigenius), dessen Zähmung durch den Nasenring symbolisch ausgedrückt wird. Das Wappen mag aber auch als Sinnbild des Sieges über die ursprüngliche Wildnis durch Urbarmachung angesehen werden.

Der Nasenring wurde andernorts nicht immer mit dem hohen Anspruch der Symbolik gewertet. Im Staatsarchiv Zürich aufbewahrte Akten legen für die zahlreichen Spötteleien und Schmähreden seitens der Miteidgenossen und Untertanen im 16. und zu Beginn des 17. Jahrhunderts ein beredtes Zeugnis ab. Dabei wurde das Anbringen des Nasenringes am Uristier etwa begründet «domit das er nitt zwitt um sich griff» oder «das er nit störy»; später wurde behauptet, die Bündner hätten den Ring dem Uristier «in d'nasen gleidt» – was vermutlich mit der anläßlich der Vazer Fehden (1323 bis 1325 und 1331 bis 1333) durch die Urner erlittenen Niederlage zusammenhängen dürfte. Uri wußte sich tapfer und mit gutem Gewissen gegen diese jeder historischen Wahrheit entbehrenden Anschuldigungen zu wehren. Das Urner Wappen ist auf den Standesscheiben des beginnenden 16. Jahrhunderts mehrmals bezeugt, wobei auch Krieger als Schildhalter dienen, die das berühmte und gefürchtete Urner Harsthorn (auch Uristier genannt) blasen. Aber auch bürgerlich gesittete Schildhalter kommen vor.

Eine interessante Darstellung findet sich in der Luzerner Chronik des Diebold Schilling von 1513. Fol. 61 des Originals enthält eine naturgetreue Zeichnung des 1511 erneuerten Denkmals der Freundschaft zwischen Luzern und Uri (Arbedo-Denkmal) in der Peterskapelle zu Luzern (Tafel UR-I/1). Joseph M. Galliker schreibt dazu: «Sichtbar wird hier die *Kette,* welche die beiden Schilde von Luzern und Uri als Zeichen der gemeinsamen Waffenbrüderschaft zusammenhält. Die Vorliebe Schillings für kleine Details zeigt sich im Kopfschmuck der wilden Mannen, der aus roten Blumen anstatt nur aus grünem Laub besteht. Mit der Bemalung der Naturhaare der beiden Schildhalter und deren Plazierung aber hat der Maler und Chronist einen heraldisch-künstlerischen Wurf vollbracht, welcher in der ganzen Heroldskunst seinesgleichen sucht und der nur anhand der farbigen Wiedergabe des Originals richtig herausgelesen werden kann. Offensichtlich in Anlehnung an den gespaltenen Luzerner Schild tragen auch die wilden Mannen ihre Standesfarben in zwei Hälften. Sie stehen zudem jeder hinter dem Hoheitszeichen des andern, und ihre Farbenanordnung harmoniert mit dem gegenüberliegenden eigenen Wappenschild. Auf diese Weise wird nicht nur die heral-

Standesscheibe von Uri um 1501 aus dem Tagsatzungssaal von Baden.
Arbeit des Zürcher Glasmalers Lukas Zeiner.

Kantonswappen
In Gold ein schwarzer Stierkopf mit roter Zunge und rotem Nasenring.

Kantonsfarben
Gelb und Schwarz.

Kantonsfahne
In Gelb ein schwarzer Stierkopf mit roter Zunge und rotem Nasenring.

Gemeindewappen

ALTDORF (Kantonshauptort)
Gespalten von Gold mit halbem, rot bewehrtem und gezungtem schwarzem Adler am Spalt und von Rot mit zwei silbernen Linksschrägbalken.

ANDERMATT
In Gold ein schrägrechts gestellter, schreitender schwarzer Bär mit roter Zunge, aus dessen Rücken ein silbernes Tatzenkreuz hervorgeht.

BÜRGLEN
In Blau, auf grünem Boden, eine silberne Mauer mit vier rotbedachten Türmen und rotem Tor.

ERSTFELD
In Blau, auf grünem Boden, ein schreitender goldener Hirsch mit dem Schweißtuch Christi im Geweih.

FLÜELEN
In Grün eine silberne Rose an ihrem Blätterstiel.

SCHATTDORF
In Blau drei goldene Äpfel an einem silbernen Zweig mit zwei Blättern.

UR-I/1: Denkmal der Freundschaft zwischen Uri und Luzern (Arbedo-Denkmal, 1511 erneuert). Nach der Luzerner Chronik des Diebold Schilling, 1513.

ALTDORF    ANDERMATT    BÜRGLEN

ERSTFELD    FLÜELEN    SCHATTDORF

49

50

FARBTAFEL

UR-II: Landesbanner von Uri aus der ersten Hälfte des 15. Jahrhunderts, getragen vor Zürich, Diessenhofen, Winterthur, Waldshut, Landshut und Grandson.

Ältestes Landessiegel, 1249.

ANMERKUNG

[a] Das Kreuzchen würde das Feldzeichen eigentlich als Fähnlein kennzeichnen. Möglicherweise ist das Kreuz zu einem späteren Zeitpunkt angebracht worden.

disch rechte Vorrangstellung von Luzern gegenüber Uri ausgeglichen, sondern gleichzeitig die enge Waffenbrüderschaft im Kampf um Leben und Tod zusätzlich betont.»[1] Die Darstellung Schillings ist umso wertvoller, als das Denkmal in seiner ursprünglichen Gestalt nicht mehr existiert.

SIEGEL

Das erste Siegel wird wohl in einer Urkunde von 1243 erwähnt, hängt jedoch nicht mehr daran. Es ist durchaus möglich, daß es, wie das Banner, bereits kurz nach der Verleihung der Reichsunmittelbarkeit durch König Heinrich am 26. Mai 1231 erstellt wurde, da hierdurch die Voraussetzung der Siegelfähigkeit geschaffen war. Eine am 18. November 1249 ausgestellte Urkunde ist mit diesem ältesten Urner Siegel bekräftigt: inmitten einer dreieckigen Umrandung mit der Inschrift SIGILLVM VALLIS VRANIE (Siegel des Tales von Uri) erkennen wir einen seitwärts gekehrten Stierkopf mit Nasenring. Das von 1258 bis 1352 benutzte zweite Siegel – es hängt zum Beispiel am Bundesbrief vom 1. August 1291 – zeigt einen dem Zuschauer zugewendeten Stierkopf mit Nasenring, ebenso das dritte Siegel (1351 bis 1519). Erst im vierten Siegel (1489 bis 1548) streckt der Stier die Zunge heraus. In dieser Form bleibt er das typische Siegelbild des Landes Uri, und in den nachfolgenden acht Siegeln, 1489 bis 1842 in Gebrauch, lassen

Landessiegel, 1489 bis 1548.

sich nur noch stilistische Abweichungen feststellen. Im dreizehnten Siegel (offiziell von 1790 bis 1807 – mit Ausnahme der Zwischenzeit der Helvetik – verwendet, tatsächlich jedoch bis 1847 in Gebrauch) macht sich der damals allgemein verbreitete Nie-

dergang der Heraldik bemerkbar: der Urner Schild ist von einem großen fünfblättrigen Kronenreif überhöht, aus dem eine Art Helmdecken herabhängen. Im vierzehnten und letzten Siegel (1807 bis 1816) dient sogar Wilhelm Tell als Schildhalter. Nach 1816 werden wieder zwei ältere Siegel herangezogen. Auch sie kommen in der zweiten Hälfte des 19. Jahrhunderts außer Gebrauch.

KANTONSFAHNE

Das älteste *Landesbanner*, noch im hochrechteckigen Format, wurde nach der Tradition bereits in den Schlachten von Morgarten (1315) und Laupen (1339) den Urnern vorangetragen. Es gehört mit zu den ehrwürdigsten Zeugen schweizerischer Geschichte. Spätestens 1243, als das erste Siegel auftrat, muß auch das Banner von Uri bestanden haben, und da die Erklärung der Reichsfreiheit am 26. Mai 1231 erfolgte, dürfen wir wohl annehmen, daß die Urner zu jener Zeit auch ihr Landesbanner festlegten. Es ist durchaus möglich, daß dessen Farben in Anlehnung an das gelbe Reichsbanner mit dem damals noch einköpfigen schwarzen Adler gewählt oder sogar verliehen wurden.

Im Rathaus zu Altdorf werden noch sieben alte Urner Banner mit dem Bild des Uristiers aufbewahrt. In dem bereits erwähnten ältesten Banner erscheint ein kleines Eckquartier mit einer Darstellung der Kreuzigung Christi mit Maria und Johannes. Das nach der Überlieferung in der Schlacht bei Sempach (1386) geführte Banner enthält kein Eckquartier, zeigt jedoch zwischen den Hörnern des Stiers ein weißes eidgenössisches Kreuz[a]. Im dritten, aus der ersten Hälfte des 15. Jahrhunderts stammenden Banner (Tafel UR-II) – es wurde in Grandson getragen – zeigt das kleine Eckquartier die Auferstehung Christi mit Maria und Johannes. Das vierte Banner aus der zweiten Hälfte des 15. Jahrhunderts führte die Urner in Murten, Bellenz, Rheineck und Frastenz an; das Eckquartier dieses Feldzeichens gibt eine Darstellung der Kreuzigung Christi mit Maria und Johannes, dazu verschiedene mit der Passion zusammenhängende Gegenstände; auch Pilatus kommt darin vor. Ein ähnlich ausgebildetes Eckquartier, von dem jedoch nur der obere Teil erhalten ist, schmückt das im Schwabenkrieg (1499) geführte fünfte Banner. Im Jahre 1512 schenkte Papst Julius II. den Urnern aufgrund einer Verleihung Kardinal Schiners ein prachtvolles Banner aus Mai-

Dreiländer-Taler aus dem Jahre 1550 (2:1): Die Vorderseite (linksaußen) zeigt die Wappen von Uri, Schwyz und Unterwalden, die Rückseite den heiligen Martin.

länder Seidendamast. Dieses *Juliusbanner* weist in seinem reichen Eckquartier ebenfalls eine Darstellung der Kreuzigung auf und ist zusätzlich mit den gekreuzten päpstlichen Schlüsseln geschmückt.

Diebold Schillings Luzerner Chronik von 1513 zeugt recht anschaulich für die häufige Führung des gelb-schwarz geteilten Urner *Fähnleins* Ende des 15. und zu Beginn des 16. Jahrhunderts, wobei das weiße eidgenössische Kreuzchen bei einigen dieser Feldzeichen in der schwarzen, bei anderen in der gelben Hälfte oder auf der Teilungslinie erscheint; heraldisch richtig ist nur der erstgenannte Platz, und die abweichenden Bilder dürften auf einem Irrtum des Chronisten beruhen.

In der Gestaltung seiner *Militärfahnen* schloß sich Uri der eidgenössischen Sitte an. Eine 1712 im zweiten Villmerger Krieg von den Zürchern eroberte und heute im Schweizerischen Landesmuseum aufbewahrte Bataillonsfahne zeigt ein durchgehendes weißes Kreuz und in den hierdurch gebildeten vier Feldern diagonal angeordnete, ineinandergreifende schwarze und gelbe Flammen. Wie in den anderen Ständen wurde das Flammenmuster etwas später geändert, indem die Flammen radial angeordnet wurden. Unter einer solchen Fahne rückten 1792 die Urner Zuzüger zur Grenzbesetzung nach Basel aus. Im Rathaus zu Altdorf hängt eine sehr schöne Fahne aus dem Jahre 1812. Sie wurde damals von Landammann Arnold der Regierung geschenkt und diente bis 1928 als «Landsgemeindebanner». Sie zeigt auf gelbem Grund ein weißes Kreuz, in dessen Mitte die Madonna mit dem Jesuskind, auf Wolken thronend, in jedem Feld drei gegen die inneren Kreuzwinkel zulaufende schwarze Flammen, in der mittleren Flamme jedes Feldes das Urner Wappen mit blauer Umrandung, darin der goldgestickte Name URI. Die mittlere Figur ist älter als die Fahne und wurde wahrscheinlich von einem anderen Feldzeichen abgenommen.

Juliusbanner von Uri, 1512.

Urner Fahne aus dem Jahr 1812. Sie diente bis 1928 als «Landsgemeindebanner».

Der Kanton Schwyz

ANMERKUNG

[a] Bevor der Schild mit dem Kreuzchen in offiziellen Darstellungen verwendet wurde, kam er schon vereinzelt vor, wie auf einem Titelblatt von 1722 (Bild unten).

Titelblatt des Werkes «Regiment der lobl. Eydgenossenschaft» von Jos. Simler. Neue Ausgabe von J. Leu, 1722. In der Mitte, um eine Darstellung des Rütlischwurs, ein Wappenkranz der 13 Orte, darunter Schwyz. Links die Wappen der zugewandten Orte, rechts die Wappen der gemeinsamen Landvogteien.

KANTONSWAPPEN

Das Kantonswappen, ursprünglich nur das Wappen des alten, inneren Landesteiles Schwyz, war zuerst ganz rot; es geht zweifellos auf das erste Landesbanner zurück. Albrecht von Bonstetten, der Einsiedler Dekan und Humanist, erwähnt in seiner 1481 verfaßten «Superioris Germaniae confoederationis descriptio» (Beschreibung der Eidgenossenschaft in den oberdeutschen Landen) den roten Schild der Schwyzer, ebenso Diebold Schilling in der Spiezer Bilderchronik von 1485 und Schilling der Jüngere in seiner Luzerner Chronik von 1513. Der rote Schild erscheint auch auf mehreren Standesscheiben aus der ersten Hälfte des 16. Jahrhunders (Tafel SZ-I/1). Das Kreuzchen ist erstmals auf dem Staatssiegel von 1729[a] zu sehen, ebenso auf den Münzen von 1730, und erscheint seither ununterbrochen im Schwyzer Schild, bis zum Beginn des 19. Jahrhunderts meistens im linken, mitunter auch im rechten Obereck. Die Annahme dieses Kreuzchens ist bestimmt dem Wunsch entsprungen, das in den alten Schwyzer Bannern geführte Eckquartier mit der Kreuzigung im Wappen anzudeuten. Als die Tagsatzung am 4. Juli 1815 beschließt, ein Bundessiegel anfertigen zu lassen, wird die Kantonsregierung dadurch veranlaßt, das Schwyzer Wappen in seiner endgültigen Form festzulegen: dem kleinen langschenkligen Kreuz wird der Platz im heraldisch linken (für den Beschauer rechten) Obereck zugewiesen, wo es bis heute geblieben ist.

Da man es im Jahre 1815 unterlassen hatte, die Proportionen des Kreuzchens festzulegen, wurde es beinahe 150 Jahre lang in den verschiedensten Größen abgebildet. Um diesem Mißstand ein Ende zu setzen, hat der Regierungsrat des Kantons Schwyz auf Vorschlag des Staatsarchivs mit Beschluß vom 23. Dezember 1963 «folgende Proportionen und Maße des Kreuzleins im Wappen des eidgenössischen Standes Schwyz festgelegt und offiziell erklärt»:

«1. Die unter sich gleichlangen Arme des Kreuzes sind je dreimal länger als breit.
2. Die ganze Balkenlänge beträgt 1/3 der waagrechten Seitenlänge der Fahne oder des Wappenschildes.
3. Der Abstand vom Fahnen- oder Wappenrand beträgt 1/3 einer Armlänge.»

In der entsprechenden Veröffentlichung im Amtsblatt des Kantons Schwyz vom 31. Januar 1964 wird in bezug auf den Ursprung des Kreuzes folgendes ausgeführt:

«Das Kreuz erinnert daran, daß ursprünglich in der Schwyzer Fahne sich ein Eckquartier befand, das Christus am Kreuz mit den Leidenswerkzeugen (z.B. auf der

Burgunderfahne von 1476) oder Christus am Kreuz mit Maria und Johannes darstellte. In Erinnerung an dieses Eckquartier soll das Kreuz deutlich in die obere Ecke gerückt sein.»

Standessiegel von Schwyz, 1313.

SIEGEL

Das älteste Schwyzer Siegel, das sich an Urkunden von 1284 bis 1365 findet, stellt Sankt Martin von Tours dar, den Patron der Schwyzer Pfarrkirche, der als römischer Soldat auf einem Boden steht (sein Pferd ist hinter ihm zu sehen) und seinen Reitermantel mit einem Bettler teilt. Die Siegelinschrift lautet: +S VNIVERSITATIS IN SWITES (Siegel des Gemeinwesens in Schwyz). Nach Angaben Tschudis soll dieses Siegel erstmals an einer seither verschollenen Urkunde vom 25. Dezember 1281 gehangen haben. Das von 1313 an nachweisbare zweite Siegel zeigt die gleichen Figuren in besserer Ausführung; sie wirken plastischer und kräftiger. Dieses Siegel wird bei feierlichen Anlässen heute noch gebraucht. Im dritten und im vierten Siegel (1454 bzw. 1657) sind ähnliche Darstellungen zu sehen. Im Jahre 1729 schuf der bekannte Schwyzer Medailleur Johann Carl Hedlinger das fünfte Siegel, das zu Recht als ein Meisterwerk gilt. Das Siegelbild zeigt Sankt Martin zu Pferd, der dem Bettler die abgeschnittene Mantelhälfte reicht, und darunter den Schwyzer Schild mit dem Kreuzchen im heraldisch linken Obereck.

KANTONSFAHNE

Die Kantonsfahne übernimmt die rote Hauptfarbe des Wappens; im Gegensatz zu diesem befindet sich das Kreuzchen jedoch in der heraldisch rechten Oberecke, also an der Fahnenstange. Bei der Befestigung der Fahne ist stets auf die richtige Stellung des Kreuzchens zu achten.

Durch Regierungsratsbeschluß vom 23. Dezember 1963 sind Stellung und Proportionen des Kreuzes genau festgelegt worden.

Die Annahme des ursprünglich ganz roten Schwyzer Banners wird zeitlich mit der Erklärung der Reichsfreiheit durch Kaiser Friedrich II. im Jahr 1240 in Zusammenhang gebracht, obwohl hiefür keine Quellen für einen Beweis vorliegen. Es wird dabei angenommen, daß dieses Banner von der sogenannten Blutfahne des Heiligen Römischen Reiches Deutscher Nation abgeleitet ist. Konrad Justinger weiß in seiner «anonymen Stadtchronik» (Bern, 1420) zu berichten, daß die Schwyzer im Jahre 1289 am Feldzug des Königs Rudolf I. von Habsburg gegen den Pfalzgrafen Otto von Burgund teilnahmen und sich beim Städtchen Héricourt ganz besonders auszeichneten. Zum Dank für ihre wirksame Hilfe soll ihnen der König das Recht verliehen haben, das sogenannte «heilig rich» (Christus am Kreuz) in ihrem roten Banner zu führen[b]. Demgegenüber vermutet Bruckner[2] jedoch, daß Justinger zwei verschiedene Vorgänge, nämlich die Verleihung des roten Banners einerseits und die des «heilig rich» anderseits, zu einer einzigen Begebenheit vereinigt hat, wie dies bei mittelalterlichen Chronisten oft zu beobachten ist. Für diese Annahme führt Bruckner zwei gewichtige Gründe auf: die der Bannerführung in der Regel vorausgehende Siegelführung (für Schwyz erstmals 1281 nachgewiesen, weshalb das erste Banner nicht älteren Datums sein dürfte) und das Fehlen eines Eckquartiers und auch von Spuren eines solchen auf dem noch erhaltenen ältesten Landesbanner, das 1315 bei Morgarten getragen wurde. Dieses Banner ist tatsächlich völlig rot und weist keine Spuren eines Eckquartiers auf[3]. Erst auf dem nach der Überlieferung in der Schlacht bei Laupen (1339) mitgeführten Banner sind deutliche Spuren von Nähten sichtbar, die auf das einstige Vorhandensein eines kleinen Eckquartiers hindeuten – wobei es allerdings auch später angebracht worden sein kann. Es ist deshalb durchaus möglich, daß die Verleihung des «heilig rich» durch König Rudolf im Jahre 1289 auf das rote Banner allein bezogen werden muß, wobei die Blut-

Kantonswappen

In Rot ein silbernes Kreuzchen im linken Obereck.

Kantonsfarben

Die Standesfarbe von Schwyz ist Rot.
Die Farbenflagge wäre somit vollständig rot zu verwenden. Um Verwechslungen mit politischen Fahnen vorzubeugen, erscheint indessen die Hinzufügung des kleinen weißen Kreuzes empfehlenswert.

Kantonsfahne

In Rot ein weißes Kreuzchen in der Oberecke an der Fahnenstange.

Gemeindewappen

SCHWYZ (Kantonshauptort)
führt das gleiche Wappen wie der Kanton.

ARTH
In Rot, auf grünem Dreiberg, ein silberner Zinnenturm mit schwarzem Fenster und Tor.

EINSIEDELN
In Rot zwei schwarze Raben übereinander.

FREIENBACH
In Rot drei schreitende goldene Löwen übereinander.

INGENBOHL
Geteilt von Rot mit silbernem Kreuz (Ingenbohl) und von Blau mit silbernem Schiff mit Segel (Brunnen).

KÜSSNACHT
In Rot ein übereck gestelltes, silbernes quadratisches Kissen mit Quasten.

LACHEN
In Rot ein silbernes Taukreuz, um das sich eine goldene Schlange windet.

ANMERKUNG

[b] «Die von Switz vor alten ziten taten ein gros hilf einem römischen küng gen Eligurt [Héricourt] und des weges hin, und warent do so manlich, daz inen der küng gab an ir roten paner daz heilig rich, daz ist alle waffen und instrument der heiligen marter unseres herren jesu Cristi.»[1]

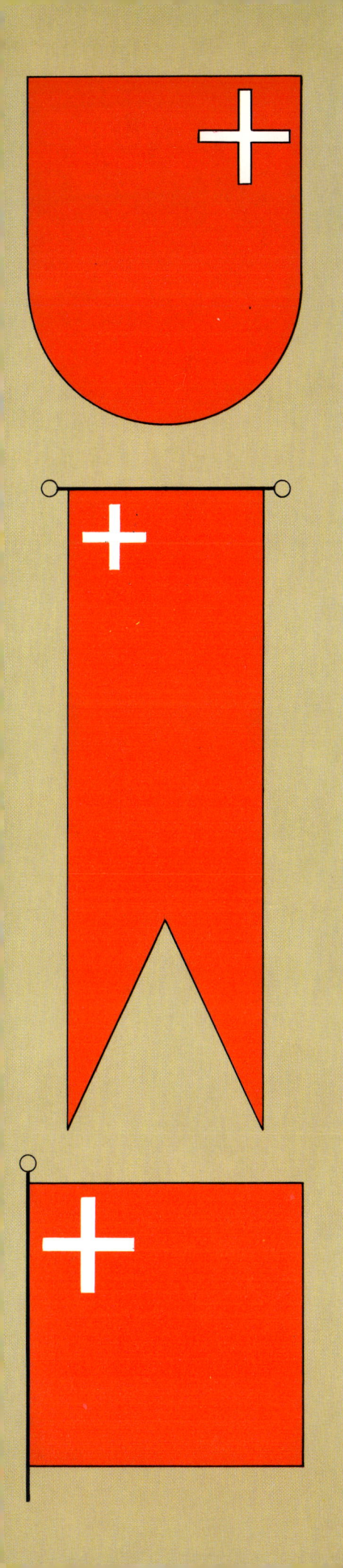

SZ-I/1: Standesscheibe von Schwyz um 1501 aus dem Tagsatzungssaal zu Baden. Arbeit des Zürcher Glasmalers Lukas Zeiner.

ARTH

EINSIEDELN

FREIENBACH

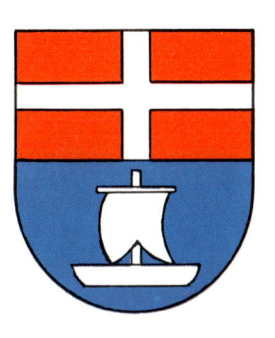

INGENBOHL

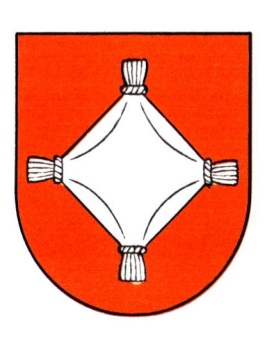

KÜSSNACHT

LACHEN

SZ-II: Juliusbanner von Schwyz aus dem Jahre 1512.

fahne des Reiches als Vorbild gedient hat. Somit wäre das Eckquartier erst zu einem späteren, nicht mehr feststellbaren Zeitpunkt verliehen oder angenommen worden. Italienische Einflüsse sind für die Verwendung einer solchen Zutat nicht auszuschließen. Da die Chronik Justingers, die das Eckquartier erwähnt, zu Beginn des 15. Jahrhunderts entstanden ist, besaß Schwyz spätestens um diese Zeit ein Eckquartier, das die Kreuzigung samt Leidenswerkzeugen zeigte. Im Jahre 1479 sollen die Schwyzer von Papst Sixtus IV. eine Bestätigung ihres Banners mit dem Zeichen des Gekreuzigten erhalten haben. Die betreffende Urkunde ging inzwischen verloren[4], das Banner hingegen ist uns erhalten geblieben. Die bekannten schweizerischen Bilderchroniken zeigen das rote Schwyzer Banner meistens mit dem vereinfacht dargestellten «heilig rich», d.h. dem Gekreuzigten zwischen Maria und Johannes, und nur vereinzelt völlig rot.

Wenn es auch äußerst schwierig ist, den Ursprung und das erste Vorkommen eines Eckquartiers religiösen Inhalts nachzuweisen, so besteht anderseits kein Zweifel daran, daß das rote Schwyzer Banner spätestens Ende des 13. Jahrhunderts entstanden ist und daher zu den ältesten und ehrwürdigsten Feldzeichen zählt, die in den Reihen der alten Eidgenossen wehten. Es ist deshalb auch nicht verwunderlich, daß das hohe Alter dieses Banners das Aufkommen und die Verbreitung mehrerer Legenden begünstigte.

Die Bilderchroniken belegen anschaulich den Brauch der Schwyzer, bei Feldzügen in fremde Territorien mit Einsatz von Teilmannschaften in ihr rotes Fähnlein das freischwebende, langschenklige gemeineidgenössische Kreuz in weißer Farbe aufzunehmen. In die rechte Oberecke gestellt finden wir das Kreuzchen erstmals 1475 beim Zug der eidgenössischen Freifahnen nach Basel sowie 1507 bei der Erstürmung der Höhe ob Genua durch die Schweizer Soldaten Ludwigs XII. von Frankreich.

Das *Juliusbanner* von 1512 (Tafel SZ-II) ist aus rotem Seidendamast mit Granatapfelmuster gefertigt. Im Eckquartier erscheint Christus am Kreuz, umgeben von Leidenswerkzeugen, darüber das Schweißtuch mit der heiligen Veronika vor den gekreuzten päpstlichen Schlüsseln. In der Mitte der oberen Bannerhälfte steht die Gottesmutter im Strahlenglanz auf der Mondsichel. Der obere, der untere und der äußere senkrechte Rand sind von einer lateinischen Widmungsschrift in goldenen Großbuchstaben umsäumt; sie lautet in freier Übersetzung: «Die allerseligste Gottesmutter, ihr Sprosse und die Schlüssel wurden ihnen geschenkt, weil sie Verteidiger der heiligen Mutter, der Kirche, gewesen. Im Jahre der Menschwerdung 1512, unter der Regierung Julius des Zweiten.» Solche über drei Seiten laufende Umschriften sind nur auf den Juliusbannern von Schwyz, Obwalden und Nidwalden zu finden. Die Tatsache, daß die Figuren des Schwyzer Juliusbanners aufgemalt und nicht, wie bei den übrigen, gestickt sind, berechtigt zur Frage, ob wir es mit einer Kopie des Originals zu tun haben. Wir wissen, daß Zürich und Bern, um ihre Juliusbanner zu schonen, Gebrauchskopien anfertigen ließen, die sie ins Feld führten. Möglicherweise handelt es sich auch beim Schwyzer Juliusbanner um eine Kopie, während das Original vielleicht beim Brand von Schwyz 1642 dem Feuer zum Opfer fiel.

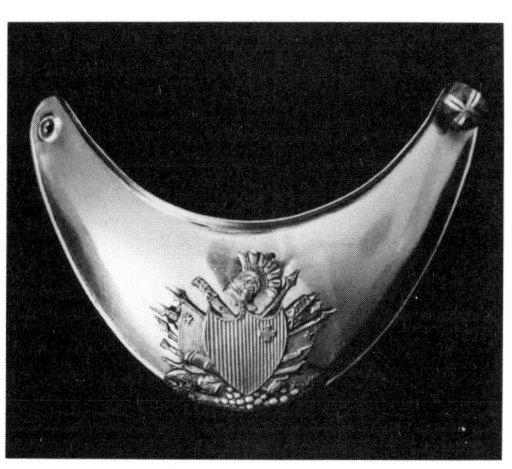

Schwyzer Fähnrich, Ende des 18. Jahrhunderts. Er trägt eine rote Fahne mit durchgehendem weißem Kreuz und einem der Standesfahne entsprechenden ebenfalls weißen Kreuzchen in der Oberecke der Stangenseite.

Hausse-Col (Halskragen) eines Infanterie-Offiziers des Kantons Schwyz, um 1835.

Bis ins 17. Jahrhundert führte Schwyz die traditionellen, meistens mit einem Eckquartier versehenen einfarbig roten Banner. Im 17. und 18. Jahrhundert waren rote Fahnen mit durchgehendem weißem Kreuz in Gebrauch, die meistens mit religiösen Motiven wie der Madonna oder dem heiligen Martin, sei es als Eckquartier, sei es in der Kreuzmitte, geschmückt waren.

Eine einzige rotweiß geflammte *Militärfahne*, wahrscheinlich aus dem ausgehenden 17. Jahrhundert, ist erhalten geblieben. Dieses bei anderen eidgenössischen Ständen so beliebte Muster scheint in Schwyz nie richtig Fuß gefaßt zu haben. Ein auf dem Blatt von Rudolf Huber abgebildeter Fähnrich des Schwyzer Kontingents zum eidgenössischen Zuzug von 1792 trägt eine rote Fahne mit weißem Kreuzchen in der Oberecke (vgl. das Kapitel «Schweizerische Eidgenossenschaft»).

Der Kanton Obwalden

(UNTERWALDEN OB DEM WALD)

KANTONSWAPPEN

Ursprünglich bestand das Obwaldner Wappen aus einem einfachen, von Rot und Weiß geteilten Schild und entsprach dem Banner, aus dem der Schild höchstwahrscheinlich hervorging. Dieses Wappen, das anfänglich das ganze Land Unterwalden repräsentierte, wird in dieser Eigenschaft um das Jahr 1478 von Albrecht von Bonstetten erwähnt und beschrieben[1].

In dieser Gestalt erscheint das Wappen 1469 in einem Manuskript des Chronisten Fründ in der Bürgerbibliothek Luzern, auf dem heraldischen Titelblatt von Etterlins Chronik aus dem Jahre 1507, in der Chronik von Stumpf von 1548, auf mehreren Standesscheiben des 16. sowie auf verschiedenen Druckwerken des 17. Jahrhunderts.

Dem rot-weißen Schild als dem eigentlichen Obwaldner Wappen begegnet man erstmals 1484 am Schlußstein des Chorgewölbes der Müslikapelle in Sachseln, ebenso um 1504 an der geschnitzten spätgotischen Decke der Kapelle. Im 16. und 17. Jahrhundert mehren sich die Quellen, wobei die zahlreichen Standesscheiben besondere Erwähnung verdienen, wie jene von 1634 im Historischen Museum Stans.

Eigenartigerweise fand der seit der zweiten Hälfte des 13. Jahrhunderts im Landessiegel auftretende Schlüssel erst rund 500 Jahre später Eingang in den Schild. Beim Neubau des Sarner Rathauses im Jahre 1747 verwendete man zum ersten Mal den einfachen Schlüssel als Wappenfigur in der das Portal bekrönenden Komposition.

In der Praxis wurde jedoch bis zum Ende des Ancien Régime weiterhin vom einfachen rot-weiß geteilten Schild Gebrauch gemacht, und sogar noch 1815 wurde er in dieser Form von der Obwaldner Regierung als das offizielle Wappen angesehen. Erst nach dem am 12. August 1816 von der Tagsatzung ratifizierten Vergleich mit Nidwalden und der darauf begründeten Aufnahme eines gemeinsamen Wappens für den Gesamtkanton Unterwalden in das Bundessiegel erhielt das Obwaldner Standeswappen seine heutige Form[a].

SIEGEL

Das kurz nach 1241 entstandene Siegel mit dem einfachen aufrechten Schlüssel als Attribut des heiligen Petrus, Patron der alten Pfarrkirche von Stans, und mit der ursprünglichen Legende +S. UNIVERSITATIS HOMINVM DE STANNES (Siegel der Gesamtheit der Leute von Stans) war anfänglich nur für das untere Tal angefertigt worden. Das älteste noch erhaltene Exemplar, das am Bundesbrief vom August 1291 hängt, trägt jedoch bereits die als nachträglicher Zusatz erkennbare Fortsetzung der Legende im Siegelfeld: ET VALLIS SVPIORIS (und des oberen Tales), wobei das Datum dieser Ergänzung nicht genau festgestellt werden kann. Durch den Übergang der politischen Führung des geeinten Landes an Obwalden zu Anfang des 14. Jahrhunderts kam der Siegelstempel in den Besitz der oberen Talschaft, und der Schlüssel wurde damit zum gemeinsamen Wappenbild des ganzen Landes.

Das erstmals 1529 bezeugte zweite Landessiegel – eine Kopie des alten Siegels mit ei-

Portalbekrönung des Rathauses zu Sarnen 1747, mit Obwaldner Wappen.

ANMERKUNG

[a] Im Bundessiegel wurde der Schlüsselbart irrtümlich nach heraldisch links gewendet (vgl. den Abschnitt «Gesamtkanton Unterwalden»).

Ältestes Siegel von Obwalden, 1291.

ner neuen, irrtümlichen Umschrift – wurde sowohl für innere Obwaldner Landessachen als auch in gemeinsamen Unterwaldner Angelegenheiten gebraucht, bis der eidgenössische Schiedsspruch vom 9. August 1589 dem Obwaldner Siegel den Charakter des gemeinsamen Landessiegels absprach.

Das dritte Siegel mit dem 1816 offiziell gewordenen Wappen (geteilter Schild mit Schlüssel) und einem der ersten Legende nachgebildeten Text stammt aus der ersten Hälfte des 19. Jahrhunderts.

KANTONSFAHNE

Das *Banner* Obwaldens war seit ältester Zeit von Rot und Weiß geteilt, und der Schlüssel wurde nie in das Bannerbild aufgenommen. Das Banner – das, wie bei den meisten alten Orten der Eidgenossenschaft, älter sein dürfte als das Wappen – weist Rot als Vorrangfarbe auf. Diese Farbe könnte, wie beim Stand Schwyz, auf das Blutbanner des Reiches zurückgehen, wobei Obwalden, zum Unterschied von Schwyz, Weiß als einzig mögliche zweite Farbe hinzufügte (Gelb war bereits von Uri «belegt»). Infolge der Vorrangstellung des Standes Obwalden[b] diente sein Banner bei eidgenössischen Feldzügen als Hauptfeldzeichen des ganzen Landes Unterwalden, und die Nidwaldner mußten ihr eigenes Banner «unterschlagen» (einrollen). Mehrmals unternommene Anstrengungen der Nidwaldner, für ihr eigenes Banner Gleichberechtigung zu erlangen oder gar das gemeinsame Landesbanner tragen zu dürfen, schlugen immer wieder fehl. Die Wahl des Bannerherrn im Felde fiel stets zugunsten der in größerer Zahl als die Nidwaldner aufmarschierenden Obwaldner aus. Durch den Schiedsspruch der Orte Luzern, Uri, Schwyz und Zug vom 9. August 1589 wurde dieses Vorrecht bestätigt, den Nidwaldnern jedoch das Recht zugestanden, den gemeinsamen Landeshauptmann zu stellen.

Als auch die Solothurner, erstmals in den Burgunderkriegen 1476 bis 1477, in den Reihen der Eidgenossen ebenfalls unter einem rotweißen Banner erschienen, das dem Obwaldner Feldzeichen völlig glich, erregte diese Gleichheit die Eifersucht der Unterwaldner. Aus den sogenannten Luzerner Abschieden von 1476 ersehen wir, daß ernste Verwicklungen daraus entstanden[3], und der Groll der Unterwaldner in bezug auf das Banner Solothurns war mitbestimmend für ihren Widerspruch gegen dessen Aufnahme in den Bund im Jahre 1481.

Die ältesten Obwaldner Banner sind nicht erhalten geblieben. Sie sind jedoch durch die Bilderchroniken von Tschachtlan (1470) und Diebold Schilling (Luzerner Chronik 1513) belegt. Ein im Jahre 1531 von den Bernern im Kappelerkrieg erobertes rot-weißes Banner wird im Bernischen Historischen Museum aufbewahrt.

Durch Bannerbrief vom 28. September 1487 hatte der römische König Maximilian den Obwaldnern das Recht verliehen, in ihrem Banner Bilder vom Gekreuzigten sowie von Maria und Johannes in weißer Farbe zu führen. Nidwalden hatte die gleiche Urkunde erhalten. Ein um diese Darstellung bereichertes Feldzeichen ist nicht oder nicht mehr vorhanden. In einem Landbuch von 1764 ist jedoch ein altes Banner abgebildet, in dem ein kleines Eckquartier mit den im Bannerbrief erwähnten Figuren zu sehen ist. In der Oberecke des mit Bannerprivileg Kardinal Schiners vom 24. Juli 1512 ursprünglich für das gesamte Land Unterwalden verliehenen *Juliusbanners* (Tafel OW/NW-II/1) ist ein reich ausgeführtes Eckquartier mit der vorerwähnten Kreuzigungsgruppe, vermehrt um die Passionswerkzeuge, angebracht. In der Mitte des oberen roten Teiles steht der heilige Petrus, der Landespatron, der in seiner Linken zwei silberne Schlüssel mit goldenem Griff hält.

Das Obwaldner *Fähnlein* war ebenfalls von Rot und Weiß geteilt, mit dem weißen gemeineidgenössischen Kreuzlein in der oberen roten Hälfte (so bei Diebold Schilling in seiner Luzerner Chronik von 1513). Ein im Bernischen Historischen Museum aufbewahrtes Fähnlein, das die Berner im zweiten Villmerger Krieg 1512 eroberten, zeigt hingegen im roten Teil des rechteckigen Fähnleins ein schmales durchgehendes Kreuz, ebenso die Zeichnung eines dreieckigen Fähnleins im bereits erwähnten Landbuch von 1764.

ANMERKUNG

[b] «Da Obwalden aus sechs Pfarreien bestand (Sarnen, Sachseln, Alpnach, Kerns, Lungern, Giswil), Nidwalden nur aus zweien (Stans und Buochs), welche allerdings die meisten obwaldnerischen an Größe und Bevölkerungszahl übertrafen, so beanspruchte und behauptete Obwalden, in eidgenössischen Fragen als zwei Drittel des Landes zu gelten. Ob- und Nidwalden bildeten somit keineswegs je einen «halben» Stand. Nur jedes dritte Mal war es den Nidwaldnern vergönnt, den Landvogt für die Gemeinen Herrschaften zu stellen. Faktisch behauptete Obwalden bis zum Untergang der alten Eidgenossenschaft seine Zweidrittelsstellung.»[2]

Der Kanton Nidwalden

(UNTERWALDEN NID DEM WALD)

KANTONSWAPPEN

In Übereinstimmung mit dem in der zweiten Hälfte des 13. Jahrhunderts entstandenen ersten Landessiegel und mit dem noch erhaltenen Fähnlein aus dem 14. Jahrhundert muß im ersten Nidwaldner Wappen noch ein einfacher Schlüssel – als Attribut des heiligen Petrus – gestanden haben. Wappendarstellungen aus dieser Zeit sind jedoch nicht bekannt.

Die Verwendung des nachgravierten ersten Nidwaldner Siegels mit dem einfachen Schlüssel durch Obwalden bildete höchstwahrscheinlich den Anlaß zu einer Wappenänderung von Seiten Nidwaldens. Mit dem Anfang des 15. Jahrhunderts taucht der zweibärtige Schlüssel auf. Die älteste Darstellung des Doppelschlüssels findet sich in einem noch erhaltenen Banner, das in der Schlacht bei Arbedo getragen und gerettet wurde. Der Erfinder des Doppelschlüssels ist nicht bekannt. Nach der Meinung Ferdinand Niederbergers dürfte «dieser glänzende Einfall doch von Arnold am Stein stammen,

Wappenkomposition Nidwalden/Reich. Buchzeichen des Nidwaldner Bündnisbuches von 1621.

der sich außerordentlich eifrig für die Gleichberechtigungsbestrebungen gegen Obwalden einsetzte und von Kaiser Sigismund im Jahre 1417 ein besonderes Privileg zur rechtlichen Begründung der Selbständigkeit Nidwaldens erlangte.»[1] Möglicherweise wurde die Schaffung dieser typischen und eigenwilligen Wappenfigur durch das Vorbild des Doppeladlers des Reiches beeinflußt.

Der Doppelschlüssel machte zahlreiche stilistische Wandlungen durch. Im Landessiegel von 1944 ist eine gute Darstellung geglückt, die auch Eingang in das Kantonswappen gefunden hat. Der Doppelschlüssel in heraldisch einfacher Form mit kühn geschwungenem Griff füllt den Schild gut aus. Die Barteinschnitte an den vertikalen Seiten zeigen – wie einst im Banner von Arbedo – das schematisch angedeutete «heilig Rych» (Kreuz Christi mit Maria und Johannes). Die Verbindung von geradlinigen und runden Elementen «versinnbildlicht auch den nidwaldnerischen Charakter, der nordische Strenge mit südländischem Schwung vereinigt.»[2]

SIEGEL

Frühestens nach 1252 – am Ende der Zeit, da die Nidwaldner in Ermangelung eines eigenen Siegels das ihrer Eidgenossen von Luzern benützten –, jedoch vor dem Monat August 1291, haben sich die «Pfarrangehörigen in Stans und Buochs» ihr erstes Landessiegel mit dem einfachen Schlüssel, dem Attribut des heiligen Petrus, zugelegt. Wir haben im Kapitel Obwalden bereits erwähnt, daß die ursprüngliche Inschrift ergänzt wurde und der Siegelstempel an Obwalden überging.

In dem für eine Urkunde von 1363 verwendeten zweiten Siegel – mit dem zweifellos bereits eine solche von 1344 bekräftigt wurde – steht der Stanser Kirchenpatron Sankt Petrus mit einem großen, einfachen, aufrechtgehaltenen Schlüssel in der rechten und dem Evangelium in der linken Hand. Die Inschrift lautet: S. VNIVERSITATIS HOHINV DE STANS ET I BVCHS (Siegel der Gesamtheit der Leute von Stans und in Buochs). Auch im verlorenen Siegelstempel von 1557 befand

OBWALDEN

Kantonswappen
Geteilt von Rot und Silber, mit einem Schlüssel in gewechselten Tinkturen.

Kantonsfarben
Rot und Weiß.

Kantonsfahne
Geteilt von Rot und Weiß, mit einem Schlüssel in gewechselten Farben.
Der Schlüsselbart muß der Fahnenstange zugewendet sein.

Gemeindewappen

SARNEN (Kantonshauptort)
In Rot ein silbernes Hirschgeweih mit Grind, das einen sechsstrahligen silbernen Stern umschließt.

ENGELBERG
In Rot, auf grünem Dreiberg, ein silbern gewandeter Engel mit silbernen Flügeln, der in der Rechten drei grünbestielte silberne Rosen und in der Linken ein goldenes Lilienzepter hält.

SACHSELN
In Gelb, auf drei blauen Felsen, ein schreitender schwarzer Steinbock mit roter Zunge.

NIDWALDEN

Kantonswappen
In Rot ein silberner Doppelschlüssel.

Kantonsfarben
Rot und Weiß.

Kantonsfahne
In Rot ein weißer Doppelschlüssel.

Gemeindewappen

STANS (Kantonshauptort)
In Rot ein aufgerichteter, von Schwarz und Gold geteilter Steinbock.

BUOCHS
Im Wolkenschnitt geteilt von Silber und Blau.

HERGISWIL
In Blau, auf goldenem Dreiberg, eine stehende silberne Gemse, am linken Obereck begleitet von einem goldenen gotischen Buchstaben h.

OBWALDEN/OBWALD
NIDWALDEN/NIDWALD

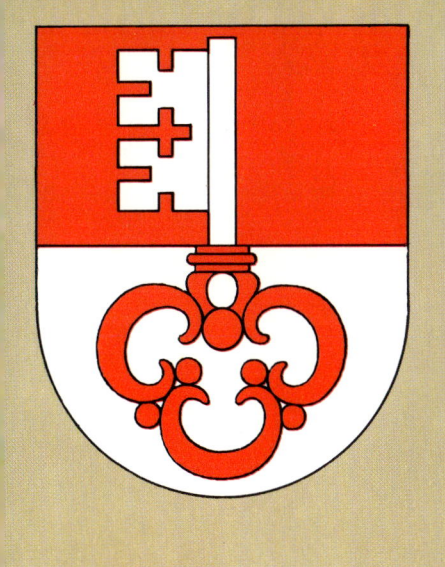

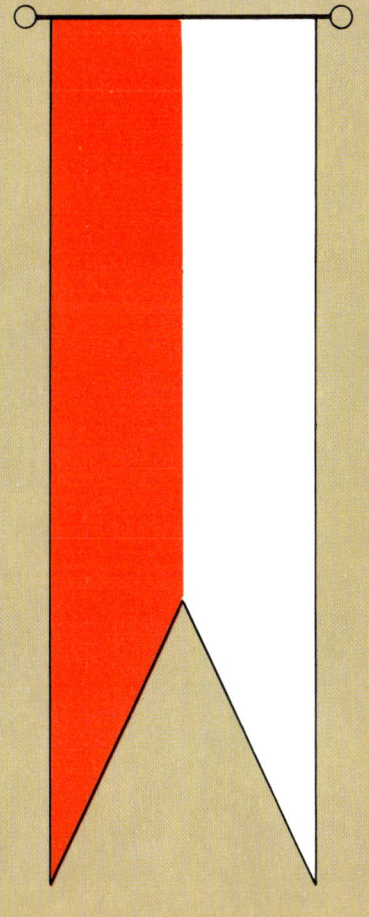

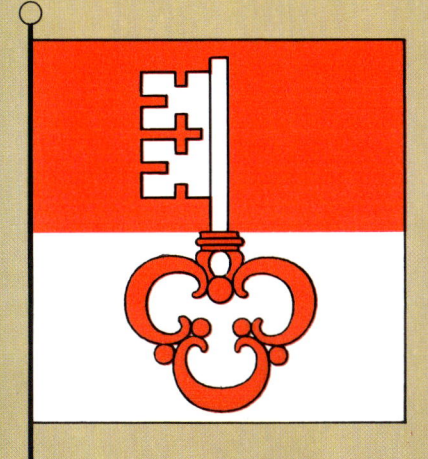

OW/NW-I/1: Standesscheibe des Landes Unterwalden, 1606, von Christoph Murer.

SARNEN

STANS

ENGELBERG

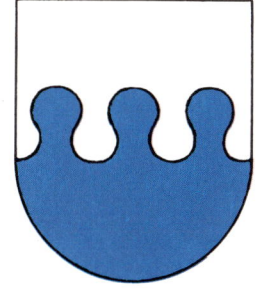

BUOCHS

SACHSELN

HERGISWIL

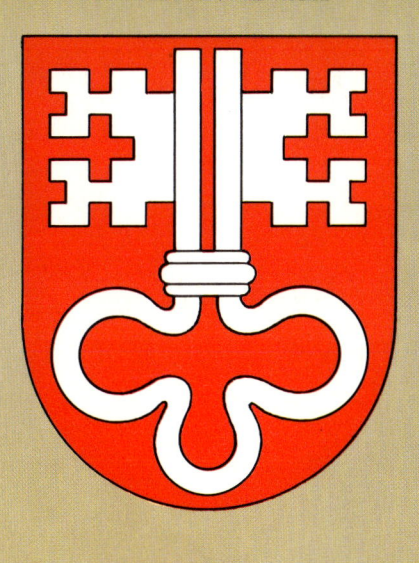

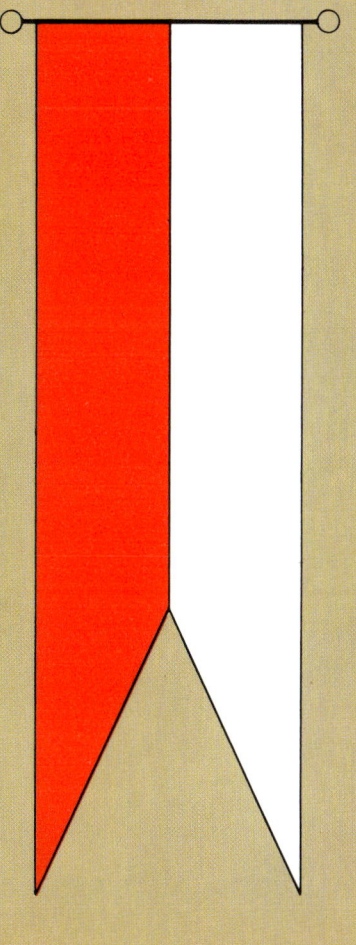

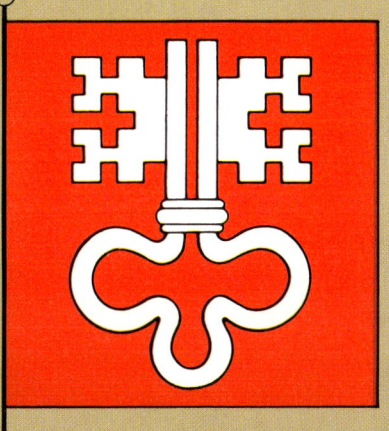

OW/NW-II/1: Juliusbanner von Obwalden, 1512.

OW/NW-II/2: Nidwaldner Banner, dem Lande geschenkt von Landammann und Bannerherr Johannes Waser, 1601.

Nidwaldner Landessiegel mit Sankt Petrus, um die Mitte des 14. Jahrhunderts.

sich die Standfigur des Heiligen, ebenso im Eisenstempel von 1806. Im Siegel von 1711 sind hingegen zwei einander zugeneigte Nidwaldner Wappen unter dem gekrönten Reichsschild zwischen zwei Löwen zu sehen. Im 1944 angefertigten heutigen Landessiegel erscheint der Doppelschlüssel in seiner neuen eleganten Form. Der erste Siegelabdruck hängt an der 1947 ausgestellten Urkunde des Landes Nidwalden für Papst Pius XII. zur Kanonisation des Friedensstifters von Stans, Nikolaus von der Flüe, auch Bruder Klaus genannt.

KANTONSFAHNE

Ein Dokument von höchster Bedeutung für das Studium der Nidwaldner Fahnengeschichte ist das Nidwaldner Archivinventar von 1740. Die noch erhaltenen Feldzeichen werden im Rathaus von Stans aufbewahrt.

Das älteste, der Nachwelt erhalten gebliebene Feldzeichen Nidwaldens ist ein dreieckiges Fähnlein, das nach der Überlieferung bei Sempach (1386) getragen wurde. Es zeigt auf rotem Grund einen einfachen silbernen Schlüssel – analog dem Fahnenbild –, dessen Bart von der Stange abgewendet ist. Es ist das einzige Originalstück mit dem alten Siegel- und Wappenbild.

Das in der Schlacht bei Arbedo 1422 geführte Banner enthält bereits den Doppelschlüssel mit rautenförmigem, mit Knöpfen geschmücktem Handgriff. Eine ähnliche Darstellung zeigt das im alten Zürichkrieg (1437 bis 1446) und in den Burgunderkriegen (1475 bis 1476) getragene Landesbanner, in dem der Schlüssel an der Stangenseite von einem silbernen eidgenössischen Kreuz begleitet ist.

Wie Obwalden wurde auch Nidwalden mit einem Bannerbrief König Maximilians I. vom 28. September 1487 das Recht zugestanden, in sein Feldzeichen ein Bild des Gekreuzigten mit Maria und Johannes einzufügen. Aufgrund dieses Privilegs ließ Nidwalden ein *Landesbanner* mit dem Doppelschlüssel – in ähnlicher Ausführung wie zuvor – und einer an der Oberecke bei der Stange direkt auf das rote Fahnentuch aufgemalten Darstellung der Kreuzigung Christi zwischen Maria und Johannes anfertigen. Unter diesem Feldzeichen kämpften die Nidwaldner – gemäß Archivinventar von 1740 – im Schwabenkrieg (1499) und im Pavierzug (1512). Ein ähnliches Bild zeigte das kostbare Eckquartier in dem von Papst Julius II. persönlich mit Bulle vom 20. Dezember 1512 verliehenen Banner. Der mit Gold- und Silberfäden gestickte Doppelschlüssel, dessen kreisrunder Griff mit einem Vierpaß ausgefüllt und mit drei Pinienäpfeln besetzt war, verriet deutlich den italienischen Stil des *Juliusbanners*. Leider sind Schlüssel und Eckquartier seit 1802 verloren. Erhalten geblieben ist nur das eigentliche Fahnenblatt aus dunkelrotem mailändischem Seidendamast mit einer auf die drei fliegenden Seiten verteilten Randinschrift in goldenen Buchstaben, die auch die uralte Wappensage von der Verleihung des Doppelschlüssels durch Papst Anastasius im 4. Jahrhundert bekräftigt. Einzig eine kolorierte Zeichnung im Stanser Archivinventar von 1740 gibt uns eine blasse Vorstellung von der einstigen Pracht des Nidwaldner Juliusbanners.

Nidwaldner Juliusbanner von 1512. Aquarellierte Zeichnung im Staatsetat von 1740.

Zu Beginn des letzten Drittels des 16. Jahrhunderts schenkte Landammann Johannes Waser, Bannerherr von ca. 1566 bis zu seinem Tode 1610, dem Stand Nidwalden ein Prunkbanner aus schwerstem dunkelrotem Seidendamast mit Doppelschlüssel aus Silber- und Goldbrokat, Zwickelbild (Christus am Kreuz, Maria und Johannes) und reicher ornamentaler Umrandung (Tafel OW/NW-II/2).

Zwei Landesfahnen des 17. Jahrhunderts und eine von 1794 sind ebenfalls erhalten; sie zeigen neben dem Doppelschlüssel das eidgenössische Kreuz in der Oberecke, in der letztgenannten Fahne als Lilienkreuz ausgebildet.

Das älteste Fähnlein Nidwaldens (1386) haben wir bereits erwähnt. Das im Alten Zürichkrieg und in den Burgunderkriegen geführte und noch erhaltene Fähnlein dreieckiger Gestalt aus der Mitte des 15. Jahrhunderts zeigt auf rotem Grund an der Stangenseite den Doppelschlüssel, an der Flugseite begleitet von einem leicht tatzenförmig ausgebildeten silbernen Kreuzchen.

Der Gesamtkanton Unterwalden

KANTONSWAPPEN

Wie bereits im Kapitel «Obwalden» erwähnt, repräsentierte dessen Wappen anfänglich das ganze Land Unterwalden. Der Stand Nidwalden, der diese Tatsache nicht ohne weiteres hinnehmen konnte und wollte, war bestrebt, seinen Gleichberechtigungsanspruch auch heraldisch zu dokumentieren. Dazu bot das um 1500 aufgekommene Kompositionsschema eine willkommene Gelegenheit: in diesem sogenannten Dreipaß kommen zwei gleiche, zueinander geneigte Standesschilde unter dem gekrönten Reichswappen – dem Symbol der Reichsunmittelbarkeit – zur Darstellung. Da Obwalden nicht beide Schilde für sich allein beanspruchen konnte, errang das Nidwaldner Wappen mit dem Doppelschlüssel seinen Platz neben dem rot-weißen Schild Obwaldens. Eine solche Darstellung findet sich auf einer im Schweizerischen Landesmuseum aufbewahrten Standesscheibe um 1505. Der Glasmaler gab wahrscheinlich aus Unkenntnis dem Nidwaldner Schild den Vorrang und setzte ihn auf die heraldisch rechte Seite. Durch die häufige Verwendung der beiden Schilde gewann der Nidwaldner Doppelschlüssel so an Gewicht und Bedeutung, daß es bald undenkbar wurde, in jenen Fällen, da ein einziger Schild zur Verfügung stand, das Obwaldner Wappen weiterhin als Hoheitszeichen des ganzen Landes zu gebrauchen.

So wurde um die Wende zum 17. Jahrhundert für Gesamtunterwalden ein neues Wappenbild geschaffen, das die beiden bestehenden Wappen auf glückliche Weise vereinigte: in das rot-weiße Feld Obwaldens wurde der Doppelschlüssel Nidwaldens in gewechselten Farben gelegt. Dieser heraldisch einwandfreien Darstellung begegnen wir erstmals auf der 1606 den Luzernern zur Einweihung ihres neuen Rathauses geschenkten Standesscheibe aus der Werkstatt des berühmten Zürcher Glasmalers Christoph Murer (1558 bis 1630) (Tafel OW/NW-I/1). Wohl irrtümlich ist die untere Hälfte des Schlüssels weiß anstatt rot ausgeführt worden. Bemerkenswert ist auch die für diese Zeit mehrmals belegte Verschmelzung der beiden Schlüsselröhren zu einer einzigen. Bis zum Untergang der alten Eidgenossenschaft im Jahre 1798 behielt das gemeinsame Wappen überall dort Geltung, wo in *einem* Schild das ganze Land zu repräsentieren war. Nach der Mediation (1803) wurden sowohl dieser Schild als die alten Wappen der beiden Orte wieder eingeführt. Nachdem Nidwalden sich anfänglich geweigert hatte, den Verfassungsentwurf der Tagsatzung anzunehmen, und diese am 17./18. Juli 1815 den Beschluß faßte, den Kantonsteil Ob dem Wald unter dem Namen Unterwalden als dritten Urkanton anzuerkennen, vertrat der alte rot-weiße Schild von Obwalden allein den Gesamtkanton im ersten Bundessiegel von 1815. Als Nidwalden um Wiederaufnahme in den Bund der Eidgenossen bat und die Tagsatzung am 29. August 1815 diesem Gesuch entsprach, stellte sich die Frage der Repräsentanz im Bundessiegel. Es mußte zuerst der Widerstand Obwaldens gebrochen werden, und der damit entfesselte Wappenstreit fand erst durch einen von vier eidgenössischen Schiedsrichtern gefällten und am 12. August 1816 von der Tagsatzung ratifizierten Vergleich ein Ende; es fand keine Verschmelzung, sondern eine Vereinigung der beiden Wappen statt. Dabei griff Obwalden, dessen rot-weiße Schildhälfte neben dem prunkvollen Nidwaldner Schlüssel sich gar bescheiden ausgenommen hätte, auf seinen einfachen Schlüssel zurück, den es vorübergehend schon im 18. Jahrhundert aus dem Siegel ins Wappen aufgenommen hatte. Das Bundessiegel mußte demzufolge abgeändert und das Unterwaldner Wappen, gemäß Vergleich, gespalten von Obwalden und Nidwalden dargestellt werden. (Bei dem in die heraldisch rechte Schildhälfte gestellten Schlüssel Obwaldens wurde der Schlüsselbart irrtümlich nach links gedreht.) Damit war das gemeinsame Landeswappen – als Ausdruck der völligen Gleichberechtigung der beiden Orte – in seiner offiziellen Gestalt festgelegt.

KANTONSFAHNE

Die gemeinsame Fahne zeigt den Obwaldner Schlüssel an der Stangenseite, den Nidwaldner Doppelschlüssel an der Flugseite.

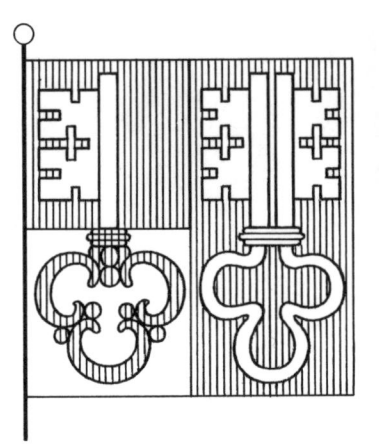

Heutige Fahne von Unterwalden. Sie wird außerhalb des Kantons noch häufig verwendet.

Rechts: Unterwaldner Scheibe mit dem Wappen beider Landesteile, um 1505. Arbeit des Luzerner Malers Oswald Göschel oder aus dessen Werkstatt.

65

Der Kanton Glarus

KANTONSWAPPEN

Glarus führt als einziger Stand der Eidgenossenschaft die Figur eines Heiligen in seinem Schild. Der heilige Fridolin, mit dem Glarus schon den Bundesbrief von 1352 besiegelte und unter dessen Banner die Glarner 1388 bei Näfels ein österreichisches Heer schlugen, soll aus Irland stammen und um das Jahr 500 als Missionar die christliche Lehre verkündet haben. Durch Frankreich zog er über die Vogesen an den Rhein und ließ sich schließlich auf der Rheininsel Säckingen gegenüber Stein (Aargau) nieder. Dem Frauenkloster, das dann auf dieser Insel gegründet wurde, schenkte ein deutscher König – vielleicht war es Ludwig der Deutsche – das Bergland Glarus. Daher wurde auch die Pfarrkirche von Glarus den Heiligen Fridolin und Hilarius geweiht. Lange Zeit war dies die einzige Kirche im Tal der Linth, und so wurde Sankt Fridolin als Schutzheiliger der Kirche von Glarus auch zum Landespatron, dessen Todestag von den Katholiken des Glarnerlandes noch heute als Festtag begangen wird. Am Abend des Fridolinstages brennen auf den Höhen die «Fridlis-Feuer.»

Das Glarner Wappen zeigte von Anfang an das Bild des Landespatrons in Übereinstimmung mit dem Siegel von 1393, eventuell bereits 1352 entstanden, und dem ersten Landesbanner. Für das ausgehende 14. Jahrhundert sind keine Belege vorhanden. Die älteste offizielle Darstellung des Wappens findet sich auf einem im Staatsarchiv zu Glarus aufbewahrten Weibelschild, einem Meisterwerk gotischer Goldschmiedekunst aus dem 15. Jahrhundert (Tafel GL-I/2).

Glarner Wappen aus der Chronik des Konzils zu Konstanz des Ulrich Richental (gedruckte Ausgabe von 1483).

Standesscheibe von Glarus, um 1510.

Eine originelle Darstellung des Glarner Wappens findet sich in der gedruckten Ausgabe von 1483 der Chronik des Konzils zu Konstanz von Ulrich Richental. Die zwischen 1420 und 1430 entstandene Urschrift ist nicht mehr vorhanden, jedoch in neun verschiedenen Handschriften aus dem 15. Jahrhundert überliefert.

In den zahlreichen Glarner Standesscheiben begegnen wir dem heiligen Fridolin in vielerlei Gestalten, dem Schild mit verschiedenen Schildhaltern: unter anderem mit Engeln, Kriegern und Greifen.

In früheren Glasscheiben, Holzschnitten, Bannern, Fahnen, etc. wurde der heilige Fridolin öfter fälschlich als Bischof mit nach außen gewendetem Pedum (Hirtenstab), oder als Abt mit nach innen gewendetem Pedum dargestellt.

Die nach der Zeichnung von Dr. Ludwig Stantz ausgeführte und 1861 im damaligen Ständeratssaal des Bundeshauses in Bern angebrachte Standesscheibe von Glarus zeigt den heiligen Fridolin mit schwarzem Stab, rotem Buch mit Goldschnitt, umgehängter grüner Tasche und schwarzen San-

Kantonswappen
In Rot der nach rechts schreitende, schwarzgewandete Glaubensbote Fridolin, mit dem Beschauer zugewandtem barhäuptigem Kopf mit goldenem Nimbus, in der Rechten einen goldenen Stab, in der Linken ein goldenes Buch haltend.

Kantonsfarben
Rot, Schwarz/Weiß und Rot, wobei der schwarz-weiße Mittelstreifen gleich breit ist wie jeder anliegende rote Streifen. Die Größenverhältnisse in der Farbenflagge sind demnach: Rot 1/3, Schwarz 1/6, Weiß 1/6, Rot 1/3.

Kantonsfahne
In Rot der nach rechts schreitende, schwarzgewandete Glaubensbote Fridolin mit dem Beschauer zugewandtem barhäuptigem Kopf mit gelbem Nimbus, in der Rechten einen gelben Stab, in der Linken ein gelbes Buch haltend.
Beim Hissen der Kantonsfahne ist darauf zu achten, daß der heilige Fridolin gegen die Fahnenstange schreitet.

Gemeindewappen

GLARUS (Kantonshauptort)
In Gold ein stehender schwarzer Steinbock.
Die Gemeinde und der Kanton Glarus führten bis 1939 dasselbe Wappen. Durch Beschluß des Gemeinderates von Glarus vom 6. März 1939 erhielt der Kantonshauptort ein neues Wappen, dem dasjenige des Ende des 14. Jahrhunderts ausgestorbenen Geschlechtes der Ritter von Glarus zugrundeliegt.

MOLLIS
In Blau ein fünfstrahliger silberner Stern.

NÄFELS
In Silber ein schwarzes Boot mit eingehängten goldenen Rudern.

NETSTAL
In Rot ein steigender, goldenbewehrter silberner Widder, links begleitet von drei sechsstrahligen goldenen Sternen.

NIEDERURNEN
Geviert: 1 und 4 in Gold ein schwarzer Schrägbalken, belegt mit drei sechsstrahligen silbernen Sternen, 2 und 3 in Gold ein schräggestellter schwarzer Maueranker.

SCHWANDEN
In Blau ein golden gekrönter und bewehrter silberner Schwan.

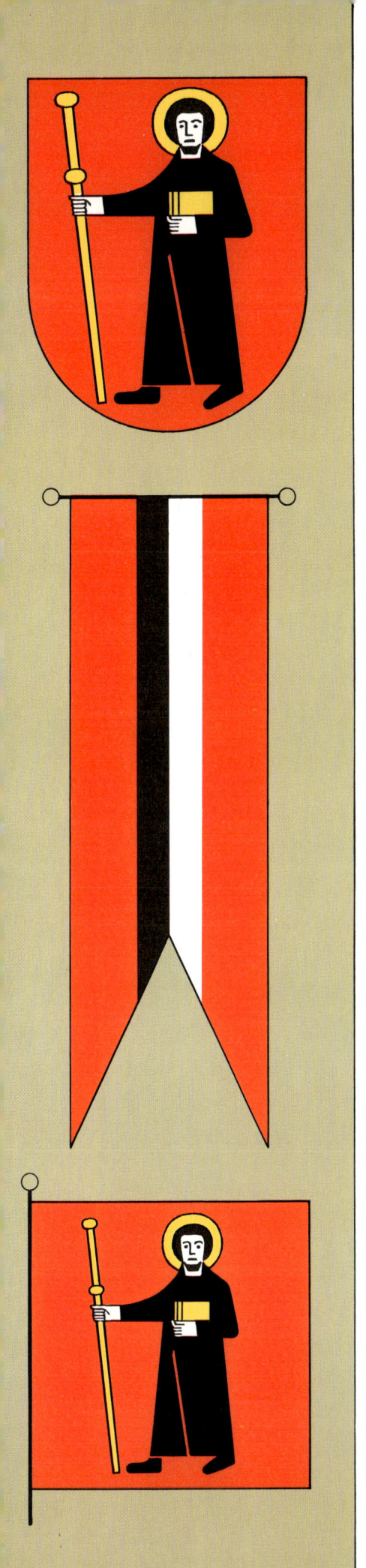

GL-I/1: Glarner Militärfahne, 18. Jahrhundert.

GL-I/2: Weibelschild mit den Standesfarben, 15. Jahrhundert.

GL-I/3: Trommel, 19. Jahrhundert.

GLARUS
GLARIS/GLARONA

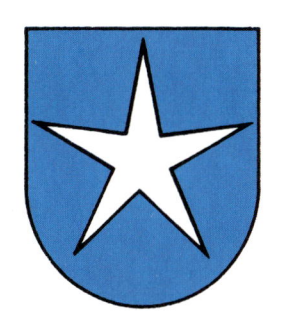

MOLLIS

NÄFELS

NETSTAL

NIEDERURNEN

SCHWANDEN

67

GL-II: Landesbanner von Glarus, getragen bei Näfels, 1388.

Neues Glarner Wappen laut Regierungsratsbeschluß vom 30. Oktober 1941.
Zeichnung von Paul Boesch, Bern.

ANMERKUNGEN

a Ludwig Stantz schreibt: «In der Darstellung des Wappens von Glarus in den Glasgemälden des Ständeratssaales des Bundespalastes wurde, laut Übereinkunft mit der hohen Regierung dieses Standes, von dem Künstler, der zugleich der Verfasser dieser Blätter ist, vorzüglich die Darstellung des Bildes Fridolins auf dem ältesten großen Siegel zum Vorbilde genommen und zu dessen Farben die heraldischen Vorlagen sowohl von den Bannern, als eines ihm besonders zugesandten, zierlichen Miniaturbildes benutzt.»

b Das Glarner Wappen für die Pro Juventute-Briefmarke 1923 (10 Rp.) hatte Münger in anderen Farben gezeichnet: weiße Tasche und weißer Pilgerstab, gelbes Buch und gelbe Sandalen mit ebensolchen Riemen.

c Der vom Regierungsrat des Kantons Glarus erlassene «Beschluß über die Landesfarben und das Landeswappen» vom 2. Februar 1959 (mit Änderung vom 4. April 1972) setzt die Landesfarben und ihre Größenverhältnisse in den Fahnen und Flaggen fest und gibt eine genaue Beschreibung des Wappens. Ferner wird ausgeführt: «Das Kantonswappen darf auf amtlichen Schriftstücken, auf Drucksachen, an Gebäuden, in Fahnen, auf Motorfahrzeugschildern usw. nur in Übereinstimmung mit der im Landesarchiv Glarus aufbewahrten amtlichen Vorlage verwendet werden.»

dalen mit grünen Riemen[a]. Die Zeichnung von Rudolf Münger in der 1931 von der Bundeskanzlei herausgegebenen Broschüre[2] stützt sich weitgehend auf die Darstellung von Stantz, wenigstens in bezug auf die Farbgebung, denn Münger übernahm auch die grüne Tasche[b]. Gerade diese grüne Tingierung wurde oft kritisiert, da hierfür keine historische Begründung besteht[3].

Am 30. Oktober 1941 genehmigte der Regierungsrat des Kantons Glarus einige Farbänderungen: der Stab wurde gelb, die Tasche weiß, die Sandalen gelb mit schwarzen Riemen. Es dürfte sich dabei um die erste amtliche Festlegung des Glarner Wappens handeln. Das geänderte Wappen wurde im Jahrbuch des Historischen Vereins des Kantons Glarus 1941 sowie in der Publikation «Glarner Gemeindewappen»[4] farbig abgedruckt, wobei eine vom bisherigen Schema abweichende, heraldisch und künstlerisch hervorragende Zeichnung entstand. Von Mader[5] wie auch in dem von der Bundeskanzlei zum hundertsten Jahrestag der Bundesverfassung herausgegebenen Werk[6] wurden – unter Beibehaltung der Müngerschen Zeichnung – die Farbänderungen berücksichtigt. Im letztgenannten Buch ist jedoch die Tasche samt Tragriemen irrtümlicherweise in einem Beigeton gedruckt worden.

Durch Regierungsratsbeschluß vom 25. Juni 1959 wurde eine vollkommen neue Wappendarstellung eingeführt. Der damalige Landesarchivar Dr. Jakob Winteler-Marty schrieb dazu: «Die Zeichnung stammt vom Grafiker Ernst Keller in Zürich und ist nach der heutigen Kunstauffassung stark stilisiert, welcher Grundsatz übrigens in der guten Heraldik stets erstes Gebot war. Die Weglassung alles Nebensächlichen, aller Details, erhöht die Fernwirkung.»[7]

Beim Fridolin im neuen Gewand sind – abgesehen von der modernen Zeichnung – wichtige Änderungen zu vermerken: Hut und Tasche sind verschwunden, die Sandalen durch Schuhe ersetzt, das Buch ist golden tingiert[c]. Wir müßen allerdings beanstanden, daß Gesicht und Hände, die früher in natürlicher Farbe waren, weiß tingiert sein sollen. Der Heilige mit seinem kreideweißen Gesicht und ebensolchen (oder etwa weiß behandschuhten?) Händen sieht unserer Meinung nach etwas unnatürlich aus.

SIEGEL

Das erste Landessiegel hängt an drei verschiedenen Urkunden (1289, 1315 und 1318) und zeigt in Mandorlaform die heilige Maria mit dem Christuskind und einem Baldachin, darunter einen betenden Kleriker.

Als Vorbild für die späteren Siegel mag dasjenige des Kirchherrn von Glarus, Heinrich, an einer Urkunde des Klosters Töss vom 2. Juli 1277 gedient haben, das auch den heiligen Fridolin zeigt. Er erscheint im zweiten Landessiegel, mit dem Glarus am 10. Juli 1393 den Sempacherbrief besiegelte, und das spätestens mit dem Beitritt des Landes zum ersten Bund von 1352 entstanden sein dürfte. Der Landespatron ist darin ohne Kopfbedeckung zu sehen, den Pilgerstab in der linken, das Evangelienbuch in der rechten Hand haltend, das Bündel über die linke Schulter umgehängt. Die Umschrift lautet: +S. COMMVNITATIS VALLIS GLARONE (Siegel der Gemeinde des Tales von Glarus). Seither weist jedes der in den nachfolgenden 500 Jahren verwendeten Siegel die Gestalt des heiligen Fridolin auf, die entsprechend dem Zeitgeschmack verschiedene stilistische Wandlungsphasen durchlief.

KANTONSFAHNE

Über die Glarner Fahnengeschichte sind wir durch das Fahnenbuch von Durrer[8] bestens orientiert. Sechs alte *Landesbanner* sind noch erhalten. Das älteste wurde nach der Tradition in der Schlacht bei Näfels (1388) getragen (Tafel GL-II). In diesem hochrechteckigen Feldzeichen steht auf rotem Grund der Landesheilige als Pilger, mit umgehängter blaßroter Tasche, schwarzer Benediktinerkutte und barettartigem schwarzem Hut; in der Rechten hält er einen gelben Pilgerstab, in der Linken ein gelbes Buch. Die gelöste, schwungvolle Haltung des heiligen Fridolin erinnert an die Darstellung im Landessiegel von 1352.

Im zweiten Banner aus der Zeit des alten Zürichkrieges (1437 bis 1446) ist der Landespatron mit einem prächtigen spätgotischen Abtstab dargestellt. Das *Juliusbanner* von 1512 zeigt Fridolin mit goldenem Nimbus, Gewand und Pedum, umgehängter silberner Tasche und einem roten Brevier in der Rechten, im Eckquartier die Auferstehung des Heilands. In der Gebrauchskopie des Juliusbanners, die auf dem Grab der Auferstehungsszene die Jahreszahl 1513 aufweist, dürfte das Bild Fridolins um 1550 ersetzt worden sein, da es dem Siegelbild von 1549 entspricht.

69

In dem in Luzern aufbewahrten Banner, das beim Bundesschwur von 1578 im Wallis getragen wurde, ist der Landesheilige immer noch mit dem Abtstab dargestellt. Erst in dem aus dem 17. Jahrhundert stammenden Banner, das die Glarner 1798 im Kampf gegen die Franzosen anführte, erscheint der heilige Fridolin wieder als Pilger mit dem einfachen Stab.

Mit Ausnahme des Banners von 1578 weisen sämtliche Glarner Feldzeichen am oberen Rand einen weißen «Schwenkel» auf, der jedoch ausnahmslos nicht über die Breitseite des Fahnentuches hinausragt und somit einem heraldischen «Schildhaupt» gleicht. Fünf *Fähnlein* sind erhalten geblieben. Das erste aus der zweiten Hälfte des 15. Jahrhunderts und das zweite vom Ende des 15. Jahrhunderts, das in Marignano wehte, sind dem Banner nachgebildet und zeigen den heiligen Fridolin und den weißen Schwenkel (beim ersten Fähnlein ausnahmsweise nicht verkürzt), ebenso zwei Fähnlein aus dem Anfang des 16. Jahrhunderts. Das in der Schlacht bei Novara 1513 geführte Fähnlein ist rot mit kurzem weißem Schwenkel und trägt, als einzig erhaltenes Glarner Feldzeichen ohne Fridolinsfigur, lediglich das weiße eidgenössische Kreuzchen.

Drei geflammte *Militärfahnen* des 18. Jahrhunderts werden in Näfels aufbewahrt. In den durch das durchgehende weiße Kreuz gebildeten vier Feldern ist die Farbenreihenfolge der radial und symmetrisch angeordneten Flammen: rot-schwarz-weiß-rot-weiß-schwarz-rot. In der Mitte des Kreuzes der ältesten dieser Fahnen aus der ersten Hälfte des 18. Jahrhunderts wurde nachträglich ein sechsstrahliger, schwarz-rot umsäumter goldener Stern aufgenäht. Auch die beiden anderen Feldzeichen sind in der Kreuzmitte mit einem Emblem geschmückt. In einer dieser Fahnen stehen, in Gold gemalt – zum Teil schwarz, zum Teil rot konturiert –, die Buchstaben CTG (Abkürzung für «Canton Glarus»), die Jahreszahl 1770 und ein sechsstrahliger Stern, das Ganze von einem Vielpaß umrahmt. In der Mitte der dritten Fahne prangt das mit einer goldenen Umrandung geschmückte Landeswappen, darin St. Fridolin mit Krummstab (Tafel GL-I/1).

Von den Feldzeichen der Zuzüger von 1792 sind uns zwei Darstellungen bekannt, die eine mit dem heraldischen Banner samt Schwenkel, während die andere eine rote Fahne mit einem schmalen horizontalen Streifen in den Farben Schwarz und Weiß zeigt. In dieser Fahne – der einzigen dieser Art – sind die Kantonsfarben grundsätzlich, wenn auch in anderen Proportionen, in der Weise dargestellt, wie sie für die heutigen Farbenflaggen üblich ist.

Die noch erhaltene Bataillonsfahne von 1812 ist rot mit schmalem, durchgehendem weißem Kreuz und zeigt in jedem Feld in den Diagonalen nur noch eine einzige, zweifarbige Flamme (im Uhrzeigersinn: schwarz-weiß, weiß-schwarz, schwarz-weiß, weiß-schwarz). Das in der Kreuzmitte angebrachte Glarner Wappen mit dem einen Krummstab haltenden Fridolin trägt die Jahreszahl 1812.

In der Bataillonsfahne von 1815 – rot mit durchgehendem weißem Kreuz – sind keine Flammen mehr zu sehen, jedoch, auf einem braunen Liktorenbündel mit Bändern in den eidgenössischen Farben, zwei einander zugeneigte Schilde mit den Wappen von Glarus und Schaffhausen, umrahmt von einem Lorbeer- und einem Eichenzweig. Dieses Feldzeichen führte das aus zwei Glarner und zwei Schaffhauser Kompanien gebildete Bataillon an, das am 16. August 1815 unter dem Befehl von Oberleutnant Thomas Lagler die Festung Hüningen belagerte[9].

KANTONSFARBEN

Der im Abschnitt «Kantonswappen» bereits erwähnte Weibelschild aus dem 15. Jahrhundert (Tafel GL-I/2) bildet die historische Grundlage für die Landesfarben. In diesem Schild ist über dem Glarnerwappen ein Engel zu sehen, der einen kleinen Schild hält: in Rot ein von Schwarz und Weiß gespaltener Pfahl. Dieses Schildchen – nach einem Gutachten des Schweizerischen Landesmuseums eine spätere Zutat, die frühestens um die Mitte des 16. Jahrhunderts entstanden sein dürfte – gibt uns den ersten bekannten Hinweis auf die Landesfarben sowie deren Reihenfolge und Breitenverhältnis[10]. Als der kleine Schild geschaffen wurde, ließ man sich offenbar von der Absicht leiten, eine vereinfachte Darstellung des Landeswappens zu kreieren, wobei der schwarz-weiße Pfahl die Figur des Heiligen überall dort zu ersetzen hatte, wo man sie aus irgendeinem Grunde, etwa aus Platzgründen, nicht anbringen konnte.

Wie wir gesehen haben, waren die Militärfahnen seit dem 18. Jahrhundert in den Landesfarben gehalten, ebenso die Trommeln (Tafel GL-I/3).

Großes Landessiegel von Glarus, Mitte des 16. Jahrhunderts. Der heilige Fridolin trägt ein Barett auf dem Haupt und hält Evangelienbuch und Pilgerstab in den Händen.

Glarner Bataillonsfahne von 1812.

Der Kanton Zug

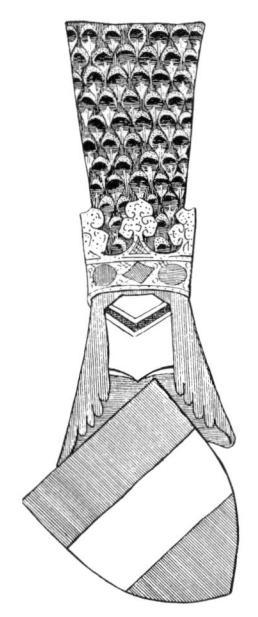

Wappen der Herzöge von Österreich, nach dem Wappenbuch von Gelre (letztes Drittel des 14. Jahrhunderts).

Wappen der Stadt Zug.

ANMERKUNGEN

[a] Die in der Literatur immer wieder verwendete Bezeichnung «Querbalken» entspricht nicht dem richtigen heraldischen Fachausdruck. In der Heraldik beinhaltet der Ausdruck «Balken» bereits die Querstellung.

[b] Das Zürcher Städtchen Elgg und die aargauischen Städte Mellingen und Zofingen führen ebenfalls das durch Beifügung weiterer Figuren bzw. Schildteilungen veränderte österreichische Wappen.

KANTONSWAPPEN

Der Schild mit dem Balken[a] ist bereits im ersten Siegel der Stadt Zug zu sehen, dessen ältester Abdruck auf das Jahr 1319 zurückgeht. Die weiß-blauen Seidenschnüre, an denen das erstmals 1370 nachgewiesene zweite Siegel hängt, geben den ersten sicheren Hinweis für die Wappenfarben.

Das Zuger Wappen dürfte von dem seiner letzten Herren, der Herzöge von Österreich, abgeleitet sein, die in Rot einen silbernen Balken führten. Nachdem das Gebiet der Stadt Zug ursprünglich einen Hof der Reichsgrafen von Lenzburg gebildet hatte, gelangte es nach ihrem Aussterben 1173 an die Kyburger und 1264 an Rudolf von Habsburg; nach dessen Einsetzung als Herzog von Österreich im Jahre 1282 wurde auch Zug österreichisch und blieb es bis zum Eintritt in den Bund der Eidgenossen im Juni 1352 (sowie vorübergehend noch von September 1352 bis 1365). Zug führte damit – vermutlich aufgrund einer Verleihung – den österreichischen Schild in veränderten Farben[b]. Über die Gründe, die zur Annahme der Farben Weiß und Blau führten, können nur Vermutungen ausgesprochen werden. Es ist durchaus möglich, daß diese Farben in Anlehnung an die mutmaßlichen Bannerfarben der ersten Herren von Zug, der Grafen von Lenzburg, gewählt wurden. Die Stadt Lenzburg führt diese Farben; vgl. das Stadtwappen im Kapitel «Aargau».

Seit dem 15. Jahrhundert sind mehrere Darstellungen des Zuger Wappens bekannt. Im oberen Fries des im Schweizerischen Landesmuseum aufbewahrten Chorgestühls von St. Wolfgang (um 1486) zeigt ein Engel mit ausgebreiteten Flügeln den Zuger Schild, ein Werk von Ulrich Rosenstain, einem Künstler aus Lachen. Dem gleichen Meister wird das sandsteinerne Sakramentshäuschen der St. Oswaldskirche (um 1486–96, früher in der Kirche St. Wolfgang) zugeschrieben, in dessen oberem Teil ein Engel zwei Zugerwappen hält. Von demselben Künstler dürfte auch das an der Seeseite des Zytturms (früher ebenfalls in der St. Oswaldskirche) angebrachte Wappenrelief (Tafel ZG-I/2) stammen, in dem wiederum ein Engel den Zuger Schild hält. An der oberen Seite des Torbogens des Zytturms (bis 1901 am Oberwilertor) ist ein weiteres Wappenrelief von einem unbekannten Meister zu sehen, das die Jahreszahl 1519 trägt und die damals so beliebte Dreipaßdarstellung (zweifaches Standeswappen unter dem gekrönten Reichsschild) zeigt; als Schildhalter dienen zwei Löwen. Derselbe Steinhauer schuf das am Stadtarchiv angebrachte Wappenrelief in ähnlicher Komposition[1].

Bedeutend zahlreicher sind die Darstellungen des Zuger Wappens auf den Standesscheiben, von denen rund 60 bekannt sind und die älteste – vom bekannten Zürcher Glasmaler Lukas Zeiner für den Tagsatzungssaal zu Baden geschaffen – vom Jahre 1501 datiert. Eine prachtvolle Standesschei-

Standesscheibe von Zug um 1505.

be von hohem künstlerischem Niveau (Tafel ZG-II), die Carl von Egeri im Jahre 1557 im Renaissance-Stil schuf, können wir im Kreuzgang des ehemaligen Klosters von Muri AG bewundern[2]. Beim Bannerträger, der uns durch seine vornehme Erscheinung beeindruckt, dürfte es sich um ein Porträt des damaligen Zuger Bannerherrn Wolfgang Kolin handeln. Bei all diesen Standesscheiben ist es von besonderem Interesse, die verschiedenen Schildhalter zu betrachten, deren Gestaltung die künstlerische Fähigkeit der Glasmaler wie auch den Geschmack der Zeit verrät. Als Schildhalter dienen die beiden Kirchenpatrone St. Michael und St. Oswald, Engel, Bannerträger, Krieger mit Hellebarden, wilde Männer oder Löwen.

SIEGEL

In Ermangelung eines eigenen Siegels bediente sich der Stand Zug (ursprünglich «Stadt Zug mit dem äussern Amt» benannt) anfänglich des Siegels der Stadt.
Im ersten Siegel, 1319, läßt sich schon das Wappen mit dem Balken erkennen, innerhalb der Umschrift S VNIVERSITATIS DE ZVGE

Erstes Siegel von Zug, 1319.

(Siegel des Gemeinwesens von Zug). Im zweiten Siegel von 1370 begegnen wir dem gleichen Wappen mit etwas reicherer Verzierung. Ein eigentliches Standessiegel wurde erst 1552 verwendet. Es trägt die Inschrift SIGILLVM VNIVERSITATIS DI ZVGE. die im folgenden, erstmals 1580 verwendeten Siegel – offenbar in Anlehnung an den Schiedsspruch von 1404 – in SIGILLVM CIVITATIS ET COMMVNITATIS CONTONIS ZVGINI (Siegel der Bürgerschaft und der Gemeinde des Kantons Zug) geändert wurde. Sämtliche Siegel – es sind seit 1319 im Verlauf der Zuger Geschichte deren zwölf verwendet worden – zeigen stets den Balkenschild.
Im letzten Drittel des 18. Jahrhundert treten erstmals Schildhalter in Erscheinung: zwei Löwen im Siegel von 1767, ein Krieger (im Stile des helvetischen Wilhelm Tell) mit Zweihänder in den Siegeln von 1826 und 1884, wiederum zwei Löwen im silbernen Stempel von 1947, in dessen Mitte zudem der heilige Michael hinter dem Schild steht.

KANTONSFAHNE

Vermutlich bekam Zug bereits zu Beginn des 14. Jahrhunderts – das erste Siegel datiert von 1319 – sein eigenes Banner mit dem Balken. Leider sind keine Zuger Standesbanner aus dem 14. und 15. Jahrhundert erhalten geblieben.
Nachdem König Wenzel im Jahre 1379 der Stadt und dem Amt einen eigenen Gerichtsstand verliehen hatte, erwarb die Stadt 1400 für sich und das Amt den Blutbann. Das Amt betrachtete dies als eine Beeinträchtigung seiner politischen und rechtlichen Gleichstellung mit der Stadt und stellte das Begehren, Banner, Siegel und Archiv des gesamten Standes in seine Obhut nehmen und in einer Landgemeinde aufbewahren zu dürfen. Die Stadt wies dieses Begehren zurück und rief die Intervention der fünf eidgenössischen Orte herbei. Von diesen ergriff nur Schwyz Partei für das Amt und nahm kurzerhand die Stadt ein, ohne auf großen Widerstand zu stoßen. Als die Kunde dieses Handstreichs sich rasch in allen Orten verbreitet hatte, zogen sie mit rund 10000 Mann aus. Die Luzerner nahmen die Stadt, als die Schwyzer schliefen, wieder ein. Das äußere Amt von Zug und der Stand Schwyz mußten sich darauf dem eidgenössischen Schiedsspruch fügen. Banner, Siegel und Archiv blieben in der Stadt; doch sicherte der Rechtsspruch vom 17. November 1404 allen Bürgern in Stadt und Amt gleiches Wahlrecht und damit die politische Gleichberechtigung. Aus diesem Streit geht deutlich hervor, welche Bedeutung damals den Hoheitszeichen eines Standes beigemessen wurde.
In der Schlacht bei Arbedo 1422 forderte die Rettung des Zuger Banners einen hohen Blutzoll. Der Ammann und Bannerherr von Zug, Peter Kolin, wurde tödlich verwundet, konnte jedoch das Banner noch seinen Söhnen, die mit ihm kämpften, übergeben. Rudolf Kolin hob es wieder empor, doch fiel auch er. Sein Bruder Hans nahm seinen Platz ein und ergriff das Feldzeichen. In dem wilden Handgemenge, das alsdann beim Durchbruch der Eidgenossen entstand, wurde auch Hans Kolin von den feindlichen Waffen tödlich getroffen. Fallend deckte er noch das Banner seiner Heimatstadt mit seinem Leibe, worauf Johann Landtwing es ergreifen und nach Zug zurückbringen konnte. Seit jenen ruhmreichen Taten erhielt die Familie Kolin das Recht, das Zuger Banner zu tragen[3]. Auch das in Arbedo getragene und auf derart heldenhafte Weise gerettete Feldzeichen ist nicht erhalten geblieben. Vermutlich haben es die Franzosen bei der Ausräumung des Zuger Zeughauses im Jahre 1798 – falls es damals noch vorhanden war – mit den übrigen Bannern mitgenommen.
Die älteste noch erhaltene Zuger Fahne ist kein Standesbanner: sie führte die Freischärler – Zuger und weitere Gesellen aus der Innerschweiz – an, die im Februar 1477 zu einem eigenmächtigen Kriegszug in die

Kantonswappen
In Silber ein blauer Balken.

Kantonsfarben
Weiß-Blau-Weiß.

Kantonsfahne
In Weiß ein blauer Balken.
Die Fahne muß so gehißt bzw. befestigt werden, daß der blaue Balken mit der Fahnenstange einen rechten Winkel bildet.

Gemeindewappen

STADT ZUG
In Silber ein blauer Balken. Auf dem Schild ruht eine goldene Mauerkrone.
Das Stadtwappen ist seinerzeit unverändert vom Kanton übernommen worden, weshalb beide Wappen identisch sind. Als Unterscheidungsmerkmal führt die Stadt seit etwa 1910 eine Mauerkrone.

BAAR
Gespalten von Gold mit schwarzem Turm und von Blau mit silbernem Patriarchenkreuz mit fünf Kugelenden.

CHAM
In Silber ein aufrechter roter Bär.

MENZINGEN
In Silber, auf grünem Dreiberg, drei grüne Tannen.

OBERÄGERI
In Silber, auf einem – Wasser darstellenden – blauen Schildfuß ein rotes Boot, gerudert von den darin stehenden, schwarzgewandeten und goldnimbierten Aposteln Petrus und Paulus, jeder ein rotes Ruder haltend.

RISCH
In Gold, auf grünem Boden, ein grüner Kastanienbaum mit roten Früchten und einem rechtsseitig ansteigenden roten Luchs.

STEINHAUSEN
In Silber, auf grünem Dreiberg, ein springender schwarzer Steinbock mit roter Zunge.

Regierungsratssiegel des Kantons Zug, 1947.

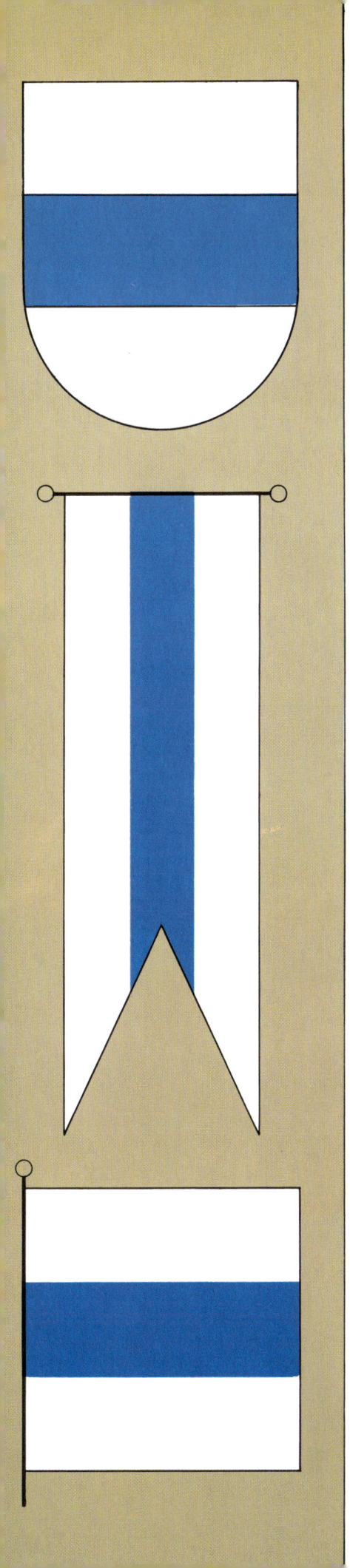

ZG-I/2: Wappenrelief an der Seeseite des Zytturmes in Zug mit zwei von einem Engel gehaltenen Zuger Wappen, Ende des 15. Jahrhunderts.

ZG-I/1: Lindenbrunnen in Zug mit Bannerherr (wahrscheinlich Peter Kolin), 1541.

BAAR

CHAM

MENZINGEN

OBERÄGERI

RISCH

STEINHAUSEN

74

Westschweiz aufbrachen, um nach den Burgunderkriegen ausstehende Kriegsgelder einzutreiben. Diese Freischärler nannten sich das «torechtig Leben» (torechte Leben) und führten als Feldzeichen das sogenannte «Saubanner» mit sich, nach dem dieser Beutezug seinen Namen «Saubannerzug» herleitet. Auf diesem Banner ist ein Hanswurst dargestellt, der mit einem Kolben eine Sau mit ihren Ferkeln treibt und ihnen Eicheln vorwirft. In der Oberecke zeigt das «Feldzeichen» das Zuger Wappen, dazu einen Schild mit einem Kissen (vermutlich das Wappen von Küssnacht am Rigi) und einen dritten mit einem Metzgerbeil. Letzteres führte ursprünglich die Familie Wickart im Wappen, in deren Obhut sich das Banner längere Zeit befand. Mehrere Vertreter dieses Geschlechtes gehörten der eigentümlichen Gesellschaft an, die sich «der große, gewaltige und unüberwindliche Rat der Stadt Zug» nannte und das Saubanner als seine Fahne angenommen hatte.

Im Jahr 1509 erteilte Papst Julius II. den Zugern mit Breve (kurzem päpstlichem Schreiben) die Erlaubnis, in ihrem Banner die Pietà, das Bild der Gottesmutter mit dem Leichnam Christi auf dem Schoß, zu führen. Das 1512 verliehene *Juliusbanner* zeigte zusätzlich die trauernden Jünger und Frauen. Leider sind weder Banner noch Bannerbrief der Nachwelt erhalten geblieben, und wir müssen mit den Darstellungen auf dem Zürcher Holzschnitt (vgl. Abb. auf Seite 8) und auf der Standesscheibe von 1552, (darin das Eckquartier nur mit der 1509 konzedierten Pietà) Vorlieb nehmen.

Auch das auf der Standesscheibe von 1557 von Carl von Egeri (Tafel ZG-II) dargestellte Banner zeigt ein Eckquartier, das dem vom Juliusbanner nachgebildet ist.

Als Beutestücke aus der zweiten Schlacht bei Villmergen 1712 werden in Bern drei Zuger Fahnen aufbewahrt. Sie sind weiß mit blauem Balken, auf dem bei zwei dieser Feldzeichen ein schwebendes weißes Kreuz aufgenäht ist. Aus dem 18. Jahrhundert werden in Zug eine Fahne ohne und in Lenzburg eine solche mit Kreuz aufbewahrt. Auch die Fahne, die der Zuzüger von 1792 trägt, zeigt das kleine eidgenössische Kreuz. Eine einzige weiß-blau geflammte Fahne aus dem Ende des 18. Jahrhunderts ist noch vorhanden.

Saubanner der Zuger Freischärler, 1477.

Zuzüger (Fähnrich) des Kantons Zug bei der Grenzbesetzung in Basel, 1792. Kolorierter Stich von M. Engelbrecht.

FARBTAFEL

ZG-II: Standesscheibe von Zug, 1557, im Kreuzgang des ehemaligen Klosters Muri AG. Links ein Hauptmann, auf dessen Feldbinde kleine eidgenössische Kreuze zu sehen sind. Rechts der Zuger Bannerherr Wolfgang Kolin. Das Eckquartier des Banners zeigt die Beweinung Christi unter dem Kreuz. Arbeit des Zürcher Glasmalers Carl von Egeri.

Der Kanton Freiburg

KANTONSWAPPEN

Das Freiburger Wappen ist aus dem Banner hervorgegangen. Als Freiburg 1477 von seinem Untertanenverhältnis zu Savoyen erlöst wurde, mußten sämtliche Savoyer Kreuze auf Befehl der Obrigkeit von den Stadttoren entfernt und durch den zweifachen, schwarz-weiß geteilten Schild, überhöht vom Reichswappen, ersetzt werden. Diese Darstellung finden wir auf einer schönen Standesscheibe von 1478. Das schwarz-weiße Wappen schmückt auch die Hülle einer Rechnung des Freiburger Schatzamtes aus dem Jahre 1493. Im 16. Jahrhundert liefern zahlreiche Dokumente, insbesondere die Standesscheiben, den Beweis für die Weiterführung dieses Wappens.

Erst zu Beginn des 17. Jahrhunderts tritt neben dem herkömmlichen schwarz-weißen Schild ein dem Stadtsiegel nachgebildetes zweites Wappen auf: in Blau drei aneinander gebaute, links abfallende, silberne Zinnentürme, überhöht von einem schwarzen Adler. Diese Neuerung ist eine Erfindung des Kupferstechers Martinus Martini, der in einer seinen Stadtplan von 1606 schmückenden Kartusche das althergebrachte Wappen und das «heraldisierte» Siegelbild in einem gevierten Schild vereinigt; ein auf die Vierung gelegter Herzschild enthält das angebliche Wappen des Adelsgeschlechtes, dem der Stadtgründer angehörte, nämlich der Herzöge von Zähringen: in Rot ein goldener Löwe (das richtige Wappen war jedoch: in Gold ein roter Adler. Vgl. das Kapitel «Kanton Bern»). Die drei Helmkleinode zeigen – von heraldisch rechts nach links – die Pelzkugel der Fürstenberger (Nachfolger der Zähringer), den kaiserlichen Doppeladler und die drei Türme der Wappenfelder 2 und 3. Dieses der damaligen Prunksucht in den Wappendarstellungen zuzuschreibende Hoheitszeichen lebte in dieser Form rund 200 Jahre fort, ohne jedoch den einfachen, von Schwarz und Silber geteilten Schild ganz zu verdrängen, der immer wieder allein Verwendung fand.

Aufgrund der aus der Mediationsakte von 1803 hervorgegangenen Verfassung erfolgte die rechtliche Trennung von Kanton und Stadt Freiburg. Dabei brachte die Teilung von Grundbesitz und Vermögen der alten Republik auch eine Teilung des gevierten Wappens martinischer Prägung: der von Schwarz und Silber geteilte Schild wurde dem Kanton, das Wappen mit den Türmen der Stadt zugewiesen.

Nachdem das Kantonswappen rund 130 Jahre lang mit den verschiedensten Schildformen und allen möglichen und unmöglichen Beizeichen (Kronen, Tellenhüten, Schwertern, Lorbeer- und Eichenzweigen) geschmückt worden war, beschloß die Kantonsregierung im Jahre 1932, ein einheitliches Muster für die Verwaltungen und die amtlichen Veröffentlichungen zu schaffen, das durch seine Einfachheit besticht.

SIEGEL

Das älteste Siegel der Stadt Freiburg im Üchtland aus dem Jahre 1225 zeigt einen viereckigen Zinnenturm mit einer heraldisch links angebauten Zinnenmauer in zwei Absätzen. Felix Hauptmann schreibt dazu: «Die Deutung dieses Bildes kann für Niemanden zweifelhaft sein, der die Lage Freiburgs kennt. Es ist eine in lapidaren Zügen gegebene Abbildung der damaligen Stadt, welche nur aus dem heutigen Bezirk um St. Nikolaus mit der Reichengasse und der Au bestand. Der Turm bezeichnet das Schloß der Zähringer auf dem höchsten

Freiburger Wappen auf dem Stadtplan von Martinus Martini, 1606.

Standesscheibe von Freiburg, 1478, von Urs Werder. Diese älteste erhaltene Standesscheibe gilt als Vorbild für die später allgemein gebräuchliche Komposition mit zwei Standeswappen und dem Reichsschild.

Kantonswappen
Geteilt von Schwarz und Silber.

Kantonsfarben
Schwarz und Weiß.

Kantonsfahne
Geteilt von Schwarz und Weiß.

Gemeindewappen

STADT FREIBURG
In Blau ein Zinnenturm mit links angebauter, in zwei Stufen abfallender Zinnenmauer und unten hervorbrechendem halbem Ring, alles in Silber.

BULLE
Geteilt von Silber mit schreitendem rotem Stier und von Rot.

DÜDINGEN
Geteilt von Rot mit drei goldenbesamten und grünbeblätterten silbernen Rosen nebeneinander und von Silber mit einem natürlichen Stierengrind.

GRUYÈRES
In Rot ein flugbereiter silberner Kranich.

MURTEN
In Silber, auf grünem Dreiberg, ein golden gekrönter und bewehrter roter Löwe.

VILLARS-SUR-GLÂNE
In Blau ein silberner Schragen, im Schildhaupt begleitet von einer silbernen Lilie.

FR-I/1: Ämterscheibe von Freiburg, 1605.

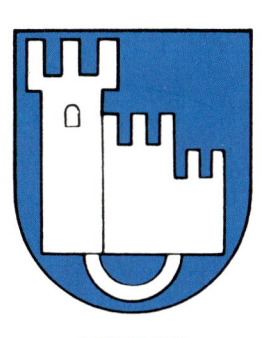

FRIBOURG **FREIBURG / FRIBORGO**	**BULLE**	**DÜDINGEN / GUIN**
GRUYÈRES / GREYERZ	**MURTEN / MORAT**	**VILLARS-SUR-GLANE**

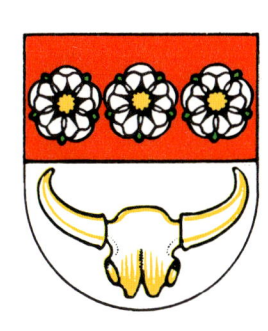

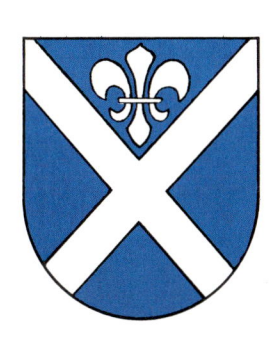

In dem namen der heiligen drivalt-
heit In namen des vatters vnd des
sunes vnd des heiligen geistes amen.
Dissü reht het die stat von
friburg Möchtelande.

Disse reht het dü
stat von fribg
möchtelande
Daz der
herre niemer
keinen schult
heitzen keinen
hitpriester keine
zoller den burgern sol gesetzen an
die die si erwelent vnd welle si dar
zü erwellent die sol in der herre beste
tigen vnd süllen den schultheitzen
vnd den zoller han die wile so si in
wol gevallent. Schülmeister.

Schülmeister. Sigristen
Torwarten vnd weibels
süln die burger von in
selbn welen vnd süln des den herren
nüt ane sehen vnd setzen vnd entsez
en vnd waz si geordenent hie mit
daz sol der herre niemer gebrechen
vnd niemer gewandelen.

Der herre sol nüt mit gewalt rihte.
Der herre sol niemer ge
rihten in der stat nach
sinem willen noch mit
gewalte. Des herren gerihte.

Distmal in dem iare
mag der herre für sich
rüfen der gemeinde võ
der stat In dem manot vor mertze
In dem meyen vnd in dem herbst

vnd sol der herre selber rihten vnd
daz geriht machen vnd so er gedin
ge het vnd nach der stette rehte ri
hten vnd anders nvt.
Von der almeine.

Der herre git öch dü burtzu
die almeinde die wasser
die wasser flüsse den swa
rtzwalt vnd die holtz die man nem
met mit triteholtz vnd die welde daz si
sü niessen fruhchen an bau.
Wer fri si des zolnes.

Ein kein burger git zoln.
Von des herren nutze.

Der herre sol niemer noch
mag gevordern stür noch
gewerbe vmb reise wider
der burger willen wann so er wirt
varn ûber daz gebirge In küniges ler
vart so nu ez der küng enbütet sol so
sol des herren amman an offeneme
market neuen dem herren ze nutze
eins menschen schuhe von ieglichem
suter nach dem besten welhr er wil
von den die hosen snitrent die beste
nach den besten von ieglichem suid
vier wisse isen. Von den köflüte
di wüllini tücher machen old v̄ köstē
vnd ieglichem ein eln dz tuches dz
er ze hande het

Noch mag der herre die burger
nüt gefüren an reise wann
also verr daz si des selben tages mü
gen wider komen in ir hüser.

Vmb das herbergen.
Weder der herre noch die si
nen süln in keines burgs

CXXVII

Stempel des Regierungsrates des Kantons Freiburg seit 1932.

Siegel von Freiburg, 1225, mit dem Zähringer Adler.

Siegel von Freiburg, 1483, mit dem Reichsadler.

FARBTAFEL

FR-II: Die älteste Darstellung des von Schwarz und Weiß geteilten Banners von Freiburg am Anfang der «Freiburger Handfeste» (Staatsverfassung) in einem Manuskript von 1410. Der Schultheiß von Freiburg, das Banner in der Hand, huldigt dem Herzog von Österreich.

Punkt des damaligen Freiburg, das heutige Rathaus; der obere Absatz der Mauer versinnbildet die Befestigung der Oberstadt, der untere die der tief liegenden Au.»[1]

Über der Burg ist ein Schild mit dem Zähringer Adler innerhalb eines mit einer Zickzacklinie verzierten Schildrandes zu sehen. Diese Randverzierung könnte als eine vereinfachte Darstellung des Wolkenfehs aufgefaßt werden, was die Vermutung zuläßt, daß dieser Rand bereits von den Zähringern angenommen und nach ihrem Aussterben ihr mit dieser Zutat bereichertes Wappen von den Grafen von Fürstenberg übernommen wurde (vgl. das Kapitel Neuenburg, Tafel NE-II/3). Aus dem unteren Rand der Mauer ragt ein halber Ring heraus, dessen Bedeutung bis heute nicht einwandfrei ermittelt werden konnte; der vom Ring gebildete Halbkreis könnte die Schleife der Saane andeuten.

Ein ähnliches Siegel war von 1285 an rund 200 Jahre in Gebrauch. Im dritten Siegel von 1483 sind drei Türme anstelle des Turmes mit angebauter Mauer zu sehen, über denen der Reichsadler im freien Raum schwebt; er versinnbildlicht die kurz zuvor von Freiburg erlangte Reichsunmittelbarkeit.

In einem in der zweiten Hälfte des 15. Jahrhunderts entstandenen vierten Siegel steht der Reichsadler in einem Schild über der Burg, die ohne Ring dargestellt ist. Im fünften Siegel (im 16. Jh. in Gebrauch) erkennen wir ebenfalls den Reichsadler, hier wieder freischwebend.

Im Sekretsiegel des 17. Jahrhunderts macht sich der Einfluß von Martinus Martini bemerkbar, wenn auch die Reihenfolge der Felder eine andere ist als in seinem Stadtplan: der vom Reichsadler überhöhte Schild ist geviert, Feld 1 und 4 mit den drei Türmen, 2 und 3 geteilt, dazu zwei Löwen als Schildhalter. Weitere Siegel des 17. und des 18. Jahrhunderts zeigen hingegen die gleiche Felderanordnung wie das Wappen auf dem Plan von 1606.

Im neuen Wappen, wie es von Martini erfunden wurde und auch in den Siegeln erscheint, kommt die Abkehr vom schönen alten Siegelbild deutlich zum Vorschein. Seit Ende des 19. Jahrhunderts haben sich namhafte Historiker mit Recht gegen diese Verunstaltung gewandt und sich für die Wiederaufnahme des zum Stadtwappen gewordenen alten Siegelbildes eingesetzt.

KANTONSFAHNE

Das älteste Zeugnis für das schwarz-weiße Banner findet sich in einer im Staatsarchiv Freiburg aufbewahrten Handschrift aus dem Jahre 1410, die eine Abschrift des Schwabenspiegels sowie die deutsche Fassung der Freiburger Handfeste enthält. Ein am Anfang dieser ältesten Staatsverfassung Freiburgs gemaltes Bildchen (Tafel FR-II) zeigt den Herzog von Österreich – an seinem über dem Bild dargestellten Wappen erkennbar –, vor dem der Schultheiß von Freiburg kniet; er hebt die rechte Hand, um seinem Herrn zu huldigen und hält in der linken Hand ein von Schwarz und Weiß geteiltes Banner. Da jedoch bereits in den amtlichen Rechnungen von 1404 ein Kauf von schwarzer und weißer Seide zur Anfertigung einer Standarte und eines Banners eingetragen ist, dürfen wir mit Sicherheit annehmen, daß die Freiburger Fahne schon vor 1410 in Gebrauch war.

Die mittelalterlichen Banner Freiburgs sind der Nachwelt nicht erhalten geblieben. Im Museum für Kunst und Geschichte in Freiburg werden jedoch zwei dreieckige *Auszugsfähnlein* aus dem letzten Viertel des 15. Jahrhunderts (vermutlich 1475 bzw. 1477) aufbewahrt. Sie sind von Schwarz und Weiß geteilt, und ihre obere schwarze Hälfte ist von einem durchgehenden weißen Kreuz durchzogen. Dasselbe Museum besitzt zudem zwei ebenfalls in den Standesfarben gehaltenen *Schützenfahnen*. Die ältere, in der eine quergelegte goldene Armbrust dargestellt ist, stammt – wie die Untersuchung der Waffe ergeben hat – aus dem letzten Viertel des 15. Jahrhunderts. Auf dieses Feldzeichen der Freiburger Armbrustschützen dürfte sich ein Rechnungseintrag von 1480 beziehen. Die zweite, ebenfalls schwarz-weiß geteilte Schützenfahne zeigt in einseitiger Malerei bei der Stange eine vertikalgestellte Armbrust und links davon, auf der Teilungslinie, eine horizontalliegende Luntenschloßbüchse, die eine Datierung des Feldzeichens kurz nach 1500 erlaubt, womit wiederum eine entsprechende Eintragung von 1519 übereinstimmen würde[2].

Dem Freiburger *Juliusbanner* liegt ein Privileg Kardinal Schiners vom 1. Juli 1512 zugrunde. Es ist nur noch ein Teil des weißen Seidendamastes mit dem charakteristischen Mailänder Granatapfelmuster erhalten, sowie das prachtvolle Eckquartier mit einer Darstellung der Kreuztragung Christi mit den heiligen Frauen (Veronika, Maria und Magdalena); vor und neben Jesus sind drei Schergen zu sehen, im Hintergrund die Stadt

79

Jerusalem. Die Gebrauchskopie von 1513 ist sehr schlecht erhalten.

Eine *Militärfahne* des 17. Jahrhunderts ist durch ein weißes Kreuz in vier schwarz-weiß gewellte Felder aufgeteilt. In einer ebenfalls von einem weißen Kreuz durchzogenen Fahne des ausgehenden 18. Jahrhunderts sind die Felder 1 und 4 ganz schwarz, die Felder 2 und 3 viermal geteilt von Schwarz und Weiß.

Über die Militärfahnen des 18. Jahrhunderts sind wir schlecht unterrichtet. Wahrscheinlich waren sie schwarz und blau geflammt, ebenso die zwischen 1803 und der Einführung der eidgenössischen Fahne geführten Feldzeichen. Auch die Fahne, die der erste Landammann der Schweiz, Louis d'Affry, im Jahre 1804 dem als Leibgarde errichteten Freikorps schenkte, war schwarz-blau geflammt mit durchgehendem weißem Kreuz und gekröntem Freiburger Wappen in der Mitte[3].

KANTONSFARBEN

Im 15. Jahrhundert stimmten die Standesfarben noch mit den Banner- und Wappenfarben überein. Wir wissen, daß zum Beispiel die 400 Freiburger, die 1443 mit den Bernern nach der Bresse zogen, weiß und schwarz gekleidet waren[4]. Von einem nicht mehr genau feststellbaren Zeitpunkt an, jedoch spätestens 1501, kamen allmählich die Standesfarben, Schwarz und Blau in Gebrauch[a]. Das am Bundesbrief vom 9. Juni 1501 über den Eintritt Basels in die Eidgenossenschaft hängende Siegel des Standes Freiburg ist mit schwarz-blauen Schnüren befestigt. Für die Ausschmückung einer Bühne bei den Festlichkeiten, die im April 1531 in Genf anläßlich der Bündniserneuerung dieser Stadt mit Bern und Freiburg veranstaltet wurden, kamen die Farben der drei Orte zur Anwendung, für Freiburg Schwarz und Blau[6]. Einem Ratsprotokoll vom 20. August 1607 zufolge wurde damals anläßlich eines Truppenaufgebotes beschlossen, das Fähnlein in den schwarz-weißen Wappenfarben zu belassen, die Trabanten und Fouriere hingegen in Schwarz und Blau einzukleiden. Die Amtstracht der Weibel sowie – im 18. und im ersten Drittel des 19. Jahrhunderts – die Militärkokarden waren in den schwarz-blauen Standesfarben gehalten.

Die Zeichnung einer Freiburger Militärfahne aus dem Ende des 18. Jahrhunderts mit schwarzen und blauen Flammen veranschaulicht die Verwendung dieser Farben für die nach dem Wegfall der heraldischen Standesbanner in den meisten Kantonen geführten neuen Feldzeichen.

Das Beispiel Freiburgs zeigt, daß die offiziellen Standesfarben mit den Wappenfarben nicht immer übereinstimmen.

Einzig der Phantasie oder der Unwissenheit einiger Künstler in heraldischen Dingen sind die vereinzelt auftretenden, von Schwarz und Blau geteilten Freiburger Wappen zuzuschreiben[7]. In Wirklichkeit war das Wappen – ungeachtet der Standesfarben – schwarz und weiß geblieben.

Der Stand der Dinge blieb nach der Mediation 1803 zunächst unverändert[b], bis der Staatsrat, der an der bestehenden Nichtübereinstimmung zwischen Standes- und Wappenfarben Anstoß nahm, am 29. August 1831 aufgrund eines Gutachtens des Schultheißen Joseph von Diesbach beschloß, die Kantonsfarben den Wappenfarben anzupassen, die ja von Anfang an die historisch belegten und jahrhundertelang geführten Bannerfarben waren. So wurden Schwarz und Weiß offiziell als die endgültigen Farben des Kantons Freiburg bestimmt.

Schützenfahne von Freiburg um 1480.

Freiburger Fähnrich mit schwarz-blau geflammter Fahne, 1792.

ANMERKUNGEN

[a] Ob der in der Staatsrechnung von 1477 eingetragene Kauf von blauem, schwarzem und weißem Tuch, erwähnt bei Max de Diesbach[5], zur Anfertigung einer Livree in den Stadtfarben bereits als Quelle für eine frühere Verwendung von Schwarz-Blau betrachtet werden kann, ist fraglich, da das blaue Tuch – ebenso wie das weiße – als Futter hätte dienen können.

[b] So trug der Landammann der Schweiz, Louis d'Affry, anstelle einer damals noch nicht existierenden eidgenössischen Kokarde die schwarz-blaue Kokarde an seinem Hut. Auch das Bildnis eines Kantonsweibels von 1807 zeigt eine schwarz-blaue Amtstracht. Auf der Brust trägt der Weibel hingegen den von Schwarz und Weiß geteilten Schild.

Der Kanton Solothurn

KANTONSWAPPEN

Das Solothurner Wappen, das aus dem Banner hervorgegangen ist, indem die einfache rot-weiße Teilung auf den Schild überging, ist frühestens im Stadtsiegel von 1394 nachweisbar. Die Wappenfarben sind erstmals in einer Seckelmeisterrechnung von 1443 nachgewiesen, in der ein Posten für rotes und weißes Tuch zur Anfertigung von Amtsröcken aufgeführt wird.

Eine stattliche Zahl von solothurnischen Standesscheiben ist uns erhalten geblieben, wovon einige von berühmten Meistern der Glasmalerei geschaffen wurden, u.a. von Lukas Zeiner 1501 für den Tagsatzungssaal zu Baden und von Carl von Egeri im Rathaus zu Stein am Rhein (Tafel SO-I/1).

Eine von Hans Funk ausgeführte Ämterscheibe aus dem ersten Viertel des 16. Jahrhunderts befindet sich in Privatbesitz[1], eine weitere wird im Stadtmuseum Zofingen aufbewahrt.

Zur Umgestaltung des Standeswappens gegen Ende des 17. Jahrhunderts, als die Macht des Patriziates im Stadtstaat Solothurn ihrem Höhepunkt zustrebte, verweisen wir auf den nachfolgenden Abschnitt «Siegel». Nach dem Wegfall des Reichsadlers über dem Stadtwappen nach der Mitte des 18. Jahrhunderts tritt der von der fünfblättrigen Krone überhöhte Schild auf, meistens mit

Rechts: Standesscheibe von Solothurn, 1601, mit den Ämterwappen.

zwei Löwen als Schildhaltern, «mit nach außen gewendeten Häuptern, wohl als Sinnbild der Bereitschaft, die Unabhängigkeit gegen jeden Angriff zu verteidigen»[2]. In dieser Form wird das Kantonswappen heute noch geführt.

SIEGEL

Die frühmittelalterliche Stadt, eng mit dem Gotteshaus von St. Ursen verbunden, setzte ihren Stadtpatron, den heiligen Ursus, in ihre Siegel. Nach der Legende war es dieser Heilige gewesen, der 1318 durch sein Erscheinen auf der Stadtmauer Solothurn gegen die Angriffe des Herzogs Leopold I. geschützt hatte. In den im 13. und im 14. Jahrhundert nacheinander verwendeten Siegeln steht der heilige Ursus mit Schild (darin ein Tatzenkreuz) und, vom zweiten Siegel an, mit ebenfalls kreuzgeschmücktem Gonfanon. Ende des 14. Jahrhunderts tritt im Siegel, das erstmals an einer Urkunde von 1394 hängt, das vom Doppeladler des Reiches überhöhte Stadtwappen an die Stelle des Heiligen. Darin spiegelt sich die erstrebte und endlich errungene Reichsunmittelbarkeit der Stadt. In den nächsten Siegeln (1400 bis 1427 und 1424 bis 1458) ist der Adler einköpfig. In dem von Künstlerhand meisterhaft ausgeführten Prunksiegel, das von 1447 bis gegen Ende des 17. Jahrhunderts Verwendung fand, erscheint wieder der auf einer Wolke stehende heilige Ursus im Harnisch, in der Rechten eine Kreuzfahne, in der Linken ein Schwert haltend; die Rittergestalt ist von zwei Schilden mit dem Stadtwappen flankiert, jeder vom zweiköpfigen, gekrönten Reichsadler überhöht. Die Siegelinschrift lautet: SIGILLVM MAIVS CIVIVM SOLODORENSIVM (Großes Siegel der Bürgerschaft von Solothurn).

Mit dem großen Siegel von 1693 wird die Zeit eingeleitet, da die Machtstellung des Patriziates auch in den Hoheitszeichen der Stadt ihren sichtbaren Ausdruck findet. Der von zwei Löwen gehaltene Rundschild weist in seiner oberen Hälfte eine reiche Damaszierung auf; auf dem Schild sitzt der Zepter und Schwert haltende, doppelköpfige Reichsadler unter prächtiger Maximiliankrone mit flatternden Bändern. Etwas kleiner, jedoch ähnlich gestaltet ist das im 18. Jahrhundert verwendete Siegel. Um 1760 mußte der Adler, der sich über hundert Jahre nach der Loslösung vom Reich gehalten hatte, einer mächtigen fünfblättrigen «Herzogskrone» weichen, dem Souveränitätszeichen des vom Patriziat beherrschten Stadtstaates. Von der kurzen Zwischenzeit der Helvetik mit der üblichen Darstellung Wilhelm Tells abgesehen, zeigen die weiteren Siegel grundsätzlich dasselbe Bild, das sich, nur stilistisch leicht verändert, bis heute behauptet hat.

KANTONSFAHNE

Seit dem Gümmenenkrieg (1331 bis 1337), da Solothurn ein Banner an Burgdorf verlor, werden die Feldzeichen der Stadt in den Quellen erwähnt. Es steht außer Zweifel, daß die Farbenwahl Solothurns mit dem im Mittelalter erfundenen Zeichen der thebäischen Legion (vgl. Kapitel «Schweizerische Eidgenossenschaft») in Zusammenhang steht: eine rote Fahne mit durchgehendem weißem Kreuz. Auch St. Ursus, Solothurns Schutzheiliger, wird meistens mit dieser Fahne oder mit dem kreuztragenden Schild oder aber beiden in den gleichen Farben dargestellt.

Im Museum «Altes Zeughaus» in Solothurn werden einige kostbare Banner aufbewahrt. Aus der ersten Hälfte des 14. Jahrhunderts stammt das sagenumwobene *St. Ursusbanner,* das der Überlieferung nach dem St. Ursusstift von Herzog Leopold I. von Österreich geschenkt wurde[3]. Es war ursprünglich hochrechteckig und entsprach genau dem österreichischen Banner: in Rot ein weißer Balken. Von den beiden roten Feldern sind nur noch spärliche Fragmente vorhanden. Bemerkenswert ist das aufgepreßte ornamentale Muster, das in mehreren waagrechten Reihen je zehn gleich große Vierpaßmedaillons zeigt. In diesen stehen abwechselnd

Kantonswappen
Geteilt von Rot und Silber.

Kantonsfarben
Rot und Weiß.

Kantonsfahne
Geteilt von Rot und Weiß.
Beim Hissen der Fahne ist darauf zu achten, daß Rot oben steht.

Gemeindewappen

STADT SOLOTHURN
Geteilt von Rot und Silber.
Kanton und Stadt Solothurn führen das gleiche Wappen. Die Einwohnergemeinde der Stadt Solothurn führt die fünfblättrige Krone auf dem Schild (wie der Kanton, jedoch ohne Schildhalter), die Bürgergemeinde eine Mauerkrone mit drei abgestuften Zinnen. Diese Kronen sind golden tingiert.

BALSTHAL
In Blau zwei gekreuzte, zu einer 8 verschlungene silberne Schlangen.

BIBERIST
Geteilt von Rot und Weiß mit zwei gekreuzten Bundhaken in gewechselten Tinkturen.

DORNACH
In Silber zwei aufrechtstehende, abgewendete schwarze Angeln.

GRENCHEN
In Rot eine aufrechte silberne Pflugschar, von oben gesehen, mit drei Nietlöchern.

OLTEN
In Silber, auf grünem Dreiberg, drei grüne Tannen mit rotem Stamm.

TRIMBACH
In Silber eine rote Rose mit goldenem Butzen und grünen Kelchblättern.

Großes Siegel von Solothurn, 1447.

Siegel von Solothurn Ende des 18. Jahrhunderts.

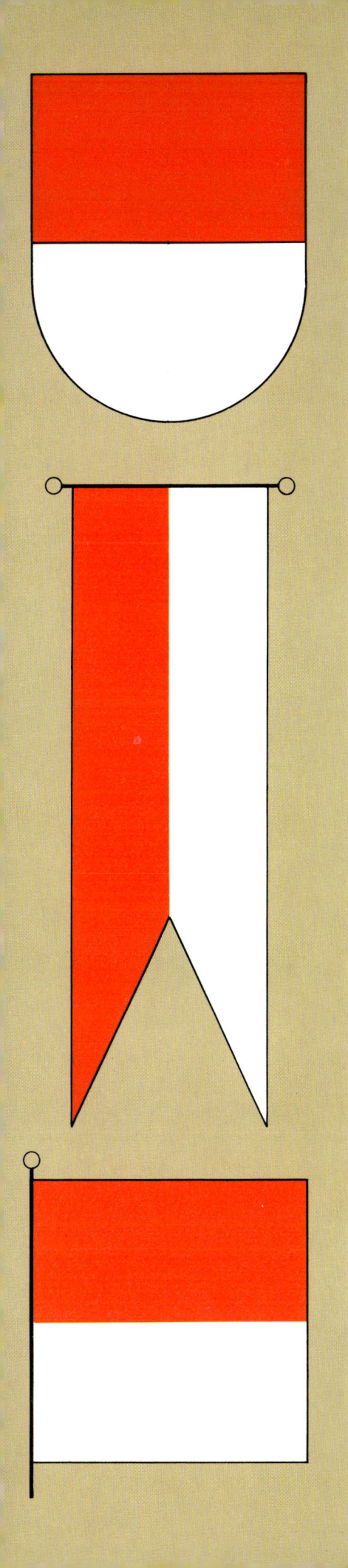

SO-I/1: Standesscheibe von Solothurn im Rathaus von Stein am Rhein, 1542. Arbeit des Zürcher Glasmalers Carl von Egeri, Kopie im Alten Zeughaus Solothurn.

BALSTHAL	BIBERIST	DORNACH
GRENCHEN / GRANGES	OLTEN	TRIMBACH

83

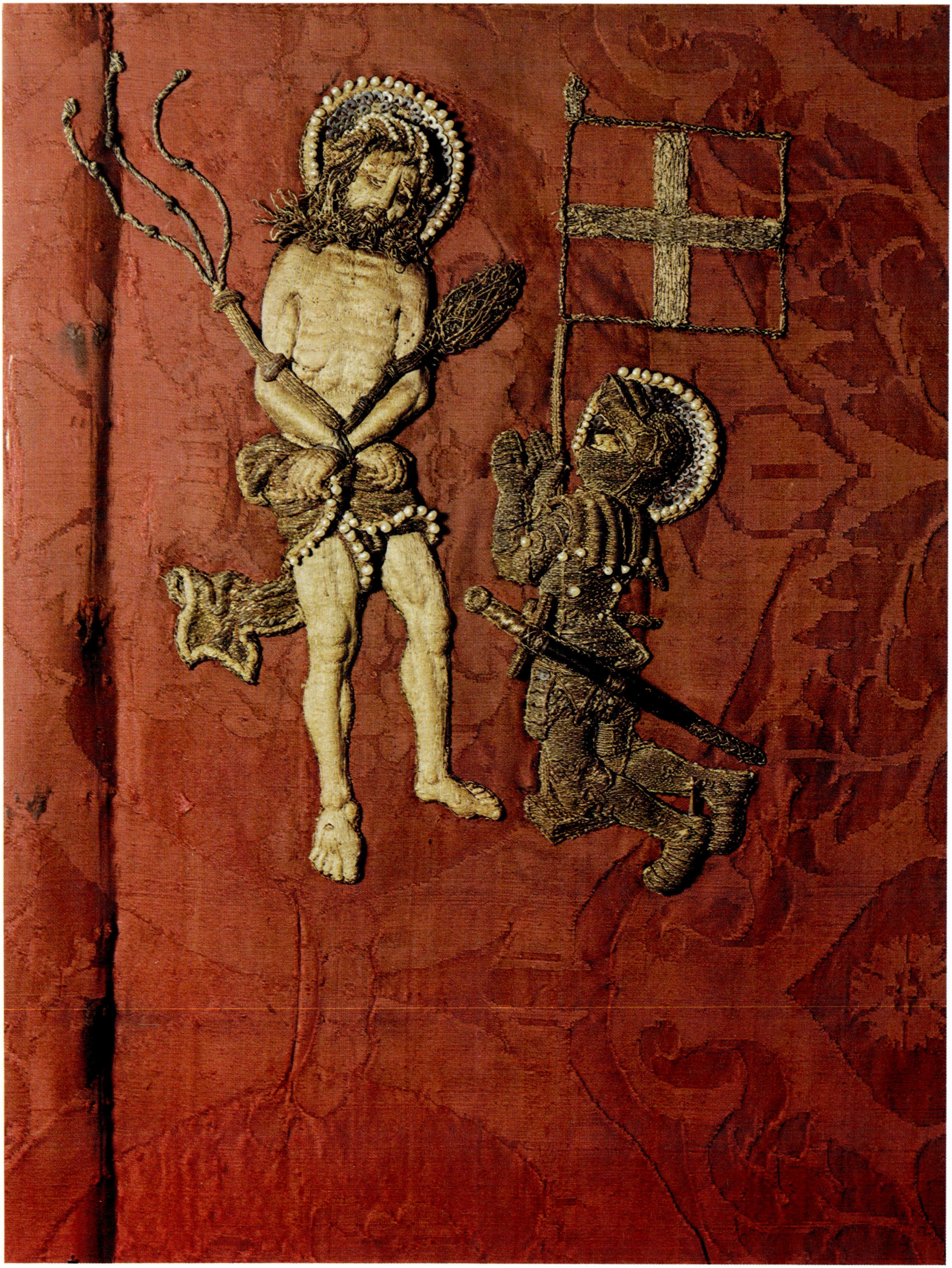

FARBTAFEL

SO-II: Darstellung Christi mit vor ihm kniendem St. Ursus im Juliusbanner von Solothurn, 1512.

ANMERKUNG

[a] F. Fiala[4] erkennt in diesen Figuren den Reichsadler und den habsburgischen Löwen und schreibt, unter Hinweis auf die großzügige Rettung der Feinde aus den Fluten der Aare durch die Solothurner (1318):
«Die Vereinigung der beiden Wappenbilder kann nur aus einer Zeit herrühren, in welcher ein Fürst aus dem Hause Habsburg im 14. Jahrhundert die deutsche Königskrone trug. Dieses kann, wenn wir von König Rudolf aus dem 13. Jahrhundert absehen, nur seinen Sohn Albrecht (1298–1308) oder seinen Enkel Friedrich den Schönen (1314–1330) angehen. – Aus der Zeit des Letztern nun stammt laut der alten Tradition das Panner, und es muß wohl auch die so gerne zweifelnde historische Kritik zugeben, daß das Panner ein Weihegeschenk des Herzogs Leopold von Österreich des Kriegerischen, der ja den Streit für seinen Bruder Friedrich mit solcher Ausdauer führte, und auf seinem Panner, als Symbol des Kampfes seines Hauses um das Reich, den Reichsadler und habsburgischen Löwen vereinigen möchte*, zur Zeit der Belagerung von Solothurn sein kann, und daß damit die Erzählung von der Großmuth der belagerten Solothurner einen indirekten Beweistitel gewonnen hat.

* ‹Das Banner mit dem habsburgischen Löwen und dem einfachen Adler scheint wohl am einfachsten als Banner König Friedrichs des Schönen (Reich und Habsburg) aufzufassen sein, das ja auch in Herzog Leopolds Heer geführt werden konnte. War er ja Hauptkämpfer, fast mehr als König Friedrich selbst, für den Anspruch seines Hauses auf das Reich.› Brief meines hochverehrten Freundes Prof. Dr. Georg von Wyss von Zürich vom 24. Juli.»

Adler und Löwen[a]; in den Zwischenräumen sind zierliche kreuzförmige Rosetten zu sehen. Das Banner trägt beidseitig eine spätere Inschrift in lateinischer und deutscher Sprache. Die deutsche Fassung lautet:
  Sant Urs beschüzet disse Stath,
  Als Österich si blägert hat.
  Drum must der Hertzog ziehen ab,
  Und schenckt dis Banner ihm zur Gab.
  In dem Jahr Christi MCCCXVIII

Zwei hochrechteckige, rot-weiß geteilte Stadtbanner aus dem 15. oder 16. Jahrhundert sind erhalten geblieben, das eine nur noch als Fragment (die untere weiße Hälfte fehlt).
In den *Juliusbannern* von 1511, von Papst Julius II. verliehen, bzw. 1512 aufgrund des Privilegs Kardinal Schiners vom 24. Juli (Tafel SO-II) sowie in der Gebrauchskopie von 1516 erscheint, frei in der Oberecke des roten Fahnentuches, Christus (Ecce homo) mit davor kniendem St. Ursus, der eine Fahne hält.
Die *Schützenfahne* (um 1530), dreieckig, mit abgerundeter Spitze, zeigt im rot-weiß geteilten Seidendamast nächst der Stange eine vertikalgestellte Armbrust und, gegen die Spitze hin, eine horizontalliegende Luntenschloßbüchse. Die auf beide Fahnenseiten kunstvoll gemalten Figuren sind in Gold gehalten und mit schwarzer und gelber Farbe gehöht[5].
In einer *Reiterstandarte* aus der zweiten Hälfte des 17. Jahrhunderts sind auf weißem Grund auf der einen Seite die Madonna, auf der anderen St. Ursus zu sehen, auf einer weiteren Standarte des 18. Jahrhunderts beidseitig der von grünem Kranz umrahmte Solothurner Schild mit goldener Krone. Die einzige noch erhaltene *Bataillonsfahne* aus der Zeit nach 1803 entspricht dem damaligen Muster: durchgehendes weißes Kreuz in rot-weiß geflammten Feldern, in der Mitte das Solothurner Wappen mit militärischen Emblemen; auf dem waagrechten Kreuzbalken ist die Inschrift «Für Gott und Vaterland» zu lesen.

Ornamentales Muster des St. Ursus-Banners mit Adlern und Löwen, 1318.

Die Belagerung von Solothurn durch die Österreicher, angeführt durch Herzog Leopold, 1318. Die Solothurner retten ihre Feinde aus den Fluten der Aare. Aus der Spiezer Chronik von Diebold Schilling, 1485.

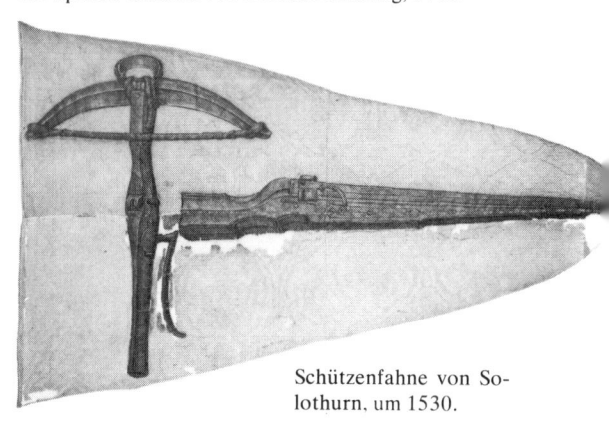

Schützenfahne von Solothurn, um 1530.

KANTONSFARBEN

Ein einzigartiges Beispiel für die Verwendung der Standesfarben dürfte im Falle Solothurns vorliegen. Es besteht heute noch die überlieferte Sitte, jeweils den ältesten Angehörigen der Familie Rot von Rümisberg mit einem Ehrenkleid in den Kantonsfarben auszuzeichnen. Dieser Brauch geht auf eine alte Stiftung des Rates von Solothurn zurück; die Ehrung des Geschlechtes Rot erfolgt in Würdigung der verdienstvollen Tat von Hans Rot, der im Jahre 1382 die Solothurner vor einem Anschlag des Grafen Rudolf von Kyburg gewarnt und damit die Stadt gerettet hat[6]. Die letzte Verleihung erfolgte laut Regierungsratsbeschluß vom 21. März 1972 im selben Jahr. Das Hans Roth'sche Ehrenkleid und die damit verbundene Pension wurden Adolf Roth, geb. 1889, von Beinwil, zugesprochen.

Der Kanton Basel-Stadt

KANTONSWAPPEN

Das Wappenbild, der Baselstab, geht auf den Krummstab, das Symbol der bischöflichen Herrschaft, zurück. Den ältesten Beleg für den Krummstab als heraldisches Zeichen der Bischöfe von Basel liefert uns eine Münze: auf einem Dünnpfennig, der unter drei Basler Bischöfen, die nacheinander zwischen 1072 und 1133 dieses Amt innehatten, geprägt wurde, ist ein Krummstab zu sehen. Auf einem unter Bischof Berthold II. von Pfirt (1249–1262) geprägten Pfennig läßt der Schaft der beiden Bischofsstäbe mit der deutlich geformten Spitze bereits den späteren dreispitzigen Fuß erahnen, der in einem Siegel der bischöflich-baslerischen Stadt Laufen aus dem Jahre 1327 schon deutlich ausgebildet ist. Auf einem 1350 geprägten Pfennig sowie einem 1359 belegten Siegel des Bischofs Johann II. Senn von Münsingen hebt sich die mittlere Spitze von der in zwei seitliche Spitzen ausmündenden Verdichtung am unteren Ende des Stabes noch deutlicher ab.

In der Zürcher Wappenrolle um 1340 ist der Bischof von Basel mit einem weißen Banner, darin ein roter Krummstab mit kleiner schwarzer Fußspitze, vertreten, womit wir dem ersten farbigen Beleg für den bischöflichen Stab begegnen; die einfache Form des Stabes verrät jedoch die in den Münzen und Siegeln feststellbare Entwicklung noch nicht.

Der Baselstab im Siegel des bischöflichen Schultheißengerichts von Basel, 1384.

Eine hervorragende Stilisierung bietet das an einer Urkunde von 1384 angebrachte Siegel des bischöflichen Schultheißengerichts. Als Anfang 1385 das Schultheißenamt, also die Gerichtsbarkeit, an die Stadt überging, übernahm sie den Baselstab. Daß sie dabei die Farbe des Stabes von Rot zu Schwarz änderte, geht aus den Siegeln und Münzen natürlich nicht hervor. Erst im noch erhaltenen Banner aus dem 15. Jahrhundert ist der früheste Nachweis des schwarzen Stabes der Stadt Basel zu finden. Eine Darstellung der Eröffnungsfeier zur Gründung der Universität Basel im Jahre 1460 gibt einen Überblick über die unterschiedlichen Farben des Stabes im bischöflichen und im städtischen Wappen. Auf dem Baselstab eines Bannwartschildes von 1470/80 sind deutliche Spuren von schwarzem Email feststellbar. Obwohl diese Hinweise alle erst im 15. Jahrhundert auftreten, haben namhafte Historiker schon immer die Meinung vertreten, die Unterscheidung zwischen dem roten Stab des Bischofs und dem schwarzen Stab der Stadt sei bedeutend älter als die erhaltenen Belege.

Über den Ursprung des Baselstabes mit dem dreispitzigen Ende, das ihm ein so typisches Aussehen verleiht, sind schon mehrere Theorien aufgestellt worden, wobei Anker, Fischerangel, Fahrstachel, Futteral des Bischofsstabes als mögliche Deutungen herhalten mußten. Eine andere These, die als glaubwürdig in Betracht gezogen werden kann, stützt sich auf die Annahme, der Baselstab stelle «die heraldische Stilisierung des Bischofsstabes mit Pannisellus dar»[a]. Dieser Deutung stellt Andreas Staehelin gut fundierte Argumente entgegen, wobei die

Bannwartschild, um 1470/80. Basler Goldschmiedearbeit, Silber, teilweise vergoldet und emailliert.

Kantonswappen
(zugleich Stadtwappen)
In Silber ein schwarzer Baselstab.

Kantonsfarben
Weiß und Schwarz.

Kantonsfahne
In Weiß ein schwarzer Baselstab. Beim Befestigen der Fahne ist darauf zu achten, daß der Knauf des Stabes der Fahnenstange zugewendet ist.

ANMERKUNG

[a] Der Pannisellus, auch Velum genannt, war ein an Bischofs- und Abtstäben vom 12. bis zum 16. Jahrhundert befestigtes Fähnchen!

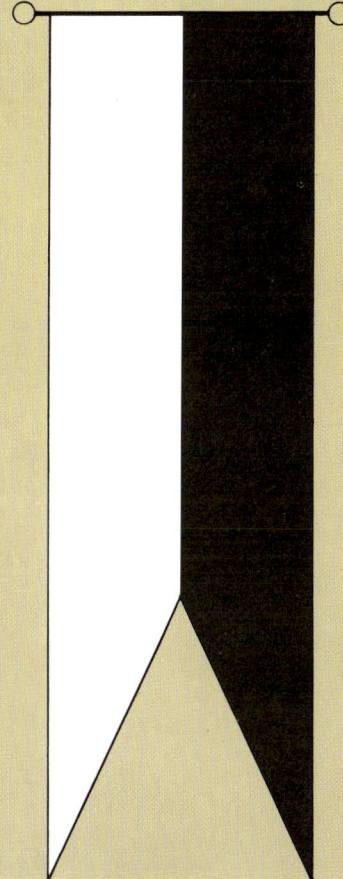

BS-I/1: Basler Standesscheibe um 1520, ehemals in einem Haus in Netstal, Kanton Glarus.

BS-I/2: Eckquartier des Juliusbanners von Basel, 1512, mit der Darstellung der Verkündigung Mariä. Auf dem gewellten Schriftband die ersten Worte des Ave Maria. Über dem Haupt Mariä der heilige Geist in Taubengestalt. Ganz oben Gottvater, auf Wolken thronend.

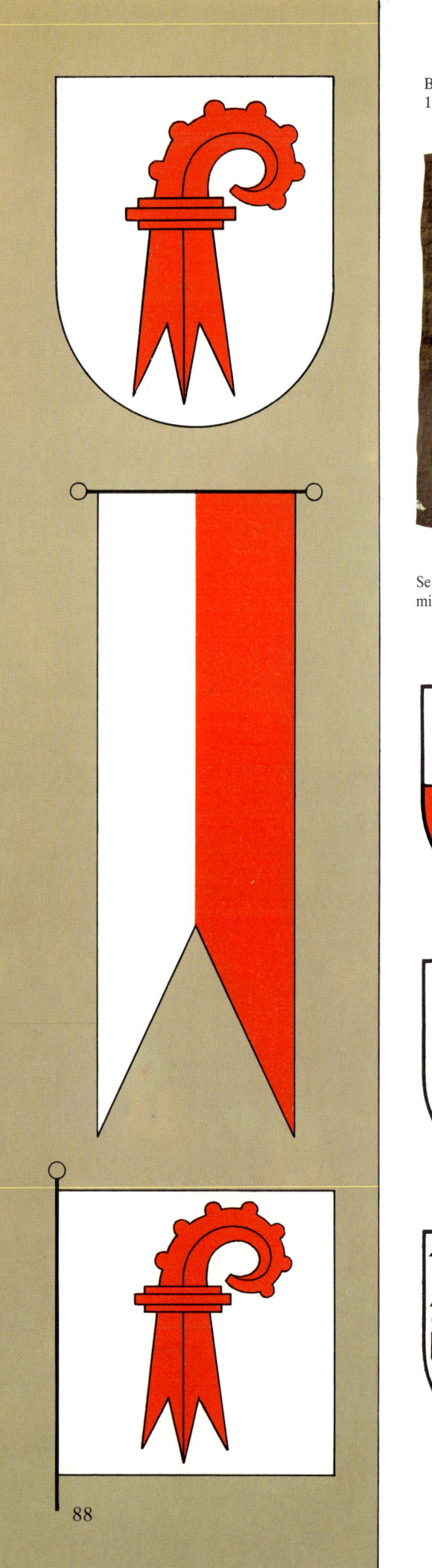

BL-I/1: Fähnlein des Basler Amtes Farnsburg, 16. Jahrhundert.

Seltenes Beispiel einer Fahne mit der ausführlichen Darstellung einer Burg.

LIESTAL	ALLSCHWIL	ARLESHEIM
BINNINGEN	BIRSFELDEN	MÜNCHENSTEIN
MUTTENZ	PRATTELN	REINACH

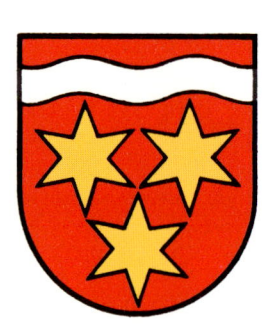

88

BASELLAND

Kantonswappen

In Silber ein linksgewendeter roter Bischofsstab (Baselstab) mit sieben roten Krabben (gotischen Verzierungen) am Knauf.

Kantonsfarben

Weiß und Rot.

Kantonsfahne

In Weiß ein von der Fahnenstange abgewendeter roter Bischofsstab (Baselstab) mit sieben roten Krabben am Knauf.

Gemeindewappen

LIESTAL (Kantonshauptort)
Geteilt von Silber mit einem aus der Schildteilung hervorbrechenden, roten Bischofsstab mit sieben gotischen Krabben und von Rot.

ALLSCHWIL
In Blau ein silbernes Schwert, schräg gekreuzt mit einem goldenen Schlüssel.

ARLESHEIM
In Silber ein blauer Flug.

BINNINGEN
In Silber ein schwarzer Pfahl, belegt mit drei sechsstrahligen silbernen Sternen.

BIRSFELDEN
In Rot drei sechsstrahlige goldene Sterne, überhöht von einem silbernen Wellenbalken.

MÜNCHENSTEIN
In Silber ein barhäuptiger, schwarzgewandeter Mönch mit roten Schuhen.

MUTTENZ
In Silber drei aus dem unteren Schildrand hervorbrechende, miteinander verbundene rote Zinnentürme und ein aus dem mittleren Turm wachsender roter Löwe.

PRATTELN
In Gold, mit schwarzem Schildrand, ein liegender, rot bewehrter und gezungter schwarzer Adler.

REINACH
Gespalten von Silber mit einem aus dem unteren Schildrand hervorbrechenden roten Bischofsstab und von Blau mit drei goldenen Kugeln übereinander.

von ihm belegte «langsame Entwicklung der Dreizipfligkeit aufgrund der Münzen und Siegel»[2] sehr einleuchtend ist. Der Autor führt weiter aus[3]: «Am plausibelsten ist deshalb immer noch die Erklärung, die schon E.A. Stückelberg am Ende des 19. Jahrhunderts formuliert hat: Die Spaltung in drei Spitzen ist nichts anderes als die heraldische Stilisierung der in den Fuß des Stabes eingelassenen Spitze und der beiden Ecken des Fußendes, die zusammengenommen einen dreispitzigen Abschluß ergeben. Ähnlicher Meinung ist der Kunsthistoriker Hans Reinhardt, der die Gabelung wie bei der unteren Ausfransung der heraldischen Lilie ‹als schöne gotische Stilisierung› auffaßt.

Diese Interpretation wird durch außerbaslerische Parallelen überraschend erhärtet. Der Numismatiker G. Braun von Stumm hat anläßlich eines heraldischen Kongresses in Basel im Jahre 1951 darauf hingewiesen, daß französische Königs- und Bischofsmünzen des 12. und 13. Jahrhunderts eine ähnliche Verdickung und Teilung des Bischofsstabes am unteren Ende aufweisen. Die heraldische Stilisierung des Stabes ist in Frankreich schon im 12. Jahrhundert erfolgt: mit ‹provinzieller Verspätung› hat sie Basel auf irgendeine Weise erreicht. Auch beweist das Vorkommen des Krummstabes, meist in Verbindung mit einem Kreuz, auf diesen französischen Münzen, daß es sich beim Baselstab um den bischöflichen Krummstab handeln muß.»

Andreas Staehelin sagt alsdann, seine Ausführungen zusammenfassend: «Der Baselstab ist aus dem Krummstab des Bischofs von Basel hervorgegangen. Seine heraldische Entwicklung zur bekannten Form setzt bereits Mitte des 13. Jahrhunderts ein, vermutlich beeinflußt durch französische Bischofsmünzen. Diese Entwicklung ist in der Mitte des 14. Jahrhunderts abgeschlossen. Der Baselstab weist die Krümme und den Knauf des Bischofsstabes auf; das in drei Spitzen auslaufende untere Ende ist die Stilisierung des ursprünglich am Fußende mit einer Spitze versehenen Krummstabes.»

Die Stellung des Baselstabes im Wappen folgte bis ins 19. Jahrhundert keinen bestimmten Gesetzen, und zahlreiche Darstellungen beweisen, daß der Stab nach Belieben einmal nach rechts, einmal nach links zeigte. In den meisten Wappen – auf den städtischen vom Ende des 15. Jahrhunderts bis zum Beginn des 19. Jahrhunderts ausnahmslos – ist die Krümme jedoch nach heraldisch rechts (vom Beschauer aus gesehen links) gerichtet.

Eine Eigentümlichkeit der Darstellungen des Basler Wappens im 16. und 17. Jahrhundert stellt das Fehlen des Reichswappens dar, was ganz besonders bei den Standesscheiben augenfällig wird (Tafel BS-I/1). Es sind nur seltene Ausnahmen bekannt, darunter eine im Schweizerischen Landesmuseum in Zürich aufbewahrte Standesscheibe von 1505 des Luzerner Glasmalers Oswald Göschel[4] und vor allem die von den dreißiger Jahren des 16. Jahrhunderts bis 1648 (Loslösung der Eidgenossenschaft vom Reich) geprägten Münzen.

Als Schildhalter dienten seit Ende des 14. Jahrhunderts verschiedene Figuren (Engel, Löwen, wilde Männer). Gegen Ende des 15. Jahrhunderts tritt ein Fabelwesen, der Basilisk, in Erscheinung. Dieses wundersame Wesen hat die Gestalt eines Hahnes mit Adlerschnabel, Drachenflügeln und Eidechsenschwanz. «Das Untier haust in Gewölben, wo es oft Schätze hütet, und in Brunnenschächten. Es hat einen bissigen Hauch und einen tötenden Blick. Erlegt werden kann es, indem man ihm einen Spiegel zeigt, in dem es sich selbst erblickt»[5] (vgl. das Oberbild der Standesscheibe auf Tafel BS-I/1). Auf einer im Historischen Museum Basel aufbewahrten, mehrmals übermalten Erinnerungstafel, die sich auf das große Erdbeben von 1356 bezieht, steht geschrieben: «Basiliskus, du giftiger Wurm und Fasel, nu heb den Schild der würdigen Stadt Basel».

Der Lällenkönig Großbasels mit dem Stadtwappen. Gedruckte Vignette des Basler Künstlers Carl Roschet (1867–1925).

Als äußerst populäres Wahrzeichen der Stadt erlebt der bereits in früheren Jahrhunderten an Gebäuden, in Standesscheiben, Holzschnitten und anderen Darstellungen weit verbreitete Baselstab seit dem letzten Jahrhundert einen wahren Triumphzug. Im Basler Stadtbuch 1975 schreibt Ulrich Barth[6]: «Der Baselstab genoß und genießt noch eine besondere Beliebtheit in unserer Stadt. Schon die Stadtbehörden im 16. Jahrhundert ließen den Baselstab überall als Zeichen der freien Stadt wirken: sei es an den vielen öffentlichen Gebäuden, sei es an Amtszeichen und dergleichen, sei es durch die vielen Schenkungen von Standesscheiben an alle nur denkbaren Empfänger. Das 19. Jahrhundert brachte eine euphorische Wiederbelebung des Baselstabes als Symbol der Stadt und ihres Geistes. Der Baselstab ist überall, allüberall anzutreffen im täglichen Leben: an den Ruhebänken, auf den Tramwagen, als Laternenhalter (z.B. im Imbergässlein), in den Baumgittern, als Delikatesse aus Schokolade, als Souvenir auf Seidenband, um nur einiges Weniges aufzuzählen, und vergessen wir schließlich nicht seine Mitwirkung an der Fasnacht.»

Im Laufe seiner jahrhundertelangen Geschichte ist der Baselstab auf jede Weise und in den verschiedensten Stilarten dargestellt worden. Die verschiedenen Verwaltungen benützen heute noch kein einheitliches Modell, obwohl es schon dahingehende Bestrebungen gab. Wenn in einem Kanton der Eidgenossenschaft in dieser Beziehung an dem Grundsatz der künstlerischen Freiheit festgehalten wird, dann ganz bestimmt in Basel-Stadt.

Zu einem «neuen» Baselstab kam die Bürgergemeinde Basel anläßlich ihres 100jährigen Bestehens im Juli 1976. Die Christoph-Merian-Stiftung schenkte der Bürgergemeinde eine Fahne, in der ein stilistisch sehr ansprechender Baselstab zu sehen ist. Der Entwurf stammt vom Grafiker Edi Hauri, der in einem zu diesem Zwecke veranstalteten Wettbewerb den ersten Preis davontrug. Da von offizieller Seite Bestrebungen im Gange sind, diesen Stab für den amtlichen Gebrauch zu übernehmen, haben wir ihn für unsere Abbildungen des Kantonswappen und der Kantonsfahne verwendet.

SIEGEL

Das 1225 erwähnte Stadtsiegel ist leider von der betreffenden Urkunde abgefallen. Das älteste noch erhaltene Siegel von 1256 zeigt eine Kirche (die Choransicht des romanischen Basler Münsters) und darüber die beiden Buchstaben A und O (für Alpha und Omega), die auf das Wort Christi hinweisen: «Ich bin das A und das O, der Anfang und das Ende» (Off. Joh. 21,6). Dieses Siegel wurde bis ins 18. Jahrhundert verwendet. Daneben war vom 14. Jahrhundert an ein kleineres Siegel, das sogenannte Sekretsiegel, in Gebrauch, in dem Gott Vater und die

Siegel der Stadt Basel, 1256.

Jungfrau Maria auf einem Thron sitzend dargestellt sind. Das Siegel des Schultheißengerichts mit dem Baselstab haben wir bereits in Zusammenhang mit dem Stadtwappen erwähnt.

Im Jahre 1904 wurden zwei neue Stempel angefertigt. Im großen Staatssiegel hält ein vom Schweizerkreuz überhöhter Basilisk den geneigten Schild mit dem Baselstab. Der Schild allein steht im kleinen Staatssiegel.

Basler Auszugsfähnlein aus der Zeit der Burgunderkriege 1476/77. Bemalte Leinwand.

Bannerträger mit dem Basler Juliusbanner von 1512. Holzschnitt aus der Basler Chronik von Christian Wurstisen, 1580.

Basler Dragonerstandarte, erste Hälfte des 19. Jahrhunderts. Auf doppeltem weißen Seidendamast beidseitig aufgemalt: grüner Basilisk mit rotem Kamm und roter Zunge, gelbem Schnabel und gelben Fängen, als Schildhalter des Basler Standeswappens. Einfassung aus schwarz-weißen Seidenfransen.

KANTONSFAHNE

Im Historischen Museum Basel wird das älteste noch erhaltene Basler *Stadtbanner* aufbewahrt; es zeigt auf weißem Grund einen eingesetzten schwarzen Baselstab, der die ganze Höhe des Tuches einnimmt. Dieses Feldzeichen, das aufgrund des Damastmusters der zweiten Hälfte des 15. Jahrhunderts zugewiesen werden kann, wurde im Jahr 1548 dem Rat von einem Unbekannten übergeben, der es aus der Kirche von Reichenweier im Elsaß entwendet hatte. Auf welche Weise das Banner abhanden gekommen war, konnte bis heute nicht nachgewiesen werden. Ein zweites Stadtbanner aus dem 15. Jahrhundert ist nur noch als Fragment vorhanden.

Ein *Auszugsfähnlein* aus der Zeit der Burgunderkriege ist gespalten von Weiß mit der Stange zugewendetem schwarzem Stab und von Schwarz mit schlankem, schwebendem weißem Kreuz. Stab und Kreuz sind auf die Leinwand aufgemalt.

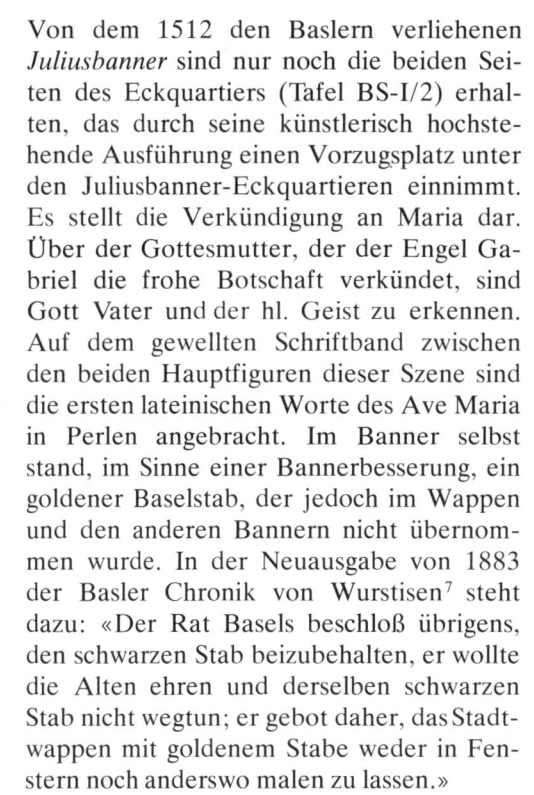

Von dem 1512 den Baslern verliehenen *Juliusbanner* sind nur noch die beiden Seiten des Eckquartiers (Tafel BS-I/2) erhalten, das durch seine künstlerisch hochstehende Ausführung einen Vorzugsplatz unter den Juliusbanner-Eckquartieren einnimmt. Es stellt die Verkündigung an Maria dar. Über der Gottesmutter, der der Engel Gabriel die frohe Botschaft verkündet, sind Gott Vater und der hl. Geist zu erkennen. Auf dem gewellten Schriftband zwischen den beiden Hauptfiguren dieser Szene sind die ersten lateinischen Worte des Ave Maria in Perlen angebracht. Im Banner selbst stand, im Sinne einer Bannerbesserung, ein goldener Baselstab, der jedoch im Wappen und den anderen Bannern nicht übernommen wurde. In der Neuausgabe von 1883 der Basler Chronik von Wurstisen[7] steht dazu: «Der Rat Basels beschloß übrigens, den schwarzen Stab beizubehalten, er wollte die Alten ehren und derselben schwarzen Stab nicht wegtun; er gebot daher, das Stadtwappen mit goldenem Stabe weder in Fenstern noch anderswo malen zu lassen.»

Aus dem 18. Jahrhundert sind *Militärfahnen* mit durchgehendem weißem Kreuz und weiß-schwarz geflammten Feldern erhalten, zwei davon mit einem mittleren Medaillon, darin der schwarze Baselstab innerhalb eines grünen Kranzes. Zwei Bataillonsfahnen aus den ersten Jahren des 19. Jahrhunderts sind schwarz-weiß geteilt mit dem Baselstab in einem Medaillon. Die im Staatsarchiv Basel aufbewahrte Zeichnung einer Bataillonsfahne von 1818 entspricht den vom Basler Kriegsrat am 15. Mai 1818 erlassenen Bestimmungen; die Fahne zeigt das traditionelle eidgenössische Muster: sie ist schwarz-weiß geflammt mit durchgehendem weißem Kreuz und rot-weißer Schleife (entsprechend dem eidgenössischen Militärreglement von 1817). In der Kreuzmitte steht der schwarze Baselstab inmitten eines grünen Eichenlaubkranzes.

Zwei *Dragonerstandarten* aus dem 17. Jahrhundert zeigen auf einer Seite den von zwei Basilisken gehaltenen Basler Schild, auf der anderen Seite den Schild mit Pfeilbündel und Trophäen. Eine Standarte aus dem 19. Jahrhundert ist beidseitig mit dem von einem Basilisk gehaltenen Basler Schild geschmückt.

Der Kanton Basel-Landschaft (Baselland)

KANTONSWAPPEN

Das Wappen des nach der Trennung von Basel-Stadt 1832 gegründeten Kantons Basel-Landschaft ist aus dem Wappen der Stadt Liestal hervorgegangen. Am 10. Mai 1832 waren bereits Anweisungen an die Bezirksverwalter ergangen, wonach alle baselstädtischen Stäbe an öffentlichen und anderen Gebäuden zu entfernen seien. Ein neues Wappen wurde angekündigt, das der Landrat zu gegebener Zeit bestimmen werde. Entsprechende Beschlüsse konnten in den Archiven nicht aufgefunden werden. Seit dem Sommer 1834 trat jedoch das Liestaler Stadtwappen in der damaligen Fassung auf dem Titel des basellandschaftlichen Amtsblattes in Erscheinung: in Silber, innerhalb eines roten Schildrandes, ein linksgewendeter roter Baselstab, dessen Krümme von sieben roten Kügelchen begleitet ist. Kurz darauf wurde wahrscheinlich zur Unterscheidung vom Liestaler Wappen der Schildrand weggelassen. Obwohl die Stellung des Stabes im Liestaler Wappen nicht immer eindeutig war, entschied sich der junge Kanton für die – im heraldischen Sinne zu verstehende – Linkswendung und brachte damit wahrscheinlich seinen Willen zum Ausdruck, dem ehemaligen Souverän «den Rücken zu kehren»...

Obwohl seither verschiedentlich Anstrengungen unternommen wurden, dem Stab die heraldisch korrektere Rechtswendung (Linkswendung vom Beschauer aus) zu geben, entschied sich der Regierungsrat mit Beschluß vom 1. April 1947 für Beibehaltung der anfänglich gewählten Stellung des Stabes: «Das Staatswappen des Kantons Baselland ist so gestaltet, daß der Stab vom Standpunkt des Beschauers aus sich nach rechts wendet. Die Altertumskommission hat dem Regierungsrat genauere Vorschläge über die Gestaltung des Wappens im einzelnen zu unterbreiten.» Nachdem die Kommission dieser Aufforderung nachgekommen war, genehmigte der Regierungsrat das von Otto Plattner entworfene und von Albert Zehnter ausgeführte Kantonswappen. In dieser klaren Zeichnung im besten heraldischen Stil wurden die in den Wappendarstellungen des 19. Jahrhunderts um den Knauf frei schwebenden Punkte oder Kügelchen glücklicherweise durch die ursprünglichen Krabben ersetzt. Nach der Überlieferung waren diese Kügelchen als Hinweis auf die sieben Ämter der alten Landschaft oder auf die sieben zum Tode verurteilten Führer des Bauernkrieges von 1653 willkürlich gedeutet worden.

SIEGEL

Während kurzer Zeit vor der Kantonstrennung war ein Siegel in Gebrauch, das wahrscheinlich von der provisorischen Regierung von 1831 benützt wurde, die sich eine Zeit lang als «Exilregierung» im Ausland aufhalten mußte. Im Siegelbild sind ein von Strahlen überhöhter Freiheitsbaum und eine Waage zu sehen. Die Umschrift lautet: «Canton de Bâle-Campagne/Liberté. Patrie. Ordre Public/Liestal».

Behördliche Erlasse über die Einführung der Siegel von Baselland nach 1832 bestehen nicht. Das vom «Verwaltungs-Departement» in den Jahren 1832 bis 1838 und das von der «Militär-Direction» nach 1838 verwendete Siegel zeigt das Kantonswappen in seiner alten Form, ebenso das zu Beginn unseres Jahrhunderts geschaffene Siegel des Regierungsrates.

Seit 1950 sind für Landrat und Regierungsrat sowie für die verschiedenen Amtsstellen einheitliche Stempel mit dem Wappen in der 1947 genehmigten Darstellung in Gebrauch.

KANTONSFAHNE

Als Folge der Kantonstrennung gingen gemäß «Inventarium, Theilung und definitive Adjudication des sämtlichen Zeughausmaterials, welches der Basel Landschaft im Monat 8bre 1833 und vom 25. bis 29. März 1834 gegen Quittungen verabfolgt wurde»[1] neunzehn alte Fahnen in den Besitz des neuen Kantons Basel-Landschaft über. Nur wenige Stücke, die davon übrig geblieben sind, werden im Museum Liestal aufbewahrt. Darunter befindet sich ein interessantes Fähnlein des Amtes Farnsburg aus dem Anfang des 16. Jahrhunderts (Tafel BL-I/1). Das dreieckige Feldzeichen zeigt auf ursprünglich weißem, heute stark nachgedun-

Darstellung der beiden Stäbe (Basel-Stadt und Baselland) in einem einzigen Wappen oder einer einzigen Fahne

Ein gemeinsames Wappen für Basel-Stadt und Baselland kommt einzig im Bundessiegel vor (vgl. das Kapitel «Schweizerische Eidgenossenschaft»).

Eine gemeinsame Fahne wird vereinzelt von Privatpersonen gehißt, die damit ihre Einstellung zugunsten einer Wiedervereinigung beider Basel und ihre Hoffnung auf deren Verwirklichung zum Ausdruck bringen. In der in beiden Halbkantonen durchgeführten Abstimmung vom 7. Dezember 1969 wurde die Wiedervereinigung abgelehnt. Die gemeinsame Fahne wird zudem in allen Fällen verwendet, da nur 22 Fahnenmasten bzw. -stangen zur Verfügung stehen und die Halbkantone deshalb nicht durch einzelne Fahnen vertreten sind.

In den gemeinsamen Fahnen stehen beide Stäbe nebeneinander im weißen Tuch, der schwarze baselstädtische Stab an der Stangenseite.

Die Farnsburg, mehr als 300 Jahre lang stolzer Sitz der Landvögte, die über das Amt Farnsburg regierten. Sie wurde 1798 verbrannt.

keltem Tuch eine hübsch gemalte Darstellung der damaligen Burg mit zwei Basler Schilden über den Toren und sieben Basler Fähnlein auf den Türmen[2].

Die im Jahre 1461 von der Stadt Basel erworbene Farnsburg war über 300 Jahre lang Sitz der Landvögte, die über das gleichnamige Amt (heute zum basellandschaftlichen Amt Sissach gehörig) regierten. Sie wurde während der Revolution von 1798 verbrannt. Im Rathaus von Liestal wird die *Standarte* einer Scharfschützenkompanie aus den dreißiger Jahren des 19. Jahrhunderts aufbewahrt: grün mit darauf gemaltem weißem Schild mit dem roten Baselstab, zwei gekreuzten Stutzern, einem Horn und Hut mit roten und gelben Federn.

Militärfahnen aus der Gründungszeit des Kantons, 1832, sind nicht erhalten geblieben. Aus den Archivakten ist auch nicht ersichtlich, ob solche Feldzeichen in den Kantonsfarben überhaupt angeschafft wurden.

Der Kanton Schaffhausen

KANTONSWAPPEN

Schaffhausen besaß wahrscheinlich schon zu Beginn des 14. Jahrhunderts ein Wappen. Belege aus dieser Zeit fehlen jedoch gänzlich, und erst für das Jahr 1396 findet sich in einem Ausgabenbuch der Eintrag einer für Wappenmalereien entrichteten Geldsumme. Seither mehren sich solche Eintragungen, unter anderem für die Anfertigung von Wappenscheiben. Berty Bruckner-Herbstreit schreibt in ihrem vortrefflichen Werk über die Schaffhauser Hoheitszeichen[1]: «Das Wappen von Schaffhausen entwickelte sich vollständig aus dem Banner, wie das bei sehr vielen Stadtwappen der Fall ist. Es zeigt in Gelb den schwarzen springenden Widder. Die päpstliche Besserung von 1512 übernahm es voll und ganz. Auch nach der Reformation wurde das Wappentier in dieser Form weitergeführt. Man stieß sich in der protestantischen Stadt nicht daran, daß die Auszeichnung vom heiligen Vater verliehen war; im Gegenteil etwa zu Basel, wo der 1512 vergoldete Stab wieder dem schwarzen weichen mußte.»

Vom 16. Jahrhundert bis zu Beginn des 19. Jahrhunderts herrschte in Schaffhausen die weit verbreitete Meinung, die Stadt führe zwei Wappen: das einzig richtige mit dem frei springenden und das mit dem aus dem Stadttor tretenden Widder. Den Grund für diese falsche Annahme lieferten vor allem das Stadtsiegel und die Münzen, wie auch die in einigen Fällen nebeneinander geführten Wappen des Klosters mit dem aus dem Stadttor tretenden Widder und der Stadt, zum Beispiel an der Kanzel von 1594 im Münster. Dabei wurde übersehen, daß Wappen, Siegel und Münze auseinanderzuhalten sind, da sie nicht immer identische Bilder aufweisen.

Die Verfassung vom 2. Juni 1831 führte die Gleichstellung von Land und Stadt herbei und schuf, im Zuge der rechtlichen Trennung der beiden Hoheiten, eine Stadtverwaltung. Diese Neuordnung fand auch in den Hoheitszeichen ihren Niederschlag. Der Kanton übernahm als Rechtsnachfolger des alten Stadtstaates dessen Wappen mit dem frei springenden Widder und dessen Farben, Grün und Schwarz. Die neu konstituierte Stadtgemeinde ihrerseits griff auf ihr altes Siegel- und Münzbild mit Widder und Stadttor zurück.

SIEGEL

Um das Siegelbild der Stadt Schaffhausen erklären zu können, bedarf es eines Hinweises auf die Entstehung der ersten Münzen des Klosters Allerheiligen, mit dem die Ge-

Links: Standesscheibe von Schaffhausen, um 1505. Darstellung des Widders vor der Bannerbesserung von 1512; er ist noch vollständig schwarz und ungekrönt. Arbeit des Luzerner Glasmalers Oswald Göschel oder aus dessen Werkstatt.

Rechts: Standesscheibe von Schaffhausen 1542 im Rathaus von Stein am Rhein. Arbeit des Zürcher Glasmalers Carl von Egeri.

schicke der Stadt einst eng verknüpft waren. Graf Eberhard III. von Nellenburg gründete 1049 auf seinem Grund und Boden das Benediktinerkloster Allerheiligen. Bald konnte die Abtei, dank umfassender Zuwendungen der Stifterfamilie, in den Besitz von Schaffhausen gelangen. Graf Burchard von Nellenburg verlieh 1080 der Abtei das Münzrecht. Die erste überlieferte Münze ist ein Brakteat (ein nur einseitig geprägter Hohlpfennig) um ca. 1180, heute im Berliner Münzkabinett. Er zeigt die Darstellung eines über einem Dach schreitenden Tieres mit gespaltenen Hufen und einem Teil eines eingerollten Gehörns. Auf einem Hohlpfennig von 1200 ist ein Widder über einem Dach deutlich erkennbar. Die Deutung des Ortsnamens (Schaf und das Dach als Symbol des Hauses) kommt hier zum Ausdruck. Auf einer rund 50 Jahre später geschlagenen Mün-

95

ze erscheint bereits der aus einem Turm tretende Bock. Dieses Bild weisen die Schaffhauser Brakteaten bis ins 15. Jahrhundert beinahe ausnahmslos auf.

Nachdem Schaffhausen im Jahre 1218 endgültig die volle Reichsunmittelbarkeit gewonnen hatte, dürfte es sich bald ein eigenes Siegel zugelegt haben. Bei der Wahl des Siegelbildes mögen die Beziehungen zum Kloster Allerheiligen eine nicht zu unterschätzende Rolle gespielt haben, denn der Schultheiß von Schaffhausen, dessen wichtigste Funktion die Leitung des Stadtgerichtes war, wurde bis zum Ende des 13. Jahrhunderts vom Abt eingesetzt. Das Stadtsiegel, dessen ältester Abdruck auf das Jahr 1253 zurückgeht – frühere Urkunden seit der Erlangung der Reichsunmittelbarkeit sind nicht überliefert worden –, zeigt ein ähnliches Bild wie die um die gleiche Zeit geprägten äbtischen Münzen, nämlich den Bock, der aus dem romanischen Torbogen eines Turmes mit angebautem Haus hervortritt. Die Umschrift lautet: S. CIVIVM IN SCHAFVSA. Bemerkenswert ist dabei die Tatsache, daß die Stadt ihrem Siegelbild die damalige Namensdeutung zugrunde legte – was der Abt bereits etwas früher bei der Wahl seines Münzbildes getan hatte. Aus dem zweiten Siegel, das 1265 bis 1371 verwendet wurde, geht der Charakter der wehrhaften Stadt deutlich hervor: die ungelenke, bescheidene Darstellung des Turmes im ersten Siegel ist einer geschickten perspektivischen Darstellung eines gezinnten Stadttores mit angebauter Mauer aus mächtigen Quadersteinen gewichen. Grundsätzlich in ähnlicher Weise gestaltet, jedoch künstlerisch bedeutend höher einzustufen, ist das dritte Siegel, das von 1372 bis zum Anfang des 15. Jahrhunderts für alle obrigkeitlichen Urkunden und danach bis gegen Ende des 17. Jahrhunderts nur noch zur Besiegelung der wichtigsten Akten Verwendung fand. Im 1403 bis 1471 verwendeten sogenannten «minderen» oder Sekretsiegel springt der Widder erstmals aus dem Tor heraus, wohingegen er bisher gemächlich daraus hervortrat, ebenso im zweiten Sekretsiegel (1471 bis 1879).

In dem 1687 vom französischen Medailleur Gabriel Leclerc gestochenen prunkvollen Staatssiegel fällt eine neue Art der Darstellung auf, die mit der bisherigen Tradition bricht und den Geschmack des 17. Jahrhunderts verrät: der Widder erscheint nicht mehr frei im Siegelfeld, sondern in einem von zwei Löwen gehaltenen Schild, und – darin liegt das Wichtigste an dieser Neuerung – der Widder ist als gänzlich sichtbares springendes Tier dargestellt; Stadttor und Stadtmauer sind nicht mehr zu sehen. Diese mit dem Stadtwappen übereinstimmende Darstellung wurde bis in die Zeit der Helvetik beibehalten.

Als die Stadt im Jahre 1831, nach der Trennung vom Kanton, wieder das alte Siegelbild mit dem aus dem Stadttor tretenden Widder aufnahm, verwendete der Kanton eine Zeit lang das Sekretsiegel mit dem nämlichen Bild, bis sich eine Unterscheidung aufdrängte. 1845/46 entstand ein besonderes Großratssiegel mit dem – in Übereinstimmung mit dem Kantonswappen – frei springenden Widder.

KANTONSFAHNE

Schaffhausen erlangte im Jahre 1218 – wie Zürich und Bern – die Reichsfreiheit, und es darf angenommen werden, daß bald darauf ein eigenes Banner angeschafft wurde. Vielleicht bildete die an Schaffhausen gerichtete Aufforderung des deutschen Königs Heinrich zu selbständigem militärischen Handeln gegen die Feinde des Klosters Salem (1230) den Anlaß zur erstmaligen Bannerführung. Schaffhausen wählte als Bannerfigur den vermutlich bereits als Siegelbild verwendeten Schafsbock, der nach damaliger Deutung auf den Stadtnamen hinwies. Im Gegensatz zum Siegel wurde jedoch auf die Übernahme des Stadttores mit angebautem Haus in das Banner zugunsten eines klaren, weithin sichtbaren Bildes verzichtet. Auf diese Weise entstand ein typisches und markantes Feldzeichen. Berty Bruckner-Herbstreit schreibt dazu[2]: «Wie der Bär oder der Löwe, galt der Widder als Symbol der Männlichkeit, des Stolzes und der Kraft. Treffend be-

Siegel der Stadt Schaffhausen, 1372.

Kantonswappen
In Gold ein springender schwarzer Widder mit roter Zunge, goldener Krone und Mannheit, goldenen Hörnern und Hufen.

Kantonsfarben
Grün und Schwarz.

Kantonsfahne
In Gelb ein springender schwarzer Widder mit roter Zunge, gelber Krone und Mannheit, gelben Hörnern und Hufen. Die Fahne ist so zu hissen, daß der Widder gegen die Fahnenstange springt.

Gemeindewappen

STADT SCHAFFHAUSEN
In Gold, auf grünem Boden, eine aus dem linken Schildrand hervorbrechende silberne gezinnte Stadtbefestigung, aus deren Tor ein schwarzer Widder springt.

BERINGEN
Gespalten von Gold mit einer blauen Traube an grünem Blätterstiel und von Rot mit einem halben silbernen Mühlrad am Spalt.

NEUHAUSEN
In Gold ein silbernes Rebmesser mit braunem Griff über einem grünen Kleeblatt.

Das heraldisch und symbolisch besser begründete Wappen aus dem 16. Jahrhundert zeigte in Rot einen eingebogenen silbernen Salm.

OBERHALLAU
In Blau eine silberne Lilie, belegt mit einem balkenweis gestellten goldenen Schlüssel.

STEIN AM RHEIN
In Rot der auf weißem Pferd nach links reitende, goldennimbierte heilige Georg in blauer Rüstung, in der Linken einen silbernen Schild mit rotem Kreuz haltend, und mit der einer goldenen Lanze bewaffneten Rechten einen grünen Drachen tötend.

THAYNGEN
Gespalten: vorn in Schwarz ein silberner Schlüssel mit linksgewendetem Bart, hinten in Grün ein silbernes Rebmesser, überhöht von einem silbernen Tatzenkreuzchen.

Das im Gemeindewappenbuch abgebildete gewöhnliche Kreuzchen haben wir durch das von der Gemeinde geführte Tatzenkreuzchen ersetzt. Das seit etwa 1600 nachgewiesene und bis 1840 geführte alte Wappen zeigte in Rot ein silbernes Rebmesser mit braunem Griff und goldener Zwinge, überhöht von einem schwebenden silbernen (eidgenössischen) Kreuzchen. Die Wiedereinführung dieses Wappens haben die Stimmberechtigten der Gemeinde Thayngen bei der Urnenabstimmung vom 27. Mai 1951 abgelehnt.

SH-I/1: Standarte der Ringkischen Dragonerkompanie, 1712.

SCHAFFHAUSEN
SCHAFFHOUSE / SCIAFFUSA

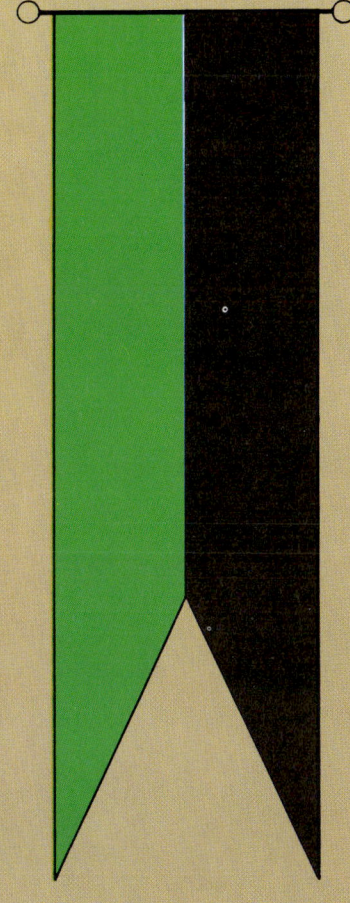

BERINGEN

NEUHAUSEN AM RHEINFALL

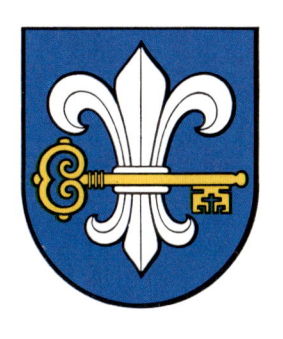

HALLAU

STEIN AM RHEIN

THAYNGEN

97

98

kundet diese Auffassung die Inschrift an dem 1537 aufgeführten Bollwerk ‹Der grosse Widder› außerhalb des Schwabentores: Der Widder heiss ich / Wer mich stösst, des wehr ich mich.» Berücksichtigt man die Tatsache, daß Schaffhausen seine Reichsfreiheit dem städtefreundlichen Staufer Friedrich II. verdankte, scheint es durchaus möglich, daß die Wahl von Gelb und Schwarz als Bannerfarben durch die Farben des schwäbischen Herzogs- und Königsgeschlechtes der Hohenstaufen bestimmt wurde. Aber auch das Reich sowie das Herzogtum Schwaben, zu dessen bedeutenden Städten Schaffhausen zählte, führten diese Farben. Es fällt deshalb schwer zu bestimmen, welches dieser drei Wappen bei der Farbenwahl Schaffhausen den entscheidenden Anstoß gab.

Das älteste der noch erhaltenen Stadtbanner stammt aus der zweiten Hälfte des 14. Jahrhunderts. Die Schaffhauser kämpften unter diesem Feldzeichen in der Schlacht bei Sempach (1386) auf der Seite Österreichs und verloren ihr Banner an Luzern, wo es heute noch in der Rathaussammlung aufbewahrt wird. Es zeigt auf gelbem Grund den springenden schwarzen Widder; am oberen Teil ist ein über die Bannerbreite hinausragender roter Schwenkel angebracht[3].

Am 24. Juli 1512 verlieh Papst Julius II. dem Stand Schaffhausen ein Bannerprivileg, aufgrund dessen er den Widder mit einer goldenen Krone sowie dessen Hörner, Hufe und Mannheit fortan in goldener Tinktur führen durfte. Das Schaffhauser Juliusbanner war zudem mit einem Eckquartier geschmückt, dem einzig übrig gebliebenen Teil des Banners, in dem die Weihnachtsszene dargestellt ist (Tafel SH-II).

Das dem Banner vorangegangene *Fähnlein* muß ursprünglich grün gewesen sein. Dafür spricht die Tatsache, daß diese Farbe – allein oder mit einer zweite Farbe – an den Siegelschnüren der meisten zwischen 1253 und 1321 ausgestellten Urkunden vorkommt. Die Siegel weiterer Urkunden dieses Zeitraumes und nahezu alle nach 1321 sind – dem damaligen Brauch gemäß – nur mit Pergamentbändchen befestigt worden. Aus einer Rechnung von 1443/44 geht die Anschaffung von grünem und schwarzem Tuch hervor. Das dort erstmals urkundlich nachgewiesene Schwarz als zweite Stadtfarbe könnte auf die heraldische Tinktur des Widders als der Hauptfigur des Banners zurückzuführen sein. Seit diesem Zeitpunkt sind Grün und Schwarz bis zum Ende des Ancien Régime als offizielle Stadtfarben nachgewiesen. Darin liegt erneut der Beweis dafür, daß Wappen, Banner und Standesfarben nicht immer identisch und deshalb in ihrer geschichtlichen Entwicklung auseinanderzuhalten sind.

Im Jahre 1638 schaffte Schaffhausen für die Reitertruppe eine *Standarte* an. Aus grünem Seidendamast gefertigt, trägt sie einen barocken gelben Schild, darin den ein Schwert schwingenden Widder. Aus dem Ende des 17. Jahrhunderts sind noch drei geflammte *Militärfahnen* mit durchgehendem weißen Kreuz erhalten; in jedem Feld gleich angeordnete Flammen zeigen die Farben Rot-Grün-Schwarz-Weiß-Gelb-Weiß-Schwarz-Grün-Rot[4]. Zwei schöne Dragonerstandarten sind 1712 und 1713 angeschafft worden. Die erste, aus grünem Seidendamast, zeigt den schwarzen Widder in einem großen gelben Kreis (Tafel SH-I/1). Die zweite Standarte enthält auf schwarzem Grund ein ähnliches rundes Medaillon innerhalb eines grünen Lorbeerkranzes, dazu den Wahlspruch Schaffhausens: DEUS SPES NOSTRA EST (Gott ist unsere Hoffnung) in goldenen Buchstaben.

Zur Grenzbesetzung von 1792 rückten die Schaffhauser Zuzüger unter einer von einem weißen Kreuz durchzogenen Fahne aus, deren Felder 1 und 4 die Standesfarben (in Grün zwei schwarze Balken) zeigten, während die Felder 2 und 3 gelb waren.

FARBTAFEL

SH-II: «Der Statt Schaffhusen Paner». Miniatur von H.C. Lang in J.J. Rüegers Schaffhauser Chronik, 1603–1606.

Bannerträger von Schaffhausen. Das Banner zeigt den noch ungekrönten Widder (vor 1512). Holzschnitt des Meisters C.S., erstes Viertel des 16. Jahrhunderts.

Der Kanton Appenzell Ausserrhoden

KANTONSWAPPEN

Das Kantonswappen leitet sich aus dem Wappen des ungeteilten Landes Appenzell ab (vgl. das Kapitel «Appenzell Innerrhoden»). Im Landteilungsbrief vom 8. September 1597 sieht Artikel 8 ein Unterscheidungszeichen in Banner und Siegel Ausserrhodens gegenüber Innerrhoden vor. Diese Bestimmung wurde dadurch erfüllt, daß dem Bärenwappen die lateinischen Buchstaben «V» und «R» (für «Ussroden», wie im Landteilungsbrief geschrieben steht) beigefügt wurden.

Während der kurzen Zeit der Helvetik zwischen 1798 und 1803 mußten die alten Hoheitszeichen beseitigt werden. Als in einer Gemeinde ein Offizier der dort einquartierten Waadtländer Truppen ein Wappen von Ausserrhoden bemerkte und befahl, es zu vernichten, gab ihm ein schlagfertiger Appenzeller zur Antwort, die Buchstaben V.R. seien eine Abkürzung des Ausrufes «Vive (la) République»! Darauf gab sich der Offizier zufrieden und das Wappen durfte fortbestehen[1].

SIEGEL

Entsprechend der bereits erwähnten Bestimmung des Landteilungsbriefes wurde 1597 das «kleine» und 1598 das «große» Siegel angefertigt. Sie wurden vom Landammann in Verwahrung genommen, der alljährlich Amt und Siegel in die Hände des Volkes zurücklegte «mit der Versicherung, von demselben stets nur Gebrauch gemacht zu haben, wie es die Verfassung und seine Pflicht geboten haben». Der bestätigte oder neu gewählte Landammann übernahm jeweils die Siegel als Zeichen der vom Volke übertragenen Amtsgewalt mit dem Versprechen, sie «stets nach Gesetz und Recht zu gebrauchen».

Auf den im Kantonsratssaal zu Herisau angebrachten Bildnissen der Landammänner von Ausserrhoden sind die Magistraten mit dem Landessiegel dargestellt, das in einem Säcklein oder offen zu sehen ist.

Nach der Zeit der Helvetik und der kurzen Existenz des «Canton Säntis» verlieren sich die Spuren der beiden Landessiegel. Im Jahre 1807 mußten neue Siegel angefertigt werden, in denen der von den Buchstaben V und R begleitete Bär seine Auferstehung erlebte. Das kleine Siegel ist 1945 durch einen Prägestempel mit einem gut stilisierten Bären ersetzt worden.

KANTONSFAHNE

Nach der Landestrennung von 1597 ließ der Stand Appenzell Ausserrhoden eine seidene, hochrechteckige Landesfahne nach der Art der alten Banner anfertigen, in der die Buchstaben V.R. und die Inschrift SOLI DEO GLORIA (Gott allein die Ehre) den Bär begleiten. Die *Militärfahnen* des ausgehenden 17. und des 18. Jahrhunderts sind schwarzweiß radial geflammt mit in der Mitte aufgelegtem, ovalem weißem Medaillon, darin der aufrechte rotgezungte schwarze Bär, beseitet von den Buchstaben V.R. Auffallend ist das Fehlen des eidgenössischen Kreuzes. Auch der Zuzüger von 1792 trägt eine solche Fahne. Die im ersten Drittel des 19. Jahrhunderts geführten Fahnen folgten demselben Muster. Eine rot-gelb-schwarz geflammte Fahne mit durchgehendem weißem Kreuz weicht auffallend vom üblichen Muster ab.

Die Herisauer *Kompaniefahnen* des 18. Jahrhunderts waren auf eine besondere Art geflammt (Tafel AR/AI-I/1).

Schild des Landweibels von Appenzell Ausserrhoden um 1600.

Links unten: Hans Jacob Zuberbühler, von Speicher, Landammann von Appenzell Ausserrhoden, von 1782 bis 1794; vor ihm das Landessiegel. Aus der Porträtgalerie der Landammänner im Kantonsratssaal von Herisau.

Der Landweibel von Appenzell Ausserrhoden. Wie seine 24 Amtskollegen trägt er den Mantel in den Landesfarben, die auch in der Hutkokarde erscheinen, und ist mit Weibelschild und -stab ausgerüstet.

Der Kanton Appenzell Innerrhoden

Wappen des Bezirks Appenzell.

ANMERKUNGEN

[a] «Der Bär ist allgemein das Sinnbild von Kraft, Mut und Intelligenz wie der Löwe im Süden. Er hat die Deutung der Stärke und Unerschütterlichkeit, weil er angegriffen, nicht flieht, sondern aufgerichtet auf seinen Feind losgeht (Paul Gründel, Wappensymbole). Er war schon bei seinem ersten Erscheinen das Kennzeichen grimmiger Wehrhaftigkeit des eigenwüchsigen, freiheitsliebenden Appenzellervolkes.
Der Bär ist schon in der Altsteinzeit (sog. ‹Wildkirchlistufe›) als Höhlenbär im Lande vorgekommen. Das letzte Wappentier, ein Braunbär, hat aber das Appenzellerland erst im Jahre 1673 verloren, wo es am Nachmittag des 21. Juli unweit der Kirche Urnäsch erlegt wurde. Daselbst sind aus einer Höhle Braunbärenfunde bekannt. Im Kanton St. Gallen sollen hingegen noch Ende des 19. Jahrhunderts Bären gesichtet worden sein.» (Albert Ruosch)[2].

[b] In ihrer Sitzung vom 17. Juli 1947 befürwortete die Standeskommission von Appenzell Innerrhoden die neue Lösung für das gemeinsame Landeswappen. Die Kommission vertrat auch die «Auffassung zuzustimmen, daß das Wappen unseres Halbkantons nicht mehr auch als das gemeinsame Landeswappen angesehen wird.» Auch der Regierungsrat von Appenzell Ausserrhoden erklärte sich mit der von der Bundeskanzlei vorgeschlagenen Lösung einverstanden.

KANTONSWAPPEN

Den Namen Appenzell erhielt das Land wahrscheinlich von einer *Cella* (abbatis cella=Zelle des Abtes), einer Niederlassung des Abtes von St. Gallen, in welcher durch Abt Norbert im Jahre 1071 für die Hirten eine Kirche zu Ehren des heiligen Mauritius errichtet wurde[1]. Im Bestreben, die geistliche Herrschaft abzuschütteln, schlossen die appenzellischen Ämter Appenzell, Hundwil, Urnäsch, Gais und Teufen 1377 ein Bündnis mit den schwäbischen Reichsstädten, dem 1401 ein weiteres zwischen den vorgenannten Gemeinden – denen sich Trogen, Speicher und Herisau angeschlossen hatten – und vier dem Abt unterstellten, benachbarten Dörfern folgte. Die heldenmütigen Kämpfe bei Vögelinsegg (1403) und am Stoss (1405) brachten den Appenzellern die Freiheit. Nachdem die Appenzeller 1403 mit Schwyz das Landrecht und 1411 ein Bündnis mit den sieben östlichen Orten der Eidgenossenschaft geschlossen hatten, wurden sie im Dezember 1513 in den Bund der elf Orte (somit ohne Bern) aufgenommen.

Es ist anzunehmen, daß kurz nach dem Auftreten des ersten Landessiegels im Jahre 1403 auch das Landeswappen mit dem aufrecht stehenden schwarzen Bären bestimmt wurde[a]. Wie das Siegel und das Banner geht auch das Landeswappen auf das Wappentier der einstigen Landesherren, der Äbte von St. Gallen, zurück. Der seinerzeit von Ludwig Stantz vorgebrachte Einwand, man dürfe nicht behaupten, «dieses siegreiche heraldische Symbol habe irgendeinen Bezug auf des Besiegten Feindes Wappen»[3], ist nicht stichhaltig, da der äbtische Bär bereits in den Bannern vorkommt, die spätestens 1390 – vielleicht schon 1377, auf alle Fälle vor dem offenen Ausbruch der Feindseligkeiten gegen die äbtische Herrschaft – von den einzelnen Talschaften geführt wurden. Der Übernahme des Bären in ihre Banner – allerdings mit Beizeichen – lag höchstwahrscheinlich eine landesherrliche Erlaubnis oder gar Verleihung zugrunde.

So wie im Siegel und im Banner des nun geeinten Landes Appenzell steht der Bär – diesmal, als gemeinsames Hoheitszeichen, ohne beigestellte Figuren wie früher bei den Gemeinden – nach 1403 auch im Schild, wobei zum Unterschied von Banner und Wappen der Abtei die Feldfarbe nicht gelb, sondern weiß ist.

Darstellungen des Appenzeller Wappens vor und nach der Landesteilung sind aus Glasgemälden, Chroniken und Malereien bekannt. Ein interessantes Dokument ist ein Wappenstein mit der Jahreszahl 1517 neben dem Nordeingang der reformierten Kirche von Herisau (bis 1906 Schlußstein des mittleren Westportals). Im Schild hält der Appenzeller Bär in seinen Pranken die beiden päpstlichen Schlüssel, wie sie aufgrund des Bannerprivilegs von 1512 geführt werden durften.

Die Appenzeller haben immer streng darauf geachtet, daß ihr Wappentier richtig dargestellt wurde. Als der St. Galler Buchdrucker Leonhard Straub einen mit den Wappen der dreizehn Orte geschmückten Kalender auf das Jahr 1579 herausgab, übernahm er Druckstöcke, die für den Druck eines 1477 in Basel erschienenen Kalenders benützt worden waren. Darin war der Appenzeller Bär, wohl aus Unkenntnis des Holzschneiders, ohne sein traditionelles Zeichen der Männlichkeit dargestellt, was die Appenzeller zur Klage gegen die St. Galler veranlaßte, sie hätten absichtlich das Wappentier Appenzells als «Weiblein» abgebildet und damit das Ehrenzeichen dieses Standes auf schimpfliche Weise verletzt. Alle Exemplare des beanstandeten Kalenders mußten vernichtet werden, und Straub erklärte, er habe «aus Einfalt» gehandelt.

Da im Vertrag von 1597, der die neuen Verhältnisse im nun geteilten Lande regelte, Banner und Siegel den inneren Rhoden zugesprochen wurden, war die Weiterführung des ursprünglichen Landeswappens durch Innerrhoden eine Selbstverständlichkeit.

Seit der Trennung vertrat das Wappen von Innerrhoden auch den gesamten «Kanton Appenzell (beider Rhoden)» – wie er in Art. 1 der Bundesverfassung genannt wird – wenn es darum ging, die Wappen der 22 Schweizer Kantone darzustellen[b]. Im Bundessiegel von 1948 kam erstmals ein gespaltenes Wappen zur Anwendung, das heraldisch rechts den Bär von Ausserrhoden (mit den Buchstaben V und R) und links denjenigen von Innerrhoden zeigt[4], wobei die beiden Tiere, entsprechend der Regel der heraldischen «Courtoisie», einander zugewendet sind (vgl. Kapitel «Schweizerische Eidgenossenschaft»).

SIEGEL

Nach der Sage soll Abt Otmar (Abt von 720 bis 759) den Bewohnern von Appenzell erlaubt haben, einen auf allen Vieren gehenden Bären als Wahrzeichen zu führen. Tatsache ist jedoch, daß die Appenzeller Gemeinden beim Bund von 1377 noch keine eigenen Siegel besaßen, wogegen vier von ihnen in der Bundesurkunde von 1401 erstmals mit Siegeln auftreten: Appenzell mit dem auf allen Vieren schreitenden Bären, Trogen mit dem aus einem Trog wachsenden Bären, Hundwil mit einem Bären und einem Hund, Herisau mit dem Bär der Abtei, der ein Holzscheit trägt. Später erhielten noch weitere Gemeinden eigene Siegel. Der Bär als gemeinsame Wappenfigur geht auf das Wappentier der Abtei St. Gallen zurück (vgl. das Kapitel «Kanton St. Gallen» und die darin erwähnte Legende des heiligen Gallus).

Als die Appenzeller, nachdem sie die Unabhängigkeit erkämpft hatten, ein gemeinsames Siegel annahmen, behielten sie den in den Gemeindesiegeln auftretenden Bären – selbstverständlich unter Weglassung der Unterscheidungszeichen der einzelnen Gemeinden. Nach der Meinung des Chronisten Stumpf wäre die – gegenüber dem auf allen Vieren gehenden Bären des ersten Gemeindesiegels von Appenzell – aufrechte Stellung des Bären mit der errungenen Freiheit in Zusammenhang zu bringen. Wir schließen uns eher der von P. Diebolder[5] geäußerten Meinung an, wonach der Bär «der Mehrzahl der Gemeindesiegel nachgebildet ist». Das Landessiegel ist erstmals an einer Urkunde von 1403 nachweisbar.

Das im Jahre 1518 angefertigte vierte Siegel und das fünfte, aus dem Jahre 1530, haben die Landesteilung überlebt; sie wurden aufgrund einer Vereinbarung dem Stand Innerrhoden zugesprochen und gelten immer noch als Landessiegel, obwohl sie in der Praxis kaum noch Verwendung finden. Das «große silberne Landessiegel» von 1518 gilt als Symbol der Machtbefugnisse der Regierung. Auf der Landsgemeinde zeigt es der regierende Landammann bei seiner Wahl und beim Ablauf seiner Amtsdauer, wobei er das Versprechen abgibt, von ihm nur «nach Recht und Gewissen» Gebrauch machen zu wollen beziehungsweise gemacht zu haben.

Das neueste Siegel – das achte in der Reihenfolge – wurde im Jahre 1947 aufgrund einer Zeichnung des Appenzeller Heraldikers Jakob Signer als Prägesiegel geschaffen. Ratsschreiber Albert Koller schrieb dazu: «Dieses neueste Siegel, das wieder auf lange Dauer den wichtigsten Akten unseres Kantons das hoheitliche Gepräge verleihen soll, präsentiert sich im Geiste unserer Zeit, aber in Anlehnung an gute alte Vorbilder. Der Bär steht wohlproportioniert und in kräftiger Stellung als altes Wappenzeichen im Siegelfeld. Das Kreuz oben wirkt als religiöses Symbol der Verpflichtung und auch als Zeichen der Zugehörigkeit zum eidgenössischen Bund. Die Schriftzeichen sind verständlich und gut lesbar.»[6]

KANTONSFAHNE

Wie das Wappen ist auch das Bannerbild von Appenzell aus der Abtei St. Gallen hervorgegangen, unter deren Herrschaft die bäuerlichen Gemeinden – die sich 1377 im Bündnis der schwäbischen Städte zusammengeschlossen hatten – schon über eine militärische Organisation verfügten und eigene Banner führten. Das Feldzeichen der Talschaft Appenzell wird bereits in einem Waffenrodel (Verzeichnis) aus der Zeit von 1390 erwähnt. Das Banner der Talschaft oder Rhode Urnäsch ist erhalten geblieben; es ist im Gemeinderatssaal aufbewahrt und zeigt den ein großes Kreuz tragenden Apostel Philippus, dem ein schwarzer Bär aufrecht entgegenschreitet. Verschiedenen Berichten zufolge dürften die übrigen äbtischen Ämter ähnliche Feldzeichen geführt haben, wobei neben dem Bär im Appenzeller Banner St. Mauritius, der Landespatron, und im Urnäscher Banner St. Laurentius stand. Es ist anzunehmen, daß gleichzeitig mit dem ersten Siegel (1403) die Appenzeller ihr erstes Feldzeichen erhielten. Unter dem Bärenbanner erkämpften sie ihre Freiheit gegen die äbtischen Truppen bei Vögelinsegg und am Stoss.

Im Banner des aus dem Zusammenschluß der einzelnen äbtischen Ämter hervorgegangenen geeinten Landes erscheint fortan auf weißem Grund der aufrechte schwarze Bär, dessen Zunge, Ohrmuscheln, Krallen und Mannheit in roter Farbe gemalt sind. Sieben Bärenbanner aus dem 15. Jahrhundert sind erhalten geblieben (sechs im Schweizerischen Landesmuseum und ein weiteres Banner in dem im Rathaus zu Appenzell untergebrachten Heimatmuseum).

APPENZELL AUSSERRHODEN

Kantonswappen

In Silber ein aufrechter, rot bewehrter und gezungter schwarzer Bär, unten rechts begleitet von einem schwarzen Großbuchstaben V, links von einem ebensolchen R.

Kantonsfarben

Weiß und Schwarz.

Kantonsfahne

In Weiß ein aufrechter, rot bewehrter und gezungter schwarzer Bär, unten begleitet von einem schwarzen Großbuchstaben V an der Stangenseite und von einem ebensolchen R an der Flugseite. Es ist darauf zu achten, daß der Bär gegen die Fahnenstange schreitet.

Gemeindewappen

HERISAU (Hauptort des Kantons Appenzell Ausserrhoden)
In Silber ein aufrechter, rotgezungter schwarzer Bär, einen goldenen Balken tragend.

TEUFEN
Geteilt von Silber mit einem schreitenden schwarzen Bären mit roter Zunge, und von Blau mit einem goldenen gotischen Großbuchstaben T.

TROGEN (Landsgemeindeort)
In Silber ein aus einem goldenen Trog wachsender, aufrechter schwarzer Bär mit roter Zunge.

1517 datierter Wappenstein an der reformierten Kirche Herisau. Appenzeller Bär mit den päpstlichen Schlüsseln in den Pranken.

Appenzeller Landessiegel, 1518.

APPENZELL AUSSERRHODEN
APPENZELL RHODES-EXTERIEURES

APPENZELL INNERRHODEN
APPENZELL RHODES-INTERIEURES

AR/AI-I/1: Kompaniefahne von Herisau, 1774.
Aquarell in der Chronik des Johannes Fisch, um 1815,
Bd. VII.

HERISAU

GONTEN

TROGEN

OBEREGG

TEUFEN

RÜTE

103

AR/AI-II: Landesbanner von Appenzell, zweite Hälfte des 15. Jahrhunderts.

APPENZELL INNERRHODEN

Kantonswappen
In Silber ein aufrechter, rot bewehrter und gezungter schwarzer Bär.

Kantonsfarben
Weiß und Schwarz.

Kantonsfahne
In Weiß ein aufrechter, rot bewehrter und gezungter schwarzer Bär. Beim Hissen der Fahne ist darauf zu achten, daß der Bär gegen die Fahnenstange schreitet.

Bezirkswappen
Der Kanton Appenzell Innerrhoden kennt keine Gemeinden. Die politischen Rechtsnachfolger der Rhoden sind die Bezirke.

APPENZELL
In Silber ein aufrechter, rot bewehrter und gezungter schwarzer Bär mit schwebendem rotem Hofring zwischen den Vorderpranken.

GONTEN
Über grünem Schildfuß gespalten von Rot und Gold mit zwei Pilgerstäben in gewechselten Tinkturen.

OBEREGG
In Schwarz eine mit einem silbernen Tatzenkreuz belegte grüne Spitze, überhöht von einem sechsstrahligen goldenen Stern.

RÜTE
In Schwarz ein aus einer goldenen Krone wachsender silberner Schwan mit rotem Schnabel und roter Zunge.

Fahne der Talschaft Urnäsch, um 1400, mit Apostel Philippus und Bär.

Das älteste, aus dem ersten Jahrzehnt des 15. Jahrhunderts, besitzt am oberen Rand einen nachträglich angenähten roten Schwenkel, der nicht über die senkrechte Außenkante des Fahnentuches hinausragt. Nach der Meinung Pater Rainald Fischers[7] erinnerte dieser Schwenkel an die Schmach von Bregenz (1408), wo die Appenzeller Schlacht und Banner verloren. Im zweiten Banner, aus dem zweiten Viertel des 15. Jahrhunderts, ist der Schwenkel aufgemalt. Das nächste, um 1450 angefertigte Banner, ist frei von dieser Zutat, was symbolisch ausdrückt, daß die Appenzeller durch ihren Sieg bei Wolfhalden (1455) die «Scharte ausgewetzt» hatten; auch die späteren Banner (das letzte mit der gemalten Jahreszahl 1499) sind ohne Schwenkel.

Kaum ein Wappentier im Bannerwald der alten Eidgenossen wurde je auf so originelle Art dargestellt wie der Appenzeller Bär. «Er wird bald als mächtige wilde Bestie mit glattem oder zottigem Fell und oft gorilla-artig überlängten Vordergliedmaßen (Tafel AR/AI-II) wiedergegeben, bald als putzig-drolliges Wesen, wie es sich über der westlichen Fenstergruppe des kleinen Ratsaales und auf Oberbildern von Glasgemälden findet.»[8]

Im Gegensatz zu den Bannern der Eidgenossen sind die Feldzeichen der Appenzeller und der Stadt St. Gallen meistens aus Leinwand gefertigt, was auf die im Spätmittelalter in den Gegenden rund um den Bodensee blühende Leinwandproduktion zurückzuführen ist.

Mit Bannerprivileg vom 24. Juli 1512 verlieh Kardinal Matthäus Schiner, in päpstlichem Auftrag, den Appenzellern ein besonders kostbares Feldzeichen. Von diesem *Juliusbanner* sind nur noch klägliche Überreste vorhanden. Der Bär und die gekreuzten päpstlichen Schlüssel, ebenso die Umrandung, sind teils ausgebrochen, teils herausgeschnitten. Die bereits erwähnte plastische Wappendarstellung von 1517 in Herisau stellt den Bären mit den gekreuzten Schlüsseln dar und lehnt sich somit an das Bannerprivileg an. Im Zürcher Holzschnitt von ca. 1513, in der Bannerträgerserie von Urs Graf 1521 und im etwas späteren Holzschnitt des Meisters C.S. erscheint jedoch ein einziger Schlüssel.

Der im Historischen Museum St. Gallen als Bannerfragment aufbewahrte Bär, der offenbar zu einem unter mysteriösen Umständen nach St. Gallen gekommenen Appenzeller Feldzeichen gehört, hat schon viel Staub aufgewirbelt. Unter anderem wurde dabei ein Zusammenhang mit dem sogenannten Bannerhandel konstruiert. P. Adalbert Wagner[9] schreibt dazu: «Der Bannerhandel zwischen Appenzell und St. Gallen, der in den Jahren 1535 bis 1539 zum Austrag gelangte, hatte seine Grundlage in der gegenseitigen Verbitterung der Alt- und Neugläubigen, die seit dem Kappeler Krieg im steten Wachsen war. Der Kern des ganzen Handels lag in der Anklage eines Ratsmitglieds, Jakob Bücheler von Eggerstanden, gegen den neugläubigen Landammann Ulrich Eisenhut, als hätte dieser ein Banner, das St. Gallen in der Schlacht bei Vögelinsegg 1403 an die Appenzeller verloren, an die St. Galler verkauft.» Was die von anderer Seite geäußerte Vermutung anbetrifft, das in St. Gallen befindliche Bärenfragment sei ein Bestandteil des Appenzeller Juliusbanners, so haben die kürzlich im Fahnenatelier des Schweizerischen Landesmuseums durchgeführten Versuche die Unhaltbarkeit dieser Annahme eindeutig bewiesen: die These wird widerlegt durch den anderen Rapport des Seidendamastes der beiden Banner, den Verlauf der Vertikalnaht, die Größe des Bären und das Fehlen der Schlüssel[10]. Auf welche Weise der Appenzeller Bär nach St. Gallen gelangte, bleibt indessen ein Rätsel.

Das Landesbanner flatterte bei kriegerischen Unternehmungen der Hauptmacht voran, kleinere Abteilungen bedienten sich der *Auszugsfähnlein*. Die erhaltenen Stücke zeigen das Fahnentuch geteilt von Schwarz und Weiß, im schwarzen Feld ein weißes Kreuz, bald schwebend, bald durchgehend. Bereits um die Mitte des 17. Jahrhunderts wußte man diese Feldzeichen nicht mehr recht zu deuten und reihte sie unter die eroberten Banner ein, so in den Kopien Hans Bildsteins und in den Wandgemälden der Pfarrkirche.

Die *Fahnen der Rhoden* als militärische Unterabteilungen sind erstmals im 17. Jahrhundert durch bildliche Darstellungen bezeugt[11]. Die damalige Form, viereckige, nach unten abgeschrägte Tücher mit drei durchlaufenden Querstreifen, ist nicht erhalten geblieben. Schon gegen Ende des 17. Jahrhunderts zeichnet sich eine neue Form ab, die mit gewissen Veränderungen traditionell geblieben ist: im farbigen Fahnentuch ein durchlaufendes Mauritiuskreuz, die Felder waagrecht oder diagonal geflammt, so erstmals in der Fahne der Schlatter Rhod von 1698. Die Fahne der Hirschberger Rhod aus dem 18. Jahrhundert zeigt das Rhodswappen auf sparrenförmig geflammtem Feld.

Der Kanton Sankt Gallen

KANTONSWAPPEN

Die Gebiete, aus denen 1803 der Kanton St. Gallen gebildet wurde, besaßen jeweils ihr eigenes Wappen, von denen wir die wichtigsten beschreiben und abbilden[1].
Das Stammgebiet des Stiftes St. Gallen war die «Alte Landschaft», auch «Fürstenland» genannt. Das Stiftswappen zeigte in Gold einen aufrechten schwarzen Bären. Diese Wappenfigur erinnert an den heiligen Gallus, aus dessen Zelle zu Beginn des 7. Jahrhunderts das Kloster St. Gallen hervorging. Gallus' Begegnung mit dem Bären erzählt uns ein Schüler des Heiligen, der Mönch Walafried Strabo. Sein Bericht lautet in deutscher Übersetzung[2]: «Das Gebet zieht sich bis zum Abend hin und die Speise wird mit Danksagung eingenommen. Als sie die Glieder der Ruhe übergeben hatten, der Mann Gottes aber sich still erhob und im Gebete verharrte, horchte sein Reisegefährte im Geheimen. Unterdeß näherte sich ein Bär vom Gebirge und verschlang die Überreste. Zu ihm sprach Gallus, der Erwählte Gottes: Bestie, im Namen unseres Herrn Jesu Christi befehle ich dir, nimm Holz und wirf es ins Feuer. Jener aber kehrte sofort um, brachte einen sehr schweren Klotz und legte ihn ins Feuer. Zum Lohn hiefür ward ihm vom Manne Gottes Brot gereicht, jedoch der Befehl beigefügt: Im Namen meines Herrn Jesu Christi weiche aus diesem Tale. Berge und Hügel mögen dir freistehen, jedoch verletze hier nicht Vieh oder Menschen.»
Nachdem 1468 die ehemalige Grafschaft Toggenburg vom Abt Ulrich VIII. käuflich erworben worden war, verordnete er im Jahre 1471, daß das Wappen der ausgestorbenen Grafen von nun an mit dem der Abtei vereinigt werde. Das redende Wappen zeigt in Gold eine schwarze Dogge mit rotem Halsband.
Der Landvogtei Rheintal war folgendes Wappen zugewiesen worden: in Gold ein springender schwarzer Steinbock mit roter Zunge. Die Grafschaft Sargans führte in Blau drei goldene Sterne.
Von den ehemaligen Untertanenländern nennen wir noch die Wappen der Landvogtei Gaster, in Silber ein goldener Schrägbalken begleitet von zwei roten Löwen, und Uznach, in Rot eine silberne Rose mit goldenem Butzen und grünen Kelchblättern an grünem Blätterstiel. Dieses Wappen ist auch das der Stadt Uznach. Die Grafschaft Werdenberg führte eine Kirchenfahne in ihrem Wappen; die Farben lassen sich nicht genau bestimmen[3].

Die am 15. März 1803 versammelte provisorische Regierungskommission bestimmte die Kantonsfarben: «Weiß und Hellgrün». Über die unheraldische Bezeichnung «Hellgrün» dürfen wir uns getrost hinwegsetzen, da von den seinerzeit im Kantonsarchiv hinterlegten seidenen Farbmustern das zweite ein sattes Grün zeigt, das vollkommen dem heraldischen Farbton entspricht. Junker David von Gonzenbach, Statthalter zu St. Gallen, der mit der Schaffung eines Kantonswappens betraut worden war, schlug *fasces* vor als «Sinnbild der Eintracht und Souveränität, mit der Gerechtigkeit verbunden»[a]. Nachdem der Kleine Rat dem Vorschlag Gonzenbachs zugestimmt hatte, beschloß die Regierungskommission am 5. April 1803:
«1. Die Farbe des Kantons ist weiß und hellgrün, gerad.
2. Das Wappen des Kantons St. Gallen ist folgendes: Silberne Fasces, mit einem breiten, glatten, grünen Bande umwunden; in grünem Feld.
Die Fasces, als Sinnbild der Eintracht und der Souveränität, enthalten 8 zusammengebundene Stäbe, nach der Zahl der 8 Distrikte, mit oben hervorstehendem Beil.
3. Das Kantonssiegel, welches der Präsident des kleinen Raths verwahrt, enthält obenbeschriebenes Wappen, mit der Inschrift: Respublica Helvetiorum foederata. Pagus Sangallensis. Oder: Verbündete helvetische Republik. Kanton St. Gallen.
4. Die Regierungskanzley, das Appellationstribunal und die Bezirksgerichte führen das gleiche Wappen in ihren Siegeln. Über die Form und die zweckmäßige Umschrift, so wie über die allfälligen Wappen anderer Behörden, wird der kleine Rath nach seiner Entscheidung verordnen.

Wappen des st. gallischen Abtes Ulrich Rösch (1463–1491) mit den Wappen der Abtei (Bär) und der Grafschaft Toggenburg (Dogge, hier ohne Halsband).

ANMERKUNG

[a] Aus dem Exposé von Staatsarchivar Dr. Lendi über das Kantonswappen, 1970: «*Herkunft der Fasces*. Die Römer benützten die wohl von den Etruskern übernommenen Fasces (dt. Rutenbündel) mit dem Beil als Zeichen der Amtsgewalt. Es war dies das Sinnbild des Rechts zu züchtigen (Ruten) und die Todesstrafe zu verhängen (Beil).
Als Zeichen der Eintracht dürfte das Stäbebündel damals nur in unbedeutendem Rahmen gegolten haben.
Über Frankreich fand dann dieses inzwischen in ein Wappen gekleidete Zeichen auch in der helvetischen Republik Eingang und wurde so schließlich st. gallisches Kantonswappen, wobei nach dem Willen der damaligen Regierung die Eintracht und die Souveränität gleichmäßig zum Ausdruck gebracht werden sollten.
Während das Stäbebündel und das Beil die Souveränität (Herrschaftsgewalt) zum Ausdruck bringen, so darf man die Eintracht in der Weise im Stäbebündel dargestellt sehen, als ein einzelner Stab viel leichter als ein Bündel gebrochen werden kann.
(Wenn also früher das Beil bisweilen als Hellebarde abgebildet wurde oder heute die Form einer Streitaxt (Wehrhaftigkeit) besitzt, so ist zu bemerken, daß dies nicht der historischen Sachlage entspricht und auch im Regierungsbeschluß von 1803 nicht zum Ausdruck gebracht wurde.)»

Wappen der Rheintaler Vogtei nach Stumpf, 1548.

Wappen des Sarganserlandes nach Stumpf, 1548.

Wappen der Grafschaft Werdenberg nach Stumpf, 1548.

Wappen der Landvogtei Uznach nach Stumpf, 1548.

5. Das Wappen des Kantons soll gemalt oder gehauen, über den Thoren der Städte angebracht werden.
6. Gegenwärtiger Beschluß soll gedruckt, öffentlich verlesen, und an den gewohnten Orten angeschlagen werden.»

Mit Schreiben vom 26. Mai 1803 an Louis d'Affry, Landammann der Schweiz, wurde seinem dringenden Ersuchen um Einsendung des *Kantonssiegels* und der Unterschriften der Regierungsmitglieder stattgegeben, und am 21. Juni folgten die Annahme des betreffenden Gesetzes durch den Großen Rat und der entsprechende Regierungsratsbeschluß.

Ausgerechnet im ersten Kantonssiegel, das auf dem vorerwähnten Brief vom 26. Mai 1803 angebracht wurde, entstand durch Unkenntnis des Siegelstechers ein Fehler, indem das Blatt des aus dem Stäbebündel herausragenden Beiles nach heraldisch links schaute. Gleiche Darstellungen finden sich auf den im Staatsarchiv aufbewahrten Vignetten und dem Schild des Standesweibels, ebenso auf den Fahnen der Standeslegion von 1804. Die Militärfahnen nach der Ordonnanz von 1817 zeigen hingegen das nach heraldisch rechts gewendete Beil.

Wegen der Beilstellung brach zwischen dem Registrator Kirchhofer und dem Graveur Scherrer ein Streit aus. Am 20. Juli 1848 verlangte der Staatsschreiber vom Departement des Innern einen Entscheid über die Richtung der Beilschneide. Den Anlaß dazu bot die damals in Frage stehende Herstellung eines neuen Siegels für die Gemeinde Berneck, die das alte bei einem Brand verloren hatte. Obwohl namhafte Heraldiker, unter anderen der bekannte Siegelstecher Aberli aus Winterthur, und der Heraldiker Hartmann aus St. Gallen, sich für die nach heraldisch rechts gewendete Schneide eingesetzt hatten, nahm die Regierung keinen eindeutigen Standpunkt ein. Sie bestimmte am 31. Juli 1848, «es sei durchaus unbedenklich und zuläßig, der Zeichnung des Kantonswappens auf Siegeln bezüglich auf die Richtung des Beils verschiedenerlei Formen zu geben». Die in diesem Entscheid enthaltene Einschränkung «auf Siegeln» ist nicht so zu verstehen, als sei auf anderen Darstellungen eine bestimmte Beilrichtung einzuhalten; damit wird lediglich gesagt, daß der Entscheid im Hinblick auf die Anfertigung des neuen Siegels von Berneck getroffen wurde.

In der Folge blieb die Stellung des Beilblattes schwankend. Einzelne offizielle Siegel zeigten bis in die Vierziger Jahre dieses Jahrhunderts hinein das St. Galler Hoheitszeichen mit nach heraldisch links gerichtetem Beil. Zudem wurde immer noch allzu oft dem Beil die Form einer Hellebarde gegeben. Auch das Band, das die Stäbe zusammenhält, gab verschiedentlich Anlaß zu Meinungsverschiedenheiten. Der Kunstmaler Rudolf Münger, der die Zeichnungen für die Serie der Briefmarken *Pro Juventute* mit den Kantonswappen (1918–1926) schuf, hatte vorgeschlagen, das Band des Stäbebündels in Gold, Schwarz oder Rot darzustellen, worauf die Schweizerische Postverwaltung im Jahre 1925 eine entsprechende Anfrage an die St. Galler Regierung richtete. Damit hätte eine dritte Farbe Eingang in das Kantonswappen gefunden, was kaum zu dessen Verschönerung beigetragen hätte. Mit Recht lehnte die Regierung dieses Ansinnen ab unter Berufung auf den Beschluß von 1803. Münger mußte dem Band seine grüne Farbe lassen. Er verzierte es jedoch mit einem Mäander *à la grecque*. Eine ähnliche Darstellung – ebenfalls von Münger – findet sich im offiziellen Heft der Bundeskanzlei von 1931.

Ein weiteres Problem bestand in der perspektivischen Zeichnung der Stäbe, die notwendig war, um die im Beschluß von 1803 erwähnten acht Stäbe darzustellen. Perspektivische Darstellungen widersprechen jedoch einer guten heraldischen Stilisierung und sollten deshalb vermieden werden. Außerdem gehört die ursprüngliche Zahl von acht Bezirken längstens der Vergangenheit an: der Kanton wurde 1831 in 15 und 1918 in 14 Bezirke eingeteilt. Diese Fragen gewannen an Aktualität, als es im Jahr 1942 darum ging, für die Reihe der Standesscheiben im Rathaus Schwyz zur Erinnerung an die 650-Jahrfeier der Schweizerischen Eidgenossenschaft eine Scheibe zu stiften. Der St. Galler Grafiker und Kunstgewerbler Anton Blöchlinger, der von der Kantonsregierung mit der Ausführung dieser Scheibe betraut worden war, richtete am 14. Februar 1942 ein Schreiben an das Erziehungsdepartement, in dem er vorschlug, unter Hinweis auf die vorerwähnte Änderung der Einteilung des Kantonsgebietes die 1803 vorgeschriebene Zahl von acht Stäben und deren perspektivische Darstellung fallen zu lassen. Blöchlinger schrieb u.a. «durch Sichtbarmachung von 5 Stäben könne immerhin auf die alte Zahl 8 geschlossen werden». Die Standesscheibe von St. Gallen wurde darauf vom Künstler in der von ihm vorgeschlagenen Weise ausgeführt.

Bereits rund zehn Jahre zuvor hatte die Gemeindewappenkommission ihre Arbeit aufgenommen. Sie stand kurz vor der Herausgabe des Gemeindewappenbuches, und es war geplant, auf der ersten Tafelseite das Kantonswappen abzubilden. Am 7. Juli 1946 setzte die Wappenkommission das Departement des Innern von dieser Absicht in Kenntnis und regte an, «der Regierungsrat möge die offizielle und heraldisch richtige Form feststellen, damit das Kantonswappen in Übereinstimmung mit den rechtlichen Vorschriften ins geplante Wappenbuch aufgenommen werden könne». Die Angelegenheit kam an der Sitzung des Regierungsrates vom 8. Oktober 1946 zur Sprache, wobei dem Vorschlag von Anton Blöchlinger – unter Hinweis auf die Standesscheibe im Rathaus zu Schwyz – der Vorzug gegeben wurde. Darauf erteilte der Regierungsrat dem Departement des Innern den Auftrag, «ihm eine zeichnerische und beschreibende Darstellung des Kantonswappens, die sich im wesentlichen nach dem in der Standesscheibe zu Schwyz enthaltenen Muster zu richten habe, zu unterbreiten». In seiner Sitzung vom 26. November 1946 genehmigte der Regierungsrat die ihm unterbreitete Zeichnung und faßte folgenden Beschluß:

«I. Die vorliegende Zeichnung wird als offizielle Darstellung des Kantonswappens genehmigt. Sie ist im Staatsarchiv aufzubewahren.

II. Die Wappenzeichnung wird durch folgende Beschreibung ergänzt:
1. Die Farbe des Kantons ist weiß und grün.
2. Das Wappenschild besteht in silbernen Fasces, umwunden mit einem glatten grünen Bande; fünf Stäbe sind in flächiger Darstellung sichtbar zu machen und verjüngen sich nach außen. Aus dem Bündel heraus ragt unten der Schaft, oben die heraldisch rechts gerichtete silberne Streitaxt mit rückseitiger kleiner Spitze. Alles in grünem Felde.
Höhe und Breite des Bündels stehen im Verhältnis 11:4.
Das Band ist nicht breiter als der mittlere Stab. Das Wappenzeichen füllt den Schild. Die Schildform ist frei.

III. Das Kantonswappen ist in Übereinstimmung mit dem offiziellen Muster zu verwenden.»

Es blieb nur noch übrig, eine einwandfreie Blasonierung (Wappenbeschreibung in der heraldischen Fachsprache) festzulegen, ein Anliegen, das am 16. Dezember 1946 an einer vom Präsidenten des Historischen Vereins des Kantons St. Gallen einberufenen Sitzung eingehend diskutiert wurde. Dr. Hans-Richard von Fels, der damalige Präsident der Schweizerischen Heraldischen Gesellschaft, schlug folgende Blasonierung vor: «In Grün ein silbernes Stäbebündel (Fasces) mit fünf sichtbaren Stäben und durchgehendem, rechtsgewendetem silbernem Beil mit rückseitigem Dorn, kreuzweise umwunden von grünem Band». Die Wappenbeschreibung wurde in dieser Fassung in das 1947 herausgegebene Gemeindewappenbuch[5] aufgenommen.

Daß der Beschluß in keiner Weise nur eine Interpretation desjenigen von 1803 sein konnte, sondern daß er wesentlich Neues brachte, zu dieser Einsicht bekannte sich die Regierung am 28. Juli 1951. Sie kam damals zum Schluß, daß der Interpretationsbeschluß von 1946 sich nicht ohne Revision in den Beschluß von 1803 fügen ließe. Da auch eine Teilrevision nicht angebracht erschien, wurde der Beschluß von 1803 durch nachstehenden ersetzt:

«Art. 1 Die Kantonsfarben sind weiß und grün.

Art. 2 Das Wappen des Kantons zeigt auf grünem Grunde ein silbernes Stäbebündel (fasces), kreuzweise umwunden von grünem Band.
Fünf flächige Stäbe sind sichtbar und verjüngen sich nach außen. Aus dem Bündel heraus ragt unten der Schaft, oben die linksgewendete (heraldisch rechtsgerichtete) silberne Streitaxt mit rückseitiger kleiner Spitze (Dorn). Höhe und Breite des Bündels stehen im Verhältnis 11:4. Das Band ist nicht breiter als der mittlere Stab.
Das Wappenzeichen füllt den Schild. Die Schildform ist frei.

Art. 3 Das Kantonswappen darf nur übereinstimmend mit Art. 2 und mit dem im Staatsarchiv aufbewahrten offiziellen Muster verwendet werden.

Art. 4 Dieser Beschluß hebt jenen der Regierungskommission über die Farbe, Wappen und Sigille des Kantons vom 5. April 1803 auf.»

Seit einigen Jahren sind wiederum Bestrebungen im Gange, die Darstellung des St. Galler Kantonswappens erneut zu ändern. Den zuständigen Behörden stehen jedoch noch keine konkreten Unterlagen dazu zur Verfügung.

Kantonswappen
In Grün ein kreuzweise von einem grünen Band umwundenes silbernes Stäbebündel (Fasces) mit fünf sichtbaren Stäben und durchgehendem, rechtsgewendetem silbernem Beil mit rückseitigem Dorn.

Kantonsfarben
Grün und Weiß.

Kantonsfahne
In Grün ein kreuzweise von einem grünen Band umwundenes weißes Stäbebündel (Fasces) mit fünf sichtbaren Stäben und durchgehendem, der Fahnenstange zugewendetem weißem Beil mit rückseitigem Dorn.

SG-I/1: Fähnrich der Grenadierkompanie der äbtischen Truppen (1780–1790) mit geflammter Fahne, darin das Wappen der Abtei St. Gallen. Aquarell von D.W. Hartmann.

SG-I/2: Fahne der Freiwilligen Legion des Kantons St. Gallen 1804, Vorderseite. Aquarell von D.W. Hartmann.

109

SG-II/1: Fahne der Stadt St. Gallen, zweite Hälfte des 18. Jahrhunderts. Aquarell von D.W. Hartmann.

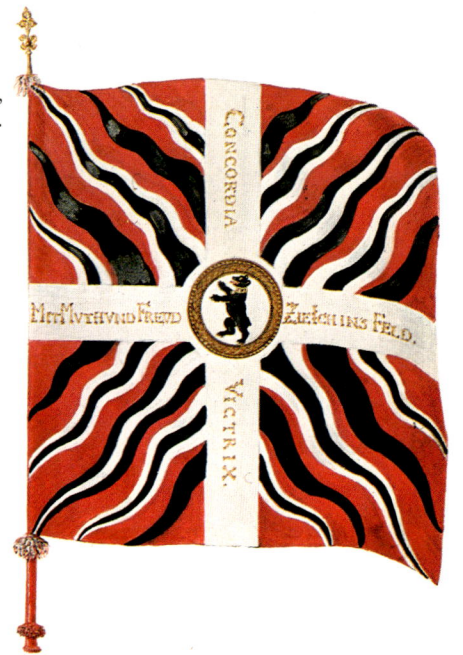

SG-II/2: Fähnrich mit Infanteriefahne der Stadt St. Gallen, um 1790. Aquarell von D.W. Hartmann.

ST. GALLEN
SAINT-GALL/ SAN GALLO

ALTSTÄTTEN

BUCHS

FLAWIL

GOLDACH

GOSSAU

JONA

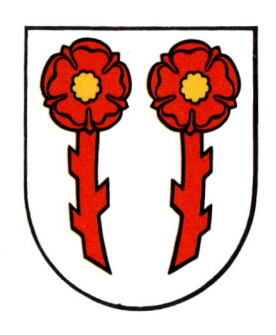

RAPPERSWIL

RORSCHACH

SARGANS

UZWIL

WATTWIL

WIL

Gemeindewappen

STADT ST. GALLEN
In Silber ein steigender schwarzer Bär mit roter Zunge und Mannheit, goldenem Halsband, goldenen Klauen und Augenbrauen, sowie Gold in den Ohren.
Als Dank für geleistete Hilfe vor Neuss gegen Karl den Kühnen verlieh Kaiser Friedrich III. mit Wappenbrief vom 5. Juli 1475 der Stadt St. Gallen das Recht, in ihrem Wappen die oben aufgeführten Teile des Bären in Gold zu führen.

ALTSTÄTTEN
In Gold ein rot bewehrter und gezungter schwarzer Bär, überhöht von einem fünfstrahligen roten Stern.

BUCHS
In Grün ein silberner Pfahl, belegt mit einer dreilatzigen schwarzen (Werdenberger) Kirchenfahne mit goldenen Ringen und Fransen.

FLAWIL
Unter goldenem Schildhaupt geschacht von Silber und Rot.

GOLDACH
In Blau zwei goldene Wellenbalken.

GOSSAU
In Gold rechts ein rotes Kleeblatt-Hochkreuz, das aus dem Rachen eines im Schildfuß liegenden goldenbewehrten grünen Lindwurms emporsteigt; links ein goldenbewehrter rotgezungter steigender schwarzer Bär.

JONA
In Silber ein blauer linker Wellenschrägbalken, begleitet im rechten Obereck von einem goldenen Marienbild mit Krone und Nimbus, im linken Untereck von zwei goldenbesamten roten Rosen an Stielen gleicher Farbe nebeneinander.

RAPPERSWIL
In Silber zwei goldenbesamte rote Rosen an 2 zu 1 gegengeasteten Stielen gleicher Farbe.

RORSCHACH
In Rot eine goldene Weizengarbe, beseitet von zwei zugewendeten gestürzten silbernen Fischen.

SARGANS
In Schwarz eine schreitende silberne Gans mit roter Zunge.

UZWIL
In Blau ein halbes silbernes Mühlrad, überhöht von drei goldenen Ähren, die mittlere pfahlweis, die beiden anderen schrägrechts bzw. schräglinks gestellt.

WATTWIL
In Gold zwei abgewendete blaue Einhornrümpfe.

WIL
In Silber ein silbernbewehrter schwarzer Bär, mit roter Zunge und Mannheit, im linken Obereck begleitet von einem schwarzen Großbuchstaben W.

Siegel der Stadt St. Gallen, 1566.

SIEGEL

Gemäß Beschluß der Regierungskommission vom 5. April 1803, Ziffer 3 enthielt das erste Kantonssiegel das von zwei Lorbeerzweigen umrahmte Kantonswappen mit der Inschrift RESPUBLICA HELVETIORUM FOEDERATA. PAGUS SAN GALLENSIS (Verbündete helvetische Republik. Kanton Sankt-Gallen). Wie bereits erwähnt, war das Blatt des Beiles irrtümlicherweise nach heraldisch links gerichtet. Die Beilstellung ist zu einem nicht mehr feststellbaren Zeitpunkt berichtigt worden.
Im Jahre 1947 wurde dieses Siegel infolge der Neugestaltung des Kantonswappens durch ein neues Oblaten-Siegel ersetzt mit der Umschrift REGIERUNGSRAT DES KANTONS ST. GALLEN. Der Stempel wird für Protokollauszüge gebraucht.

KANTONSFAHNE

Das Fahnenwesen von Abtei und Stadt St. Gallen hat Paul Martin ausführlich behandelt[6].
In zwei bedeutenden Handschriften aus der ersten Hälfte des 14. Jahrhunderts, nämlich im Manesse-Codex (Heidelberger Liederhandschrift) und in der Zürcher Wappenrolle, begegnen wir bereits dem gelben Banner mit dem schwarzen Bären der Abtei St. Gallen. Das Juliusbanner aus gelbem Damast, darin der heilige Gallus mit dem Bären, darüber der Wappenschild von Julius II., und eine Anzahl Fahnen (Tafel SG-I/1) und Kavalleriestandarten vom 16. bis zum 18. Jahrhundert sind erhalten geblieben.
Auch von der Stadt St. Gallen sind noch einige Banner vorhanden, darunter auch das Juliusbanner (aus weißem Damast, darin der schwarze Bär mit den goldenen Zutaten – vgl. die Beschreibung des Stadtwappens – und einem Eckquartier mit einer Darstellung der Auferstehung Christi). Auch mehrere Militärfahnen (Tafel SG-II/1-2) und Reiterstandarten werden im Historischen Museum St. Gallen aufbewahrt. Im Gegensatz zu den gelb-schwarz geflammten Fahnen der Abtei (Tafel SG-I/1) zeigten die Fahnen der Stadt deren Farben Schwarz-Weiß-Rot.
Von den übrigen im Kanton St. Gallen aufgegangenen Gebieten sind mehrere Banner und Fahnen[7] erhalten geblieben, von denen einige alte Banner erwähnt seien:
Rapperswil: ein Banner aus dem 15. Jahrhundert (in Weiß zwei rote Rosen mit gelbem Butzen, an gegengeasteten roten Stielen); Juliusbanner (mit goldenen Rosen – eine Bannerbesserung, die im Stadtwappen unberücksichtigt blieb – und einem Eckquartier mit einer Darstellung der Taufe Jesu).

Standesscheibe von St. Gallen, gestiftet von der Kantonsregierung für das Rathaus von Schwyz. Schildhalter: Der heilige Gallus, Gründer von St. Gallen, mit dem hilfreichen Bären, und der Standesweibel des Kantons. Arbeit von Anton Blöchlinger, 1942.

Sargans: eine in Appenzell aufbewahrte Kopie des 1445 im alten Zürichkrieg eroberten Stadtbanners (in Schwarz eine weiße Gans mit roten Beinen und gelben Schwimmhäuten, roter Schwenkel); Landesbanner von 1552, im Schloß Sargans (auf blauem Damast drei sechsstrahlige goldene Sterne, Eckquartier mit dem heiligen Georg).

Toggenburg: Totenfahne des Grafen Friedrich VII. aus der ersten Hälfte des 15. Jahrhunderts (in Gelb eine rot bewehrte und gezungte schwarze Dogge mit gelbem Stachelhalsband). Das im Historischen Museum St. Gallen erhaltene Juliusbanner von 1512 zeigt auf gelbem Damastgrund die von zwei gekreuzten roten Schlüsseln überhöhte schwarze Dogge und ein Eckquartier mit dem von Pfeilen durchbohrten heiligen Sebastian. Von einer gemäß Bannerbrief angefertigten Variante des Juliusbanners besteht nur noch ein Eckquartier mit der Geißelung Christi (im Heimatmuseum von Lichtensteig). In einem Banner aus der ersten Hälfte des 15. Jahrhunderts ist seinerzeit das ursprüngliche Eckquartier mit der Darstellung des Martyriums des heiligen Sebastians durch ein neues Zwickelbild mit der Geißelung Christi ersetzt worden.

Uznach: Banner von 1619. Auf rotem Damastgrund die grün gestielte und beblätterte silberne Rose aus dem Stadtwappen in ovalem grünem Lorbeerkranz, in der Oberecke die Muttergottes mit Jesuskind, im oberen Fahnenteil die Inschrift O MATER DEI MEMENTO MEI = O Mutter Gottes gedenke meiner.

Die ersten Militärfahnen des 1803 neu gegründeten Kantons St. Gallen waren grün mit durchgehendem weißem Kreuz, in dessen Mitte das Kantonswappen angebracht war. Auf dem waagrechten Kreuzbalken einerseits die Inschrift EINTRACHT UND VATERLAND, anderseits KANTON ST. GALLEN in goldenen Lettern. Es sind einige solche Fahnen mit verschiedenen Inschriften erhalten geblieben.

1804 wurde eine Miliztruppe, die sogenannte «Freiwillige Legion», geschaffen. Am 24. Mai überreichte ihr der Regierungspräsident eine Fahne und eine Standarte. Die Fahne aus grüner Seide ist von einem weißen Kreuz durchzogen, in deren Mitte, auf der Vorderseite des Feldzeichens, ein grünes Medaillon das von einem goldenen Eichenlaubkranz umrahmte Kantonswappen trägt (Tafel SG-I/2). Auf der Rückseite erscheint auf einem weißen Medaillon, innerhalb des gleichen Kranzes, eine aus den Wolken hervorbrechende aufgehende Sonne mit goldenen Strahlen[8].

Totenfahne des Grafen Friedrich VII. von Toggenburg, erste Hälfte des 15. Jahrhunderts.

Eine spätere Fahne zeigt in Grün das durchgehende weiße eidgenössische Kreuz, darin das ovale Kantonswappen zwischen zwei goldenen Lorbeerzweigen und in jedem Feld zwei gegen die inneren Kreuzwinkel zulaufende weiße Flammen. Das rot-weiße Fahnenband deutet darauf hin, daß dieses Feldzeichen nach der Inkraftsetzung des eidgenössischen Militärreglements von 1817 der Truppe übergeben wurde.

KANTONSFARBEN

Entsprechend dem heraldischen Grundsatz, wonach die Feldfarbe als Vorrangfarbe gilt, sind die St. Galler Standesfarben Grün und Weiß.

Im Beschluß von 1803, Art. 1 werden diese Farben in der umgekehrten Reihenfolge erwähnt: «weiß und hellgrün». Der Grund dafür mag darin liegen, daß die Wappenbeschreibung in Art. 2, entgegen der heraldischen Regel, mit der Figur beginnt und die Feldfarbe an zweiter Stelle nennt. Leider ist die falsche Reihenfolge in den Regierungsratsbeschlüssen von 1946 und 1951 nicht berichtigt worden.

Der Kanton Graubünden

ANMERKUNGEN

[a] Das *geständerte Kreuz* ist durch eine senkrechte und eine waagrechte Mittellinie sowie durch zwei in der Kreuzmitte sich kreuzende Linien, die je zwei innere Kreuzwinkel miteinander verbinden, so unterteilt, daß acht längliche Felder entstehen, die abwechslungsweise Metall und Farbe zeigen.
Das *gevierte Kreuz* ist durch eine senkrechte und eine waagrechte Mittellinie unterteilt, so daß nur vier winkelförmige Teile entstehen, wovon zwei ein Metall und zwei eine Farbe zeigen (Wappen von Davos und des Zehngerichtenbundes).
Wenn ein geviertes Kreuz zusätzlich in der Mitte zwei gekreuzte Linien aufweist wie das geständerte Kreuz, im übrigen aber die Unterteilung in zwei Metall- und zwei Farbteile beibehält, handelt es sich nach wie vor um ein geviertes und nicht etwa um ein geständertes Kreuz. In diesem Falle erfüllen die beiden schrägen Linien in der Mitte lediglich den Zweck, eine Reliefwirkung zu erzielen. (Tafel GR-I/3).

[b] Das Wappen mit dem weißen Kreuz auf rotem Grund ist eine Übermalung. Über die ursprüngliche Wappenmalerei schreibt G. Schmidt: «Das linke Wappen scheint in der ältesten Malschicht geviertelt gewesen zu sein und zeigte im ersten Viertel deutlich zwei gelbe gekreuzte Schlüssel auf wahrscheinlich rotem Grund. Die übrigen drei Viertel des Bildes konnten nicht mehr bestimmt werden.»[1] Es liegt nahe, die gekreuzten Schlüssel mit dem *Juliusbanner* des Grauen Bundes von 1512 in Verbindung zu bringen. Das ältere Wappen der unteren Malschicht wäre demnach nicht geviert, sondern – dem Juliusbanner entsprechend – in Rot ein von Grau und Weiß geviertes Kreuz, im rechten Obereck begleitet von zwei schräggekreuzten goldenen Schlüsseln. Dieses Wappen wurde nach der Reformation übermalt.
Beispiele von Wappenänderungen aufgrund der Juliusbanner können auch für eidgenössische Stände angeführt werden (so bei Schaffhausen endgültig, bei Appenzell vorübergehend).

DIE WAPPEN DER DREI BÜNDE

Graubünden ist durch den Zusammenschluß der Gerichtsgemeinden zu drei Bünden und durch deren Vereinigung aufgrund von Bündnissen im Verlauf des 15. Jahrhunderts zu einem Freistaat entstanden. Dabei behielt jeder Bund bis 1799 sein eigenes Wappen und Siegel.

GRAUER BUND

Der *Obere* oder *Graue Bund* verwendete schon um 1500 zwei Wappen, die sich bis ins 19. Jahrhundert nebeneinander behaupteten. Das eine zeigt ein zuweilen geständertes oder geviertes *Kreuz*[a] und erscheint bereits Ende des 15. Jahrhunderts als Fähnlein (geständertes Kreuz); an einem Türgewände im Disentiser Hof zu Ilanz (mit späterer Übermalung, heute im Rätischen Museum in Chur); 1495 an der Decke der Kapelle St. Sebastian in Igels (heute im Schweizerischen Landesmuseum in Zürich: in Rot ein gewöhnliches weißes Kreuz); nach 1500 an der Decke der Kapelle St. Martin in Brigels (in Rot ein von Weiß und Grau geviertes Kreuz); im heute nicht mehr vorhandenen Teil der Gewölbemalereien in der Kirche St. Margarethen zu Ilanz (in Rot ein schwebendes weißes Kreuz)[b]; 1588 an der Fassade der ehemaligen Post bei den «Unteren Waldhäusern» in Flims (in Rot ein weißes Kreuz).

Später tritt die rote Feldfarbe nicht mehr auf und macht einer Vierteilung von Grau und Weiß (vereinzelt auch Schwarz und Weiß) mit einem Kreuz in gewechselten Farben Platz. Von den zahlreichen Darstellungen seien erwähnt:
– die heute nicht mehr vorhandene Fassadenmalerei des einstigen Menn'schen Hauses in Zillis, 1590;
– die Fassadenmalerei am Gasthaus «Alte Post» in Zillis, 1608;
– das Banner auf der Standesscheibe des Grauen Bundes im Rathaus von Davos, 1624;
– die Malerei im Gewölbespiegel des Gartensaales im Schloß Salenegg in Maienfeld, 1640;
– das Wappenrelief am Nordtor der Festung St. Luzisteig, 1703;
– die Denkmünze zum Bündnis mit Zürich, 1707;
– das Titelblatt von A. Pfeffer, 1716;
– das Wappenrelief am Obertor in Ilanz, 1717;
– die Siegel der drei Bünde, 1757 und 1799.

Das zweite Wappen, ein gespaltener Schild, erscheint erstmals in einem Siegel von 1505 mit dem heiligen Georg als Schildhalter. Die Wappenfarben ersehen wir aus einer im Schweizerischen Landesmuseum aufbewahrten Wappenscheibe von 1548: der Schild ist gespalten von Grau und Weiß, wo-

Wappenscheibe des Oberen Bundes, 1548. Das Wappen ist gespalten von Grau und Silber.

Wappenscheibe des Gotteshausbundes, 1548. Das Wappen zeigt in Silber einen schwarzen Steinbock.

Wappenscheibe des Zehngerichtenbundes, 1548. Das Wappen zeigt in Blau ein silbernes Kreuz.

bei die unheraldische graue Farbe auf den Namen des Bundes anspielt. Eine Scheibe von 1564 im Rathaus Davos zeigt denselben Schild. Der in dieser Scheibe dargestellte Bannerträger trägt übrigens ein Feldzeichen, das die andere Variante des Hoheitszeichens des Grauen Bundes zeigt: geviert von Grau und Weiß mit geviertem Kreuz in gewechselten Farben. Während der Graue Bund von 1505 an in seinem Siegel ausschließlich den gespaltenen Schild verwendet, lebt neben dieser Fassung bis zum Ende des 18. Jahrhunderts in Fassadenmalereien, auf Druckerzeugnissen, Münzen und Medaillen – besonders bei Gesamtdarstellungen der drei Bundeswappen – der Schild mit dem Kreuz weiter.

GOTTESHAUSBUND

Der Gotteshausbund übernahm als Wappen den aufrechten schwarzen Steinbock in Silber, wie ihn das Bistum seit Ende des 13. Jahrhunderts führte und heute noch führt. Der Steinbock erscheint 1252 auf dem Luziusschrein der Kathedrale als freistehende Figur, also nicht in einem Schild. Deutlich als Wappenfigur zu sehen ist das Tier im Siegel eines bischöflichen Schreibers an einer Urkunde von 1291. Den ersten farbigen Beleg liefert uns die Zürcher Wappenrolle um 1340, wo der Steinbock im bischöflichen Banner dargestellt ist.

Als Wappen des Gotteshausbundes begegnen wir dem Schild mit dem Steinbock im ersten und einzigen Bundessiegel, das frühestens an einer Urkunde von 1529 hängt. Als Schildhalter dient die Muttergottes, Patronin der Kathedrale und des Domstiftes von Chur. In der Carl von Egeri zugeschriebenen Standesscheibe von 1548 wird der Schild von zwei Löwen gehalten.

ZEHNGERICHTENBUND

Das erste Wappen des Zehngerichtenbundes gemäß dessen ältestem Siegel aus dem Jahre 1518 zeigt ein einfaches Kreuz. Hinter dem Schild steht ein wilder Mann, der in seiner Rechten eine Kreuzfahne und in seiner Linken eine entwurzelte Tanne hält. Die Wappenfarben schwanken im Laufe der Zeit: in Blau ein silbernes Kreuz auf der im Schweizerischen Landesmuseum in Zürich aufbewahrten, Carl von Egeri zugeschriebenen Wappenscheibe von 1548; in Gold ein blaues Kreuz auf einer Scheibe von 1564 im Rathaus Davos (heraldisch rechts ein wilder Mann mit entwurzelter Tanne, links ein geharnischter Krieger mit dem Wappen nachgebildetem Banner); in Blau ein goldenes Kreuz in einer Scheibe von 1605 im Rätischen Museum in Chur.

Im Siegel von 1643 erscheint ein geviertes Kreuz. Bald bürgert sich diese Wappenform ein, wobei das Kreuz in gewechselten Farben in einem von Blau und Gelb gevierten Schild geführt wird.

Neben der vorerwähnten Fassung mit Kreuz sind zwei weitere Wappenformen bekannt, die ausnahmslos bei Gruppierungen der Hoheitszeichen der drei Bünde zur Anwendung kommen. Der sonst als Schildhalter fungierende wilde Mann wird zur eigentlichen Wappenfigur, indem er – eine Tanne haltend – in den Schild gesetzt wird. Er erscheint entweder allein (so auf einem Geschützrohr von 1533, einer Fassadenmalerei von 1590 am ehemaligen Menn'schen Haus in Zillis, einer Denkmünze von 1603, einer Fassadenmalerei von 1608 am Gebäude der alten Post in Zillis) oder in der heraldisch linken Hälfte eines gespaltenen Schildes, in dem rechts ein Kreuz steht: 1548 in einem Druck der Veltliner Statuten, 1703 am Torbogen der Festung St. Luzisteig, 1716 auf einem Titelblatt von A. Pfeffer, 1717 am Obertor von Ilanz, 1782 auf einer Ordonnanzfahne des Bündnerregiments in sardinischen Diensten[2], ebenso auf einem Siegel des Sanitätskollegiums von 1757 und dem Siegel der drei Bünde von 1799.

Wappen der drei Bünde. Variante mit geviertem Kreuz für den Grauen Bund. Variante mit Kreuz und Wildem Mann (im Schild) für den Zehngerichtenbund. Titelbild von A. Pfeffer, 1717.

KOMBINATIONEN DER DREI BUNDESWAPPEN

Wie aus den angeführten Beispiele hervorgeht, begnügte man sich bei Gesamtdarstellungen der drei Bundeswappen in Werken der angewandten Kunst (Fassadenschmuck, Drucksachen, Denkmünzen) mit dem Nebeneinanderstellen der drei Schilde in der historischen Rangordnung der drei Bünde. Erstmals in einem einzigen Schild vereinigt finden sich diese drei Wappen auf der Medaille von Jakob Stampfer 1548 (vgl. das

Kantonswappen

Halb gespalten und geteilt: 1. gespalten von Schwarz und Silber (Grauer Bund); 2. geviert von Blau und Gold mit einem gevierten Kreuz in gewechselten Tinkturen (Zehngerichtenbund); 3. in Silber ein springender schwarzer Steinbock mit roter Zunge (Gotteshausbund).

Kantonsfarben

Grau, Weiß, Blau.

Kantonsfahne

Halb gespalten und geteilt: 1. (an der Stangenseite) gespalten von Schwarz und Weiß; 2. geviert von Blau und Gelb mit einem gevierten Kreuz in gewechselten Farben; 3. in Weiß ein springender schwarzer Steinbock mit roter Zunge.

Gemeindewappen

CHUR (Kantonshauptort)
In Silber, in einem dreitürmigen gezinnten roten Stadttor, ein steigender schwarzer Steinbock mit roter Zunge.

AROSA
In Blau eine goldene Sonne über zwei silbernen Spitzen.

DAVOS
Geviert von Blau und Gold mit einem gevierten Kreuz in gewechselten Tinkturen.

DOMAT/EMS
In Gold der goldennimbierte heilige Johann Baptista mit rotem Mantel, in der Rechten einen schwarzen Kreuzstab, in der Linken das silberne Lamm Gottes, ruhend auf dem heiligen Buche.

IGIS
In Silber ein springender, rotgezungter schwarzer Steinbock, eine rotbrennende schwarze Fackel haltend.

ILANZ
In Rot ein schräger, zweimal gebogener, silberbordierter blauer Strom (der Rhein), der durch eine goldene Krone fließt.

KLOSTERS
In Gold ein wilder Mann mit grünem Laub um Kopf und Lenden, in der Rechten eine blaue Fahne mit weißem Kreuz an rotem Schaft haltend.

POSCHIAVO
In Rot zwei gekreuzte, unten durch eine silberne Kette verbundene, silberne Schlüssel.

ST. MORITZ
In Gold der aus dem Schildfuß wachsende, silbernimbierte heilige Moritz in blauer Rüstung. In der Rechten hält er eine dreieckige blaue Fahne mit gelbem Kreuz an rotem Schaft, in der Linken ein Schwert.

GR-I/1: Bündner Wappen vor 1932.

GR-I/2: Vereinfachtes Wappen, 1931.

GR-I/3: Darstellung mit Schildhaltern, 1936: St. Georg (Grauer Bund), Maria (Gotteshausbund) und Wilder Mann (Zehngerichtenbund). Im ersten Feld des Schildes sind die Farben gegenüber dem neuen Wappen von 1932 vertauscht.

CHUR
COIRE / COIRA

AROSA

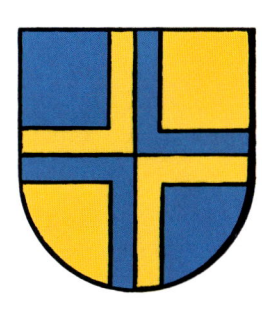

DAVOS

DOMAT-EMS

IGIS (MIT LANDQUART)

ILANZ

KLOSTERS

POSCHIAVO

ST. MORITZ

115

GR-II: Banner der Herrschaft Rhäzüns, 15. Jahrhundert, mit dem den Drachen tötenden heiligen Georg.

Wappenscheibe des Standes Graubünden, 1942, von Alois Carigiet. Schildhalter: Maria als Himmelskönigin für den Gotteshausbund, Sankt Georg für den Oberen oder Grauen Bund, Wilder Mann für den Zehngerichtenbund.

ANMERKUNGEN

[c] Zu den 1861 im damaligen Ständeratssaal angebrachten Wappenscheiben vgl. Kapitel «Kanton Glarus», Anm. a. Bei dem von Prof. F. Pieth erwähnten Farbdruck handelt es sich um eine im Bundesarchiv aufbewahrte große lithographierte Farbtafel mit allen – nach den Originalzeichnungen von Dr. Ludwig Stantz reproduzierten – Kantonswappen, deren Echtheit und Übereinstimmung mit den Originalen durch die Unterschrift des damaligen Bundeskanzlers Johann Ulrich Schiess (Kanzler von 1848 bis 1881) bezeugt wurde.

[d] In der vom wilden Mann, dem Schildhalter des Zehngerichtenbundes, gehaltenen Fahne sind die Farben falsch angeordnet. Die blaue Farbe des ersten Feldes des gevierten Wappens muß in das obere Feld bei der Fahnenstange gesetzt werden. In sämtlichen Darstellungen des alten Bündner Wappens ist dieses Feld irrtümlicherweise gelb.

Kapitel «Schweizerische Eidgenossenschaft», Abb. S. 14). Leider blieb dieses gute Beispiel ohne Nachahmung. Im Siegel von 1799 blieb es bei der Nebeneinanderstellung, ebenso 1803 nach dem Eintritt Graubündens in die Eidgenossenschaft. Die vom Großen Rat in seiner Sitzung vom 26. April 1803 genehmigte Zeichnung des neuen Siegels vereinigt die drei Wappen in einem Schild; als Schildhalter – innerhalb des Schildes – fungieren der heilige Ritter Georg und der wilde Mann. Das Wappen des Gotteshausbundes steht in der Mitte dieser Komposition, jedoch ohne Schildhalter; es überdeckt die beiden anderen Schilde beinahe zur Hälfte. Professor Friedrich Pieth schrieb dazu[3]: «Das neue Kantonswappen war keine glückliche heraldische Schöpfung. Dennoch bürgerte es sich rasch ein. Es eroberte den Markt, fand den Weg ins Kunstgewerbe und in die Schulbücher. Auch auf den für das eidgenössische Schützenfest 1842 geprägten Festtalern begegnen wir ihm, während auf anderen vom Kanton geprägten Münzen das Bündner-Wappen immer noch in drei verschiedenen Varianten erscheint. Im Jahre 1860 wurde der Kleine Rat veranlaßt, auf die Wappenfrage zurückzukommen. Die Regierung des Kantons Zürich regte an, der Stadt Bern für die Ausschmückung des Ständeratssaales die in Glas gemalten 22 Wappen der Kantone zu schenken. Der Kleine Rat erklärte sich damit einverstanden. Im Namen der Kantone schloß die Zürcher Regierung mit dem Berner Heraldiker und Glasmaler Dr. Ludwig Stantz einen Vertrag ab. Eine Konferenz von kantonalen Abgeordneten, an der Graubünden durch Ständerat Gaudenz Salis vertreten war, besprach und genehmigte den Vertrag. Auch die von Dr. Stantz vorgelegten Wappenzeichnungen wurden von ihr gutgeheißen. Obschon in Graubünden weder der Große noch der Kleine Rat Gelegenheit bekommen hatten, zum Stantzschen Entwurf des Bündnerwappens Stellung zu nehmen, wurde dieser dem Bundesarchiv einverleibt und später mit der Unterschrift des Bundeskanzlers in Farbdruck herausgegeben. Dadurch erhielt dieses Bündnerwappen amtlichen Charakter. So gelangte Graubünden zu einem zweiten offiziellen Wappen. Es unterschied sich von demjenigen von 1803 nur dadurch, daß die Schilde selber zum Oval des Steinbocks zusammengedrückt wurden. In heraldischer Unwissenheit hatte man bis Ende des 19. Jahrhunderts seine ungetrübte Freude an dem kurzweiligen Bündnerwappen, das eine ganze Geschichte erzählte, aber nur von ganz geübten Zeichnern nachgemacht werden konnte (Tafel GR-I/1). Nur Kenner stießen sich an seiner romantischen Anordnung und Ausschmückung.»[c]

Die beiden Hauptfehler, die diesem Wappen anhafteten, waren.

– die Übernahme der Schildhalter in den Schild (diese Figuren stehen – was schon aus ihrer Bezeichnung hervorgeht – außerhalb und nicht innerhalb des Schildes), wobei noch zu bemerken ist, daß dem Schild des Gotteshausbundes der Schildhalter vorenthalten wurde[d];

– die Anordnung der drei Schilde, bei der ein einzelner Schild die beiden anderen zum Teil verdeckt.

Erst im Jahre 1895 trat die Entwicklung des Bündner Wappens in ein neues Stadium. Dem namhaften Kunsthistoriker Dr. J. Zemp ist es zu verdanken, daß man sich der 1548 von Jakob Stampfer gewählten, heraldisch glücklichen Lösung entsann. Dr. Zemp ersuchte die Bündner Regierung im Auftrag der Direktion des Schweizerischen Landesmuseums in Zürich um die Einwilligung, das Bündner Wappen auf der für den Waffensaal des Museums bestimmten Standesscheibe in einer heraldisch richtigen Form darstellen zu dürfen. Von einer der Gesamtkomposition zugute kommenden Änderung in der Reihenfolge der einzelnen Wappenfelder abgesehen, wurde der Vorschlag Dr. Zemps vom Kleinen Rat gutgeheißen. Die Standesscheibe kam 1896 zur Ausführung. Leider konnte sich das vereinfachte Bündner Wappen nur zögernd durchsetzen. Einen neuen Impuls gab die Schweizerische Heraldische Gesellschaft, als sie anläßlich ihrer Generalversammlung vom 24. September 1910 in Chur der Bündner Regierung gegenüber den Wunsch aussprach, «sie möchte nach Möglichkeit dafür besorgt sein, daß das im Jahre 1803 eingeführte fehlerhafte Bündner Wappen durch das einfache, vom Kleinen Rate im Jahr 1896 für die Waffenhalle des Landesmuseums akzeptierte, künstlerisch schöne und heraldisch unanfechtbare Wappen nach der Stampferschen Medaille von 1548 ersetzt und als allgemein gültig erklärt werde.»[4] In seiner Sitzung vom 11. November 1911 befaßte sich der Große Rat mit diesem Vorschlag, lehnte ihn jedoch mit 38 gegen 26 Stimmen ab. Dennoch kamen dem Wappen von 1896 nachgebildete Darstellungen immer wieder vor, so auf der von Rudolf Münger entworfenen *Pro Juventute*-Briefmarke von 1925 sowie – neben der offiziellen Fassung – in dem 1931 von der Bundeskanzlei herausgegebenen Heft mit den Kantonswappen, unter der Bezeichnung «vereinfachtes Wappen» (Tafel GR-I/2, die untere Schildhälfte als eingeschobene Spitze).

Die 1925 revidierte Übereinkunft zum Schutze des gewerblichen Eigentums, der auch die Schweiz beigetreten war, wurde auf den Schutz der Kantonswappen ausgedehnt[e]. Die Notwendigkeit zu bestimmen, welche Form des Kantonswappens vor dem Mißbrauch durch Dritte zu schützen war, bildete den Anlaß, die Wappenfrage wieder aufzugreifen. Im Jahre 1930 wurde im Großen Rat angeregt, die Regierung möge die bereits 1911 vorgeschlagene Einführung des vereinfachten Bündner Wappens wieder in Erwägung ziehen. Nachdem die großrätliche Kommission ein Gutachten der drei für die Wappenfrage zuständigen Vereinigungen eingeholt hatte[5], richtete der Kleine Rat eine entsprechende Botschaft an den Großen Rat[f]. Letzterer behandelte das Geschäft in seiner Sitzung vom 24. Mai 1932; die nach längerer Beratung durchgeführte Abstimmung ergab 66 Stimmen für und nur zwei gegen den Antrag der Kommission. Diesmal hatten die Heraldiker und ihre Befürworter den Sieg davongetragen. Die Annahme des Kommissionsantrages schloß einen von M. Demont gestellten Zusatzantrag ein, der lautete: «Wo das kantonale Wappen mit Schildhaltern zur Darstellung gelangt, sollen die traditionellen Figuren als offizielle Schildhalter anerkannt sein und solche Verwendung finden.» Unsere Abbildung (Tafel GR-I/3) veranschaulicht eine solche Darstellung nach einem Vorschlag des Malers und Bildhauers Pietro von Salis[6]. Eine moderne Darstellung ist dem Bündner Künstler Alois Carigiet in seiner 1942 geschaffenen Standesscheibe geglückt.

Mit Beschluß vom 8. November 1932 legte der Kleine Rat die «Offizielle Beschreibung des Wappens des Kantons Graubünden» fest[g]. Dieses Hoheitszeichen unterscheidet sich von dem 1896 geschaffenen Wappen lediglich durch eine im ersten, den Grauen Bund repräsentierenden Feld vorgenommene Änderung: die beiden Tinkturen sind vertauscht worden, so daß die schwarze Farbe – entsprechend der ältesten Darstellung des Wappens – nun heraldisch rechts steht.

SIEGEL

Bis zur Errichtung des Kantons Graubünden im Jahr 1803 führte jeder Bund sein eigenes Siegel. Der *Graue Bund* gebrauchte um 1500 ein einfaches Siegel mit einem Lilienkreuz und der Umschrift LIGAE GRISAE, das 1505 durch ein neues abgelöst wurde, in dem ein gespaltener Schild und der heilige Ritter Georg als Schildhalter zu sehen sind. Das älteste Siegel des *Gotteshausbundes* datiert von 1529. Es zeigt – entsprechend demjenigen des Bistums Chur – den Schild mit dem Steinbock zu Füßen der Muttergottes, der Patronin der Kathedrale und des Hochstiftes.

Das Siegelbild ist von einem Bande umschlungen, auf dem die Inschrift S. COMVNE TOTIVS DOMVS DEI CVRIENSIS (Siegel der Gemeinde des ganzen Gotteshauses von Chur) steht.

Im ersten, von 1518 datierten Siegel des *Zehngerichtenbundes* steht hinter einem Schild mit einfachem Kreuz der wilde Mann, der in der Rechten eine Kreuzfahne und in der Linken eine Tanne hält. Auf dem zweiten Siegel von 1643 wurde das einfache Kreuz in Schild und Fahne durch ein geviertes Kreuz ersetzt und der wilde Mann als Schildhalter beibehalten.

Wenn es darum ging, einen gesamtstaatlichen Akt zu besiegeln, brachte jeder der drei Bünde sein Siegel an der betreffenden Urkunde an. Über die Reihenfolge, in der die Bünde siegeln durften, entstand 1549 zwischen dem Grauen und dem Gotteshausbund ein heftiger Streit, weil der zweitgenannte vor dem erstgenannten Bund gesiegelt hatte, woraufhin der Graue Bund einen Schiedsspruch forderte. Gemäß Bundesbrief von 1524 mußte der Zehngerichtenbund über den Streit entscheiden. Durch Schiedsspruch vom 23. Februar 1550 wurde nicht nur die in verschiedenen Fällen zu beachtende Siegelreihenfolge – auf recht komplizierte Art – bestimmt, sondern auch die eigentliche Rangordnung der Bünde festgelegt: Grauer Bund, Gotteshausbund, Zehngerichtenbund. Die Siegel der drei Bünde blieben bis 1799 in Gebrauch. Daneben wurde ein gemeinsames Kanzleisiegel verwendet, in dem erstmals die Wappen der drei Bünde nebeneinander erscheinen.

Die kurzlebigen Bündnerregierungen der Revolutionszeit (1799–1802) benützten zum Teil neue Siegel. Als erstes gesamtbündnerisches Staatssiegel gilt das unter der «Schirmherrschaft» Österreichs entstandene Siegel der «Interinalen Landesregierung» von 1799. In diesem neuen Hoheitszeichen stehen nebeneinander die Schilde des Grauen Bundes (geständertes Kreuz), des Gotteshausbundes (Steinbock) und des Zehngerichtenbundes (gespalten: rechts ein Kreuz, links der wilde Mann). Die drei Wappen sind von einer großen fünfblättrigen Krone überhöht, mit der sie durch Ketten verbunden sind. Die anfangs 1802 ins Leben gerufene «Verwaltungskammer» führ-

Schild eines Postwagens mit den Wappen der drei Bünde (Schild in Gebrauch von 1813 bis 1818).

ANMERKUNGEN

[e] Pariser Verbandsübereinkunft zum Schutz des gewerblichen Eigentums, vom 20. März 1883 (revidiert 1900, 1911, 1925, 1934, 1958, 1967). Anläßlich der am 6. November 1925 im Haag beschlossenen Revision wurde ein neuer Artikel 6ter in die Übereinkunft aufgenommen, der die Eintragung und den Gebrauch der «Wappen, Flaggen und anderen staatlichen Hoheitszeichen» unter Schutz stellte und von bestimmten Bedingungen abhängig machte.
Von der Schweiz wurde der revidierte Text am 15. Juni 1929 angenommen.

[f] Botschaft des Kleinen Rates an den Großen Rat betreffend Bestimmung des offiziellen Bündnerwappens, vom 22. April 1932 (Botschaften des Kleinen Rates an den hochlöbl. Großen Rat, 1932, Heft 2, S. 123–130).

[g] «Die definitive Beschreibung und zeichnerische sowie farbige Darstellung des Wappens des Kantons Graubünden wird wie folgt festgesetzt: Halb gespalten, geteilt: im 1. gespalten von Schwarz und Silber; im 2. geviertelt von Blau und Gold mit geviertteiltem Balkenkreuz in verwechselten Farben; im 3. schwarzer aufrechter Steinbock in Silber.»

Bündner Wappen auf fünf Schweizer Batzen 1820, dem Staatssiegel von 1803 nachgebildet.

Staatssiegel des Kantons Graubünden, 1932.

Banner des Hochgerichts Puschlav (Poschiavo), 15./16. Jahrhundert. Auf rotem Seidenmast aufgemalt, ein silberner und ein goldener Schlüssel, schräg gekreuzt und durch eine blaue Schnur zusammengehalten.

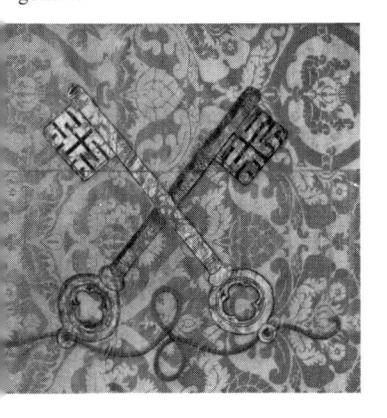

te das Bild Wilhelm Tells mit dem Knaben in ihrem Siegel.

Nachdem sich Graubünden im April 1803 als Kanton der Schweizerischen Eidgenossenschaft konstituiert hatte, beschloß der Große Rat die Anfertigung eines Staatssiegels «mit den vereinigten Insignien aller drei Bünde». Auf welche Art dies geschah, haben wir bereits im Abschnitt «Kantonswappen» erläutert.

Als 1932 das vereinfachte Bündnerwappen entstand, drängte sich auch die Anfertigung eines neuen Standessiegels auf. Sie wurde aufgrund eines Wettbewerbes dem Bildhauer W. Schwerzmann anvertraut, der ein künstlerisch und heraldisch sehr ansprechendes Siegel schuf.

FAHNENWESEN DER DREI BÜNDE

Die drei Bünde, die bekanntlich kein gemeinsames Wappen führten, besaßen auch kein gemeinsames Banner. Vom Oberen oder Grauen Bund sind zwei Feldzeichen erhalten geblieben: ein mit einem waagrechten weißen – oder grauen – Balken durchzogenes rotes Banner aus dem 15. Jahrhundert und ein Fähnlein, rot mit einem schwebenden, von Weiß und Grau geständerten Kreuz. Ein weiteres rotes Fähnlein mit schwebendem weißem Kreuz kann nicht mit genügender Sicherheit einem bestimmten Bund zugewiesen werden.

Auch die drei Bünde wurden im Jahre 1512 mit Bannerprivilegien Kardinal Schiners bedacht. Von diesen *Juliusbannern* ist leider kein einziges Stück erhalten geblieben. Aus dem betreffenden Bannerbrief wissen wir, daß der Graue Bund ein Banner erhielt, das auf rotem Grund ein von Weiß und Grau geviertes Kreuz, dazu das Bild des heiligen Georg und die päpstlichen Schlüssel zeigte. Im Bannerbrief für den Gotteshausbund wird ihm das Recht erteilt, «zusammen mit den herkömmlichen Zeichen und Wappen» die beiden päpstlichen Schlüssel – einen goldenen und einen silbernen – zu führen. Das Juliusbanner des Zehngerichtenbundes soll außer den päpstlichen Insignien die Gestalten des hl. Petrus und Mariä sowie den wilden Mann getragen haben. Es wurde am 4. September 1622 von den Österreichern geraubt und zu Kniebändern zerschnitten[7].

Neben den Bannern und Fähnlein der Bünde führten vor allem die Gerichte (Gemeinden) ihre eigenen Feldzeichen. Bruckner und Poeschel haben sie beschrieben und teilweise abgebildet. Von den dreieckigen *Fähnlein* aus dem 15. Jahrhundert sind vier Stück erhalten geblieben, nämlich zwei aus dem Lugnez und je eines aus Safien und dem Oberengadin. Zahlreicher sind die noch vorhandenen *Banner* (15. bis 18. Jahrhundert), von denen die meisten allerdings nur noch als Fragmente bestehen. Dem Typus nach können unterschieden werden:

– Einfarbige: Lugnez (blau).
– Einfarbiger Grund mit aufgemaltem Bild: Cadi (St. Martin), Ilanz (Stadtbanner: Muttergottes und Stadtwappen mit Rheinkrone), Rhäzüns (St. Georg, den Drachen tötend: Tafel GR-II), Poschiavo (ein goldener und ein silberner Schlüssel, schräg gekreuzt auf rotem Grund).
– Durchgehendes Kreuz und bemaltes oberes Feld bei der Fahnenstange Cadi (St. Martin), Safien (Agnus Dei).
– Geviertes Kreuz in geviertem Feld: Cadi.
– Figur und geflammte Umrandung: Fürstenau (Steinbock)[8].

KANTON GRAUBÜNDEN SEIT 1803

Militärfahnen aus der Gründungszeit des Kantons bis zur Einführung der eidgenössischen Fahne sind nicht erhalten. Es konnten auch keine diesbezüglichen Archivdokumente aufgefunden werden. Falls es Feldzeichen aus dieser Zeit gegeben hat, dürften sie beim Zeughausbrand von Chur 1859 vernichtet worden sein.

KANTONSFARBEN

In seiner Sitzung vom 26. April 1803 bestimmte der Große Rat die graue, die weiße und die dunkelblaue Farbe als Standesfarben und überließ es der Regierung, die Reihenfolge dieser Farben festzulegen, was bereits zwei Tage später geschah. Die Regierung bezeichnete Grau-Weiß-Blau als die offizielle Reihenfolge der Bündner Farben. Am 5. Mai 1803 folgte der entsprechende Beschluß des Großen Rates.

Die Farben der Bünde entsprachen der Tingierung ihrer Wappen und waren daher für den Oberen Bund Grau und Weiß, für den Gotteshausbund Weiß und Schwarz und für den Zehngerichtenbund Blau und Gelb. Bei der Festlegung der Kantonsfarben im Jahre 1803 wurde je eine Farbe aus den Bündefarben übernommen, so daß eine die Vereinigung der drei Bünde symbolisierende Kombination entstand.

Aus praktischen Gründen wird die graue Farbe – die ja keine heraldische Farbe ist – oft durch Schwarz ersetzt.

Der Kanton Aargau

KANTONSWAPPEN

Nach ihrer Eroberung des Aargaus 1415 teilten die Berner die eroberten Landschaften in die Landvogteien Aarburg und Lenzburg, deren Wappen fortan in den Berner Ämterscheiben erscheinen, ebenso die Wappen der vier «freien Städte» Aarau, Brugg, Lenzburg und Zofingen. Später kamen noch weitere Gebiete hinzu.

Von den «gemeinen Herrschaften» verdienen – außer Baden, Bremgarten, Mellingen, deren Wappen wir nachfolgend ebenfalls behandeln – die *Freien Ämter* besondere Erwähnung. Eine von Blau und Gelb geteilte Fahne wird erstmals in einer Urkunde Kardinal Schiners von 1512 erwähnt, mit der den Freien Ämtern ein Juliusbanner in dieser Form verliehen wird, darin die goldene, von einem silbernen Strick umwundene Geißelsäule Christi[1]. Stumpf bildet in seiner Chronik von 1548 auf dem Titelblatt des siebenten Buches («von dem Aergow») als Wappen der Freien Ämter einen bildlosen geteilten Schild ab. Auf späteren Gesamtdarstellungen der Wappen der eidgenössischen Stände, zugewandten Orte und gemeinen Herrschaften erscheint jedoch die Geißelsäule im geteilten Schild. Gegen Ende des 18. Jahrhunderts ist manchmal eine Schlange anstelle des Strickes zu sehen; auch eine Variante mit der Säule in einem einfarbig blauen Schild kommt vor. Das Wappen der Freien Ämter wurde später zu Unrecht von einzelnen Gemeinden geführt, u.a. von Buttwil von 1850 bis 1956, Muri und Sarmenstorf[2]. Diese Figur verschwand im Zuge der 1945 eingeleiteten Bereinigung der Aargauer Gemeindewappen.

Wie die übrigen, nach Inkraftsetzung der napoleonischen Vermittlungsakte vom 10. März 1803 neu gegründeten Kantone, wurde auch der Kanton Aargau vom Landammann der Schweiz, Louis d'Affry, aufgefordert, Standesfarben und Siegel zu bestimmen. Ein Mitglied der Regierungskommission, Samuel Ringier-Seelmatter aus Zofingen wurde beauftragt, über diese Fragen Bericht zu erstatten. Er entledigte sich seines Auftrages in der Sitzung vom 20. April 1803, worüber das Protokoll wie folgt berichtet:

Kantonswappen
Gespalten: rechts in Schwarz ein silberner Wellenbalken, links in Blau drei fünfstrahlige silberne Sterne, 2, 1.

Kantonsfarben
Schwarz und Blau.
Obwohl die Heraldik keine verschiedenen Blautöne kennt, empfiehlt es sich hier ausnahmsweise, für die Anfertigung von Fahnen und Flaggen ein helleres Blau zu verwenden, da die übliche mittelblaue Farbe sich neben Schwarz ungünstig ausnimmt und die bei Wappen und Fahnen eine wesentliche Rolle spielende Kontrastwirkung vermissen läßt.

Kantonsfahne
Gespalten: an der Stangenseite in Schwarz ein weißer Wellenbalken, an der Flugseite in Blau drei fünfstrahlige weiße Sterne, 2, 1.
Beim Hissen der Fahne ist darauf zu achten, daß die in der Vertikalachse befindlichen Sternzacken nach oben schauen.

Wappen von Buttwil auf Briefschaften, 1950 (Wappen der Freien Ämter).

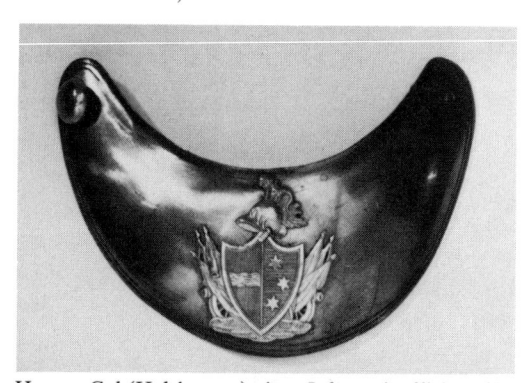

Hausse-Col (Halskragen) eines Infanterieoffiziers des Kantons Aargau, um 1830.

Gemeindewappen

AARAU (Kantonshauptort)
Unter rotem Schildhaupt in Silber ein rot bewehrter und gezungter schwarzer Adler.

AARBURG
In Gold eine unten rechts mit einem silbernen Kreuzchen belegte, gezinnte schwarze Burg mit zwei Türmen. Auf dem linken, niedrigeren Turm steht ein flugbereiter schwarzer Adler.

BADEN
Unter rotem Schildhaupt in Silber ein schwarzer Pfahl.

BREMGARTEN
In Silber ein aufrechter roter Löwe.

BRUGG
In Silber eine mit zwei bedachten Türmen bewehrte schwarze Brücke.

KAISERSTUHL
Zur Rechten fünffach geständert von Blau und Rot.

KLINGNAU
In Rot eine mit Gold verzierte schwarze Mitra, unten beseitet von zwei sechsstrahligen goldenen Sternen.

LAUFENBURG
In Gold ein aufrechter roter Löwe.

LENZBURG
In Silber eine blaue Kugel.

MELLINGEN
Unter einem mit silbernem Balken belegten roten Schildhaupt in Gold ein aufrechter roter Löwe.
Bis 1935 führte die Stadt Mellingen das historisch begründete Wappen: in Rot eine weiße Kugel.

OFTRINGEN
In Blau drei steigende silberne Monde.

RHEINFELDEN
Fünfmal geteilt von Gold und Rot, die roten Felder belegt mit je drei sechsstrahligen goldenen Sternen.

WETTINGEN
Im Wellenschnitt geteilt von Rot mit einem sechsstrahligen goldenen Stern und von Silber mit drei blauen Wellenbalken.

WOHLEN
Unter rotem Schildhaupt in Silber eine schwarze Spitze.

ZOFINGEN
Dreimal geteilt von Rot und Silber.

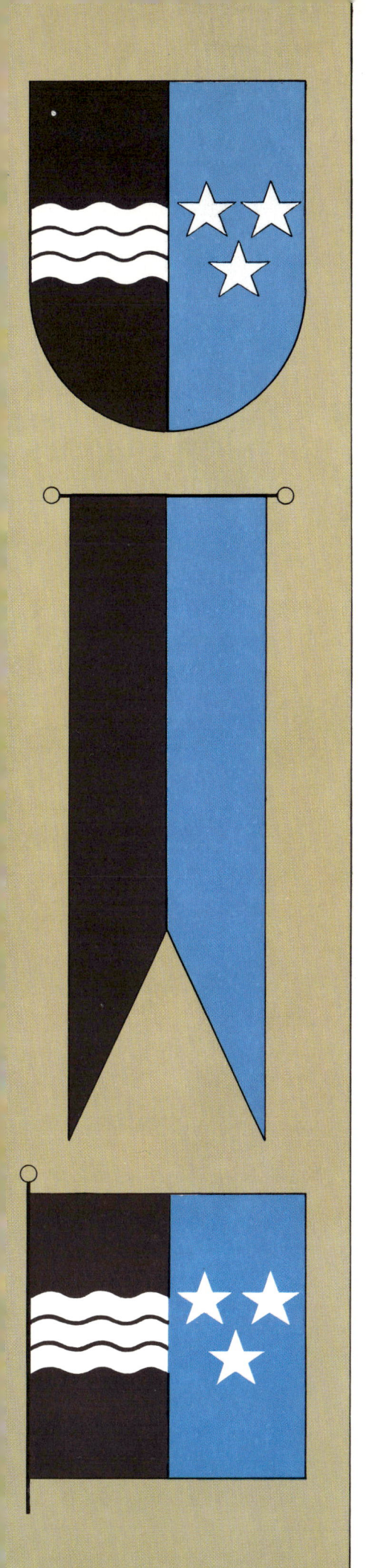

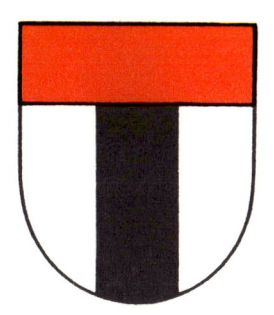

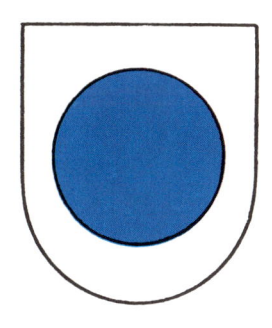

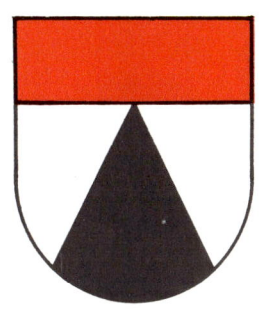

AARAU	AARBURG	BADEN
BREMGARTEN	BRUGG	KAISERSTUHL
KLINGNAU	LAUFENBURG	LENZBURG
MELLINGEN	OFTRINGEN	RHEINFELDEN
WETTINGEN	WOHLEN	ZOFINGEN

121

AG-II/1: Rennfähnlein (Feldzeichen der Reiterei) der Stadt Bremgarten, zweite Hälfte des 15. Jahrhunderts.

AG-II/2: Fahne des aargauischen Infanteriebataillons Nr. 2, 1805.

AG-II/3: Fahne der Freiwilligen Legion des Bezirks Brugg, 1814.

ANMERKUNG

[a] Zur aargauischen Wappenfrage äußerte sich vor rund dreißig Jahren der damalige Staatsarchivar Nold Halder:
«Aus der Tatsache nun, daß schon von 1803 an bis in unsere Tage das Nebeneinander der zwei Formen Tradition geworden ist und sich das Dilemma immer wieder neu einstellen wird, sollte die Frage heute nicht mehr lauten, welches ist das ‹richtige› Wappen, sondern welches ist das ‹bessere› Wappen. Die Antwort würde heißen: ‹Dasjenige, das sich am besten der gegebenen Schildform anpaßt und je nach dem Verwendungszweck die beste heraldische Wirkung verspricht; also für auf weite Distanz und repräsentative Wirkung berechnete Wappen die Formel 1,1,1 (⁂ oder ⁂), z.B. für Fahnen, Standarten, Reliefs, Glasfenster usw.; für Graphik, Stempel und dgl. die Formel 2, 1 (⁂), wobei in beiden Fällen jede Schematisierung zu vermeiden wäre und allein das künstlerische Stilgefühl den Ausschlag geben sollte.›
Diese Lösung des ‹sowohl als auch› entspricht der historisch-traditionellen Entwicklung des aargauischen Wappenwesens, die nach den hier neu beigebrachten Unterlagen das ‹entweder oder› für beide Formeln stets fragwürdig macht. Sie entspricht am besten dem Wortlaut des Wappendekrets von 1803, das die Frage der Stellung der Sterne der freien Gestaltung überläßt. (Ebenso bleibt die Frage offen, *ob fünf- oder sechsstrahlige Sterne* verwendet werden sollen.) Sie kann vor allem auch die historizistische Auffassung mit der Ansicht jener Kreise von Heraldikern, Künstlern und Experten versöhnen, die im Wappendekret von 1930 eine voreilige Beschlußfassung sehen wollen und darum eine Änderung des Beschlusses anstreben. Sie gibt dem Regierungsrat die Möglichkeit, an der nun einmal beschlossenen Wappenform für den amtlichen Gebrauch festzuhalten und doch in bestimmten gegebenen Fällen nach freiem Ermessen davon abzuweichen. Endlich befreit sie diejenigen Staatsbürger, denen das Wappen gefühlsmäßig mehr bedeutet als nur ein äußerliches, wandelbares Symbol, von dem Unbehagen, auf so und so vielen lieb und vertraut gewordenen Wappenzeugen etwas ‹Unrichtiges› und ‹Falsches› sehen zu müssen.»[4]

«Auf den Vorschlag des Bürgers Ringier nimmt die Kommission in Absicht und Bestimmung der Farbe und Wappens für hiesigen Kanton folgenden Beschluß:» Der Beschluß wurde sofort veröffentlicht und bestimmte unter anderem:
«1. Die Farben des Kantons sind schwarz und hellblau gerad.
2. Das Wappen besteht aus einem der Länge nach getheilten Schild: im rechten schwarzen Feld ein weißer Fluß: im linken blauen Feld drey weiße Sterne, oben und unten des Schildes Abschnitte, in deren ersterm die Worte: ‹Verbündete Schweiz› in letzterm: ‹Kanton Argau› schwarz auf Gold geschrieben stehen.
3. Das Kantons-Siegel wird dieses beschriebene Wappen enthalten.
4. Die Regierungs-Kanzley, das Appellations-Tribunal und die Gerichte sollen in ihren Siegeln das nämliche Wappen führen, mit Weglassung der oben und unten angebrachten Inschriften, an deren Statt oben ‹ Kanton Argau ›, und unten die Benennung der Behörde welcher es gehört, stehen soll.
5. Über die Siegel mehrerer und anderer Behörden als die so eben benannten, wird der zukünftige kleine Rath die zweckmäßigen Verfügungen treffen.
6. Diese Farben des Kantons sollen auf allen demselben zugehörigen Gebäuden und da wo es bis jetzt üblich war, die Staatsfarbe zu bezeichnen, angebracht werden.»

Leider geht aus den Akten keine Begründung für die Wahl des Wappens hervor. Unter den verschiedenen bestehenden Deutungen scheint uns die von F. X. Bronner[3] gegebene Erklärung der Überlieferung am nächsten zu stehen. Demnach stellt das schwarze Feld mit dem Wellenbalken den sehr fruchtbaren, schwarzerdigen, von der Aare durchflossenen Berner Aargau dar; das blaue Feld versinnbildlicht die neuen Gebietsteile, die sich aus der ehemaligen Grafschaft Baden, den Freien Ämtern und dem Fricktal zusammensetzen.

Die Anordnung der drei Sterne wurde recht willkürlich gehandhabt. Auf den öffentlichen Drucksachen läßt sich vorwiegend die Anordnung 2,1 feststellen. Aus der Zeit von 1803 bis 1810 sind jedoch zahlreiche Beispiele des Wappentypus mit 1,1,1 angeordneten Sternen bekannt, wobei der mittlere Stern etwas nach heraldisch links gegen den Schildrand verschoben ist (vgl. auch das Siegel 1852 bis 1912). Bemerkenswert ist eine Bevorzugung dieser Anordnung für repräsentative Zwecke wie Fahnen, Diplome, Münzen, Medaillen. Damit steht eindeutig fest, daß seit der Kantonsgründung zwei Wappenformen existierten, die ungefähr gleichzeitig entstanden sind und dauernd nebeneinander in Gebrauch waren.

Gestützt auf ein Gutachten des bekannten Aargauer Heraldikers Walter Merz richtete die Staatskanzlei am 2. Juni 1930 ein Rundschreiben an sämtliche Amtsstellen des Kantons Aargau, wonach «künftig vorab im amtlichen Gebrauche nunmehr die ursprüngliche heraldisch richtige Darstellung nach der bezeichneten Formel 2,1 zur Verwendung gelangen und die unrichtige Form beseitigt werden soll.»[a]

In seiner Sitzung vom 9. Juli 1963 hat der Regierungsrat beschlossen, für amtliche Drucksachen (Briefpapier und Briefumschläge) eine vereinfachte Darstellung des Aargauer Wappens zu verwenden. Im betreffenden Rundschreiben an die Amtsstellen wird als die einzig zulässige Version vorgeschrieben: «die *schildlose Form*, wobei die drei Wellenbalken und die drei Sterne in schwarz gehalten sind. Die Wellenbalken sind durch einen Zwischenraum voneinander getrennt. Die Anordnung der Sterne hat dem offiziellen Wappen zu entsprechen.» Weiter wird ausgeführt: «Die stilisierte Darstellung darf nur auf Briefpapier und Briefumschlägen angebracht werden. Auf Dokumenten, die urkundlichen Charakter haben (Heimatscheine, Schuldbriefe, Gerichtsurkunden etc.), ist das angestammte Aargauerwappen beizubehalten. Das Gleiche gilt für die Amtsstempel.» Neuerdings erscheint das neue Signet auch auf der Titelseite des Amtsblattes des Kantons Aargau. Unserer Ansicht nach eignet sich nicht jede Wappenfigur dazu, aus dem Schild herausgenommen und frei im leeeren Raum dargestellt zu werden. Eine Tierfigur (etwa der Uristier) oder ein einzelnes typisches Zeichen (der Baselstab, der geradezu den Idealfall darstellt) können in gewissen Fällen auf diese Art verwendet werden. Die Figuren des Aargauer Wappens eignen sich jedoch schlecht dazu und verlieren damit ihren heraldischen Charakter.

SIEGEL

Entsprechend den Artikeln 2 und 3 des Beschlusses vom 20. April 1803 zeigte das erste Standessiegel in einem Spitzschild das Aargauer Wappen zwischen zwei Inschriften: oben «Verbündete Schweiz», unten «Canton Argau» (nach damaliger Schreibweise). Die Inschriften gehörten somit zum Schildinhalt. Auf dem Schild ruhte der Tellen-, Freiheits- oder Schweizerhut mit Straußenfedern. Hinter dem von Lorbeer- und Palmenzweigen umrahmten Schild kreuzten sich Zepter und Schwert. Dieses Siegel blieb bis 1912 in Gebrauch. Der Kleine Rat verwendete ein ähnliches Siegel. Nachdem durch die Verfassung von 1852 die Bezeichnung der Exekutivbehörde in «Regierungsrat» geändert worden war, mußte ein neues Siegel angefertigt werden. Bei dieser Gelegenheit wurden aus dem durch das Schweizerkreuz überhöhten Schild die störenden Inschriften entfernt. Das den Schild umgebende Beiwerk stört jedoch den Gesamteindruck des Siegelbildes.

KANTONSFAHNE

Von den aargauischen Städten sind einige alte Banner erhalten geblieben; dazu gehören:
Baden: Stadtbanner vom Ende des 15./Anfang des 16. Jahrhunderts (weiß mit schwarzem Pfahl und rotem Schildhaupt – vgl. das Stadtwappen – mit Madonna in der Oberecke) und *Juliusbanner* von 1512 (ähnliche Darstellung).
Bremgarten: drei Stadtbanner (weiß mit einem aufrechten roten Löwen, oben ein roter Schwenkel, in der Breite des Fahnentuches abgeschnitten). Das älteste, aus dem 14. Jahrhundert wurde in der Schlacht bei Sempach, das zweite, aus der zweiten Hälfte des 15. Jahrhunderts, in der Schlacht bei Murten getragen. Das dritte stammt vom Anfang des 16. Jahrhunderts. Ein sogenanntes Rennfähnlein (Feldzeichen der Berittenen) zeigt den roten Löwen schreitend (Tafel AG-II/1). Auch die Stadt Bremgarten erhielt 1512 ihr *Juliusbanner* (weiß mit dem roten Löwen, dazu Maria Ägyptica, von vier Engeln geführt, die päpstlichen Schlüssel und die Tiara).
Lenzburg: ein Stadtbanner (weiß mit blauer Kugel und blauem Schwenkel).
Zofingen: ein Stadtbanner und ein Fähnlein aus dem 15. und ein Stadtbanner aus dem 16. Jahrhundert (dreimal geteilt von Rot und Weiß, beim ersten Banner der obere Balken als Schwenkel verlängert).

MILITÄRFAHNEN DES KANTONS AARGAU

Ein Protokoll des Kleinen Rates vom 14. Juni 1805 bestimmte nach dem Vorschlag des Kriegsrates vom 7. Juni folgende Ordonnanz für die Fahnen und Standarten der Aargauer Milizen:

«1. die Fahnen aller Corps zu Fuß sollen sechs Schuh im Geviert haben, die Stange blau und schwarz und elf Schuh lang, mit einem gelbem Schuh und gelbem Spieß versehen, an welchem eine schwarze Feldbinde mit himmelblauen Fransen ist. Die Fahne selbst soll von himmelblauem Tafet mit einem acht Zoll breiten weißen Streifen in der Mitte im Kreuz durchschnitten sein, in jedem Feld laufen von außen gegen die Mitte zu schwarze Flammen.
2. Die Standarten der Kavallerie sollen zwei Schuhe im Geviert und einen Zoll breiten weißen Streifen übers Kreuz haben. Das obere Feld an der Stange ist himmelblau, das untere schwarz, neben diesem ein himmelblaues und ein schwarzes. Die Stange ist acht Zoll lang und wie jene der Fahnen verziert und die Standarte ebenfalls von Taffet.»

Die einzige noch vorhandene aargauische Infanteriefahne (Tafel AG-II/2) entspricht der Ordonnanz von 1805, enthält aber zusätzlich goldene Inschriften: «Canton Aargau» auf der Vorderseite und «Infanterie Bataillon Nr. 2» auf der Rückseite. Vielleicht wurde diese Fahne aufgrund einer späteren Ordonnanz ausgeführt. Dafür spricht auch die dem eidgenössischen Militärreglement von 1817 entsprechende rot-weiße Schleife (wobei es allerdings denkbar ist, daß eine ursprüngliche schwarz-blaue Schleife nach 1817 durch eine solche in den eidgenössischen Farben hätte ersetzt werden können).
Die noch erhaltene Kavalleriestandarte zeigt die in der Ordonnanz von 1805 festgelegte falsche Farbenanordnung, also Blau in den Feldern 1 und 4 und Schwarz in den Feldern 2 und 3. Auf der Vorder- und Rückseite der mit Fransen in den Kantonsfarben versehenen Standarte steht in goldenen Lettern die Inschrift «Canton Aargau». Die Fahne der Aargauischen freiwilligen Legion des Bezirks Brugg von 1814 zeigt die Kantonsfarben hingegen in der richtigen Reihenfolge. Sie ist geviert von Schwarz und Blau mit durchgehendem weißem Kreuz, in dessen Mitte, in einem weißen Medaillon, eine von zwei grünen Eichenzweigen umrahmte goldene Inschrift steht: auf der Vorderseite «Der freywilligen Legion», auf der Rückseite «Des Bezirks Brugg» (Tafel AG-II/3).

Stadtwappen von Aarau in Holzschnitzerei, um 1520, im Rathaus, Stadtratssaal.

Wappenscheibe von Lenzburg, 1547.

Der Kanton Thurgau

KANTONSWAPPEN

Die Stammeltern der Thurgauer Löwen sind die beiden goldenen Löwen des mächtigen Geschlechtes der Grafen von Kyburg, die ursprünglich einen schwarzen Schild mit goldenem Schrägbalken, begleitet von zwei goldenen Löwen, führten. Als 1264 Graf Hartmann IV. der Ältere – der auch Graf im Thurgau war – starb und mit ihm der Mannesstamm der Kyburger erlosch, fiel sein Erbe an seinen Neffen Rudolf von Habsburg, den nachmaligen deutschen König. Seinem als Graf von Kyburg geführten Wappen gab er die Habsburger Farben Rot und Gold. Dieses zweite Kyburger Wappen (Tafel TG-I/1) ging dann von der gräflichen Familie auf ihre Herrschaftsgebiete, die Grafschaft Kyburg und die Landgrafschaft Thurgau, über. Es blieb auch zu der Zeit bestehen, da das Landgericht der Stadt Konstanz gehörte (1417 bis 1499), ebenso unter der Herrschaft der Eidgenossen, die 1460 das Land eroberten und 1499, nach dem Schwabenkrieg, auch in den Besitz des Landgerichts gelangten. Somit führte der Thurgau dieses altehrwürdige Wappen während mehr als 450 Jahren bis zum Untergang der alten Eidgenossenschaft im Jahre 1798, und zwar mit einer einzigen geringfügigen Änderung: der Schrägbalken, seit 1417 mit einem mittleren Faden geführt, wurde damit zum Doppelbalken.

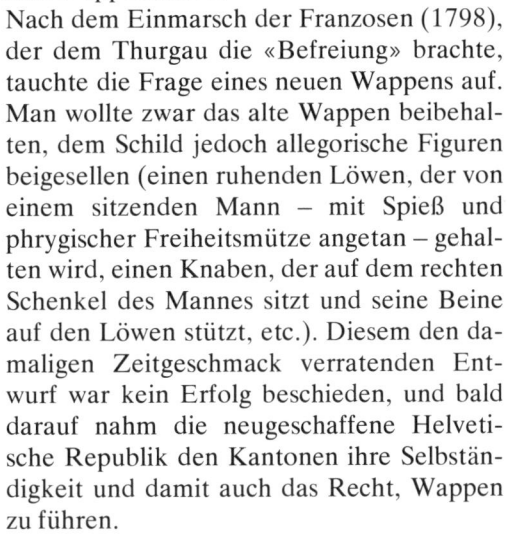

Nach dem Einmarsch der Franzosen (1798), der dem Thurgau die «Befreiung» brachte, tauchte die Frage eines neuen Wappens auf. Man wollte zwar das alte Wappen beibehalten, dem Schild jedoch allegorische Figuren beigesellen (einen ruhenden Löwen, der von einem sitzenden Mann – mit Spieß und phrygischer Freiheitsmütze angetan – gehalten wird, einen Knaben, der auf dem rechten Schenkel des Mannes sitzt und seine Beine auf den Löwen stützt, etc.). Diesem den damaligen Zeitgeschmack verratenden Entwurf war kein Erfolg beschieden, und bald darauf nahm die neugeschaffene Helvetische Republik den Kantonen ihre Selbständigkeit und damit auch das Recht, Wappen zu führen.

Als der Thurgau durch die Mediationsverfassung von 1803 seine Souveränität wieder erlangte, mußte der Kanton auf Drängen des Landammans der Schweiz, Louis d'Affry, sein Hoheitszeichen bestimmen. Am 15. März 1803 beschloß die provisorische Regierungskommission, das alte Wappen weiterzuführen. Es verging aber kaum ein Monat, und schon ließen sich die Herren der Kommission von der damaligen Mode mitreißen, die der grünen Freiheitsfarbe huldigte. Unter dem Einfluß des ihr mitgeteilten Wappenbeschlusses der St. Galler Regierung vom 5. April 1803 stürzte die Regierungskommission in ihrer Sitzung vom 13. April 1803 ihren ersten Beschluß um und faßte einen neuen, der wie folgt lautet: «Die Regierungskommission des Kantons Thurgau, auf die Einladung des Bürgers Landammann der Schweiz, und kraft habender Gewalt, Farben, Wappen und Siegel für den Kanton zu bestimmen, beschließt:

1. Die Farben des Kantons sind weiß und hellgrün, schräg.
2. Das Kantonswappen besteht aus einem schräg geteilten Schild, wovon der obere Teil weiß und der untere hellgrün ist; in beiden Feldern befinden sich zwei springende Löwen, und der Schild wird von einer weiblichen Figur, die einen Kranz von Eichenlaub trägt – dem Sinnbild der Vaterlandsliebe – gehalten. Oben befindet sich die Umschrift «verbündete Schweiz» und unten am Fuß des Wappens steht auf grün, von Gold geschrieben: «Kanton Thurgau».
3. Das Siegel des Kantons enthält dieses beschriebene Wappen.
4. Das Appellationstribunal, die Distriktsgerichte und die Kanzleien werden in ihren Siegeln das gleiche Wappen führen, nur mit der Abänderung, daß oben die Umschrift weggelassen und am Fuß unter «Kanton Thurgau» die Benennung der Behörde, welche sich desselben bedient, beigesetzt werden soll.
5. Das Wappen des Kantons soll an den Thoren der Hauptstadt und an den Kantonsgebäuden angebracht werden.
6. Dieser Beschluß soll gedruckt, öffentlich bekannt gemacht und an gewohnten Orten angeschlagen werden.»

Dieser in mancher Beziehung mangelhaft abgefaßte Beschluß läßt erraten, daß kein

Wappen der Landgrafschaft Thurgau (in Rot ein goldener Doppelschrägbalken, begleitet von zwei goldenen Löwen) im Fallbuch von 1767.

einziges Kommissionsmitglied etwas von Heraldik verstand. Der größte Fehler liegt darin, daß die Farbe der Löwen nicht erwähnt wird. Mit der Zeit hat sich die Sitte eingebürgert, dieselben golden darzustellen (früher hin und wieder naturfarben). Damit verstößt das Wappen gegen die wichtigste heraldische Regel, die es verbietet, Metall auf Metall zu setzen.

Nach rund 50 Jahren, als sich allmählich ein wachsendes Verständnis für die Heraldik abzeichnete, wandten sich namhafte Historiker und Heraldiker – u.a. Gautier 1864[1], Grenser 1866[2], später Hauptmann 1924[3] – gegen den goldenen Löwen in Silber und plädierten für Löwen in gewechselten Farben, d.h. für einen grünen Löwen im silbernen und einen silbernen Löwen im grünen Feld. F. Schaltegger[4] verteidigte dagegen das bisherige Wappen. Mit einem ausführlichen Bericht stellte das Staatsarchiv des Kantons Thurgau (Staatsarchivar Dr. Bruno Meyer) am 4. Januar 1938 einen Antrag auf Berichtigung des Kantonswappens und schlug folgende heraldisch einwandfreie Lösung vor: «In Grün ein schräger silberner Doppelbalken, begleitet von zwei silbernen, rotgezungten, schreitenden Löwen.» Der Historische Verein unterstützte diesen Vorschlag mit einem Gutachten. Der Ausbruch des Zweiten Weltkrieges verhinderte jedoch die Behandlung dieser Wappenfrage im kantonalen Parlament.

Ende 1947 nahm Ernst Leisi mit einer Arbeit über «Das richtige Wappen des Thurgaus»[5] die Frage wieder auf und setzte sich erneut für die Annahme des rund zehn Jahre zuvor proponierten grünen Wappens mit silbernen Löwen und ebensolchem Balken ein. In seiner Botschaft vom 23. März 1948 an den Großen Rat unterstützte der Regierungsrat diesen Vorschlag, wobei – im Sinne einer Vereinfachung des Gesamtbildes – die rote Farbe von Zunge und Krallen der Löwen wegfiel und somit ein ausgewogenes Wappenbild in den bisherigen Kantonsfarben Grün-Weiß entstand (Tafel TG-I/2). Sowohl der neue Bericht des Staatsarchivs vom 10. Mai 1948 als das Flugblatt Isler/Meyer, betitelt «Ein offenes Wort zur Thurgauer Wappenfrage», von Ende August 1948 zogen eine zweite Variante in Betracht. Sie erwogen die Möglichkeit, das Wappen der ehemaligen Landgrafschaft Thurgau, das immerhin ein ehrwürdiges Alter aufwies, als neues Kantonswappen einzuführen: «In Rot ein schräger goldener Doppelbalken (im Flugblatt ein einfacher Balken), begleitet von zwei goldenen Löwen» (Tafel TG-I/3). Damit hätten die Thurgauer ihre goldenen Löwen beibehalten können, die sich scheinbar doch einer gewissen Popularität erfreuen. Es wurde dabei erwogen, die bisherigen weiß-grünen Kantonsfarben unverändert weiterzuführen. (Der Kanton Schaffhausen führt Standesfarben, die von den Wappenfarben abweichen.) Nachdem sowohl die vorberatende Kommission des Großen Rates als auch der Historische Verein die «grün-weiße Lösung» fallengelassen hatten, konnte der Regierungsrat in seiner Ergänzungsbotschaft vom 1. September 1948 das rote Wappen mit den goldenen Figuren vorschlagen. In seiner Sitzung vom 18. Dezember 1948 lehnte der Große Rat mit 61 gegen 41 Stimmen Eintreten ab, und damit wurde für längere Zeit – wenn nicht für immer – die Gelegenheit verpaßt, dem Kanton Thurgau ein historisch und heraldisch einwandfreies Wappen zu geben.

Kantonswappen
Schräg geteilt von Silber und Grün mit zwei rotgezungten goldenen Löwen.

Kantonsfarben
Grün und Weiß.
Obwohl der Beschluß von 1803 sich nach dem Wappen richtet und die Farbenreihenfolge «Weiß und Hellgrün» festlegt, haben wir für die Darstellung der Kantonsfarben in der zweizipfligen Farbenflagge der grünen Farbe die ihr aufgrund der quadratischen Fahne zukommende Vorrangstellung eingeräumt. Im Gegensatz zu Zürich – dessen Banner immerhin älter war als das Wappen – könnte man jedoch mit gleicher Berechtigung aufgrund der Wappenfarben und in Übereinstimmung mit dem Beschluß von 1803 Weiß als Vorrangfarbe betrachten.

Kantonsfahne
Schräg geteilt von Grün und Weiß mit zwei rotgezungten gelben Löwen.
Wie bei den Hoheitszeichen des Kantons Zürich ist die Vorrangfarbe in der Thurgauer Fahne nicht identisch mit der des Wappens. Weil Grün an der Stange steht, kommt dieser Farbe die Vorrangstellung zu.

Gemeindewappen

FRAUENFELD
(Kantonshauptort)
In Silber ein steigender, gelbbewehrter roter Löwe, von einer rotgewandeten Frau an einer gelben Kette gehalten.

AMRISWIL
In Silber ein grüner Apfelbaum mit roten Früchten.

ARBON
In Silber, auf grünem Boden, ein roter Lindenbaum mit grünen Blättern und einem roten Nest, darin ein schwarzer Vogel mit seinen Jungen.

BISCHOFSZELL
In Rot, aus dem Schildfuß emporsteigend, ein von einem goldenen Arm gehaltener goldener Bischofsstab.

DIESSENHOFEN
In Rot ein goldener Schrägbalken, begleitet von zwei gekrönten goldenen Löwen.

KREUZLINGEN
Gespalten von Silber mit einem roten Tatzenhochkreuz mit Nagelspitzfuß und von Rot mit einem silbernen Abtstab.

ROMANSHORN
In Gold ein schräglinks gestelltes gestürztes schwarzes Horn.

STECKBORN
In Blau zwei schräggekreuzte, durch einen goldenen Ring gesteckte goldene Stecken.

WEINFELDEN
In Silber eine sich um einen roten Leistenpfahl windende, dreiblättrige, mit drei blauen Trauben behangene grüne Rebenranke.

Heutige Darstellung des Thurgauer Wappens auf offiziellen Drucksachen (seit 1957).

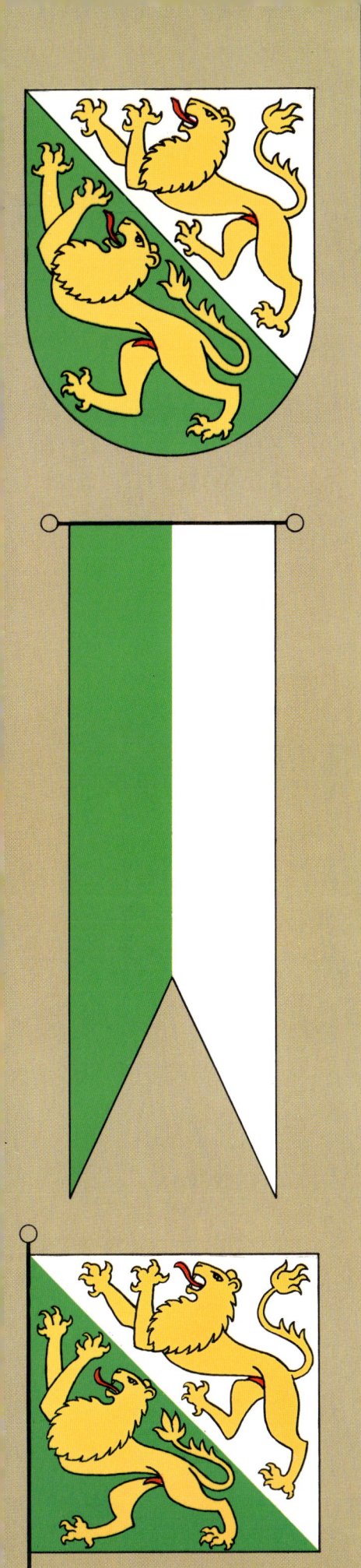

TG-I/1, links: Wappen der Grafen von Kyburg, aus dem Wappenbuch von St. Gallen (Codex Haggenberg), 1466 bis 1470.

TG-I/2, oben: Wappenvorschlag März 1948.

TG-I/3: Wappenvorschlag September 1948.

FRAUENFELD  AMRISWIL  ARBON

BISCHOFSZELL  DIESSENHOFEN 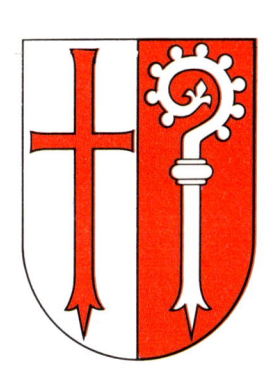 KREUZLINGEN

ROMANSHORN  STECKBORN 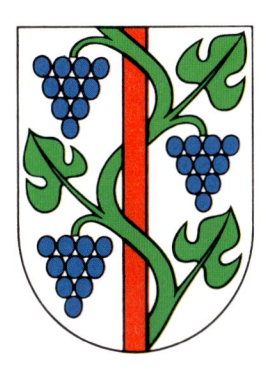 WEINFELDEN

127

128

Siegel des thurgauischen Landgerichts unter eidgenössischer Hoheit, 1499.

SIEGEL

Nach dem Aussterben der Kyburger siegelten ihre Erben, die Habsburger, und die von ihnen eingesetzten Landrichter zunächst mit den eigenen Siegeln.

Von 1330 an bestand ein Landgerichtssiegel, darin das Wappen mit den beiden durch den Schrägbalken getrennten Löwen. Unter der Hoheit der Stadt Konstanz blieb das Wappen – abgesehen vom zusätzlichen Faden im Schrägbalken – von 1417 bis 1499 gleich; unten wurde ein kleines Konstanzer Wappen (Schild mit Kreuz) hinzugefügt. Auch die Eidgenossen behielten das alte Wappen von 1499 bis 1798 in ihrem Siegel bei, überhöhten es mit dem Reichsadler und stellten es inmitten eines aus den Hoheitszeichen der zehn Stände gebildeten Wappenkranzes.

Das aufgrund des Beschlusses der Regierungskommission vom 15. März 1803 angefertigte erste Siegel des neuen Kantons Thurgau lehnt sich an das 1798 beschlossene Siegel und damit an das historische Wappen der alten Landgrafschaft an: in Rot ein goldener Schrägbalken, begleitet von zwei goldenen Löwen (die Tinkturen sind durch die heraldischen Schraffuren und Punkte dargestellt). Dieses schöne Siegel blieb leider nur einige Wochen in Kraft. Aufgrund des unglücklichen Beschlusses vom 13. April 1803 wurde ein neues Siegel angefertigt, in dem eine Frauengestalt mit der linken Hand das neue Kantonswappen und mit der rechten einen Eichenkranz über dem Wappen hält. Der Kleine Rat und spätere Regierungsrat führte zunächst ein Siegel, das dem des Staates entsprach, und von 1848 bis 1869 ein neues Siegel mit einem Schweizerkreuz, darauf das Thurgauer Wappen.

KANTONSFAHNE

Von der Stadt Frauenfeld sind im Thurgauischen Museum im Schloß Frauenfeld vier Banner erhalten, die alle den von einer rotgewandeten Frau an einer Kette gehaltenen roten Löwen zeigen. Das älteste Stadtbanner (Tafel TG-II), aus dem 15. Jahrhundert, wurde nach der Überlieferung im Schwabenkrieg mitgeführt. Im *Juliusbanner* von 1512 hält die Frau mit der linken Hand den Löwen an der Kette und mit der rechten Hand das Schweißtuch der heiligen Veronika. Darüber erkennt man die zwei gekreuzten päpstlichen Schlüssel und das Kreuz mit den Marterwerkzeugen. Ein Stadtbanner von 1520 und eine Kopie desselben aus dem Jahre 1703 sind ebenfalls erhalten geblieben, ferner zwei geflammte Fahnen der Stadtkompanie aus dem 18. Jahrhundert.

Aus Archivakten geht hervor, daß 1805 dem Freicorps der Husaren eine von Grün und Weiß schräggeteilte Standarte und 1806 den beiden Elitebataillonen eine ähnlich gestaltete Fahne mit Kantonswappen und Inschriften übergeben wurden. Erhalten geblieben ist die Fahne des 1809/10 aufgestellten 3. Elitebataillons. Sie entspricht der obigen Beschreibung. In ihrer Mitte ist ein Medaillon mit dem thurgauischen Wappen angebracht, oben ein grünes Schriftband mit «CantonThurgau» und unten ein weißes mit «3tes Bataillon», die Inschriften in goldenen Lettern.

Im Schweizerischen Landesmuseum wird eine interessante Bataillonsfahne aus dem Jahre 1831 aufbewahrt. Sie ist auf der Vorderseite gespalten; die eine Hälfte ist blau-weiß geflammt mit aufgemaltem Zürcher Wappen, die andere grün-weiß geflammt mit dem Wappen des Kantons Thurgau. Die beiden Schilde sind einander zugekehrt. Die Rückseite in weiß, darin ein roter Schild mit einem schwebenden weißen Kreuz. Diese Fahne gehörte einem aus Zürcher und Thurgauer Wehrmännern zusammengesetzten Bataillon an.

Fahne eines zürcherisch-thurgauischen Bataillons, 1831, Vorderseite.

FARBTAFEL

TG-II: Das älteste Stadtbanner von Frauenfeld aus dem 15. Jahrhundert.

Der Kanton Tessin

DIE WAPPEN DER EHEMALIGEN VOGTEIEN

Die Eroberung der erst seit 1798, nach dem sie durchziehenden Fluß, *Tessin* genannten, südlich der Alpen gelegenen Gebiete durch die Eidgenossen war die Folge der von den Waldstätten, mit Uri an der Spitze, betriebenen italienischen Politik, deren Endziel die Besetzung Bellinzonas war. Diese Stadt bildete den natürlichen Schlüssel zur Gotthardstraße und die Eingangspforte nach der Lombardei. Nach verschiedenen erfolgreichen Feldzügen – vom Ende des 15. bis zum Beginn des 16. Jahrhunderts – wurden aus den eroberten Gebieten die acht *italienischen* oder *ennetbirgischen Vogteien* errichtet: Leventina (Vogtei von Uri); Bellinzona, Blenio und Riviera (Uri, Schwyz und Nidwalden); Mendrisio, Lugano, Locarno und Vallemaggia (gemeinsame Vogteien der zwölf alten Orte). Diesen Vogteien wurden besondere Wappen zugewiesen[1]:

Bellinzona: vgl. Gemeindewappen.

Blenio: unter silbernem Schildhaupt, belegt mit einem roten Großbuchstaben B, fünfmal gespalten von Rot und Silber. Das Banner (Tafel TI-II/1) zeigte ein anderes Bild: auf rotem Grund ein durchgehendes weißes Kreuz, in der Mitte belegt mit einem schwarzen Großbuchstaben B und in der Oberecke begleitet von dem seinen Mantel mit einem Armen teilenden heiligen Martin.

Leventina: in Rot ein silbernes Kreuz, im rechten Obereck begleitet von einer schräggestellten silbernen Schwurhand. In diesen Farben wird noch das heutige Bezirkswappen geführt. Varianten mit blauer Schildfarbe sind offenbar auf die Anbringung falscher Schraffuren zurückzuführen.

Locarno: vgl. Gemeindewappen.

Lugano: vgl. Gemeindewappen.

Mendrisio: vgl. Gemeindewappen.

Kantonswappen
Gespalten von Rot und Blau.

Kantonsfarben
Rot und Blau.

Kantonsfahne
Geteilt von Rot und Blau. Im Gegensatz zum Wappen, in dem die Kantonsfarben vertikal angeordnet sind, zeigt die Fahne die gleichen Farben in horizontaler Anordnung. Es ist beim Hissen der Fahne darauf zu achten, daß Rot oben und Blau unten steht.

Gemeindewappen

BELLINZONA (Kantonshauptort)
In Rot eine silberne Schlange.

ASCONA
In Blau zwei schräggekreuzte, unten mit einem silbernen Band verbundene silberne Schlüssel, überhöht von einer silbernen Tiara.

BIASCA
Unter rotem Schildhaupt, belegt mit zwei schräggekreuzten, unten durch ein silbernes Band verbundenen silbernen Schlüsseln, gespalten: rechts in Silber eine links gewendete rotgezungte blaue Schlange, links in Gold ein rot bewehrter und gezungter schwarzer Adler.

CHIASSO
In Silber ein blaues Tor mit geöffneten Flügeln, auf dem ein roter Löwe schreitet, der in der gehobenen rechten Vorderpranke ein rotes C hält.

GIUBIASCO
Gespalten, rechts in Blau, auf grünem Boden, ein silbernes Haus mit rotem Dach, vor einem grünen Berg, überhöht von einer goldenen Sonne; links in Silber eine ausgerissene natürliche Pappel.

LOCARNO
In Blau ein silberner Löwe.

LOSONE
In Silber ein blauer Zinnenturm, belegt mit einem rotgezungten silbernen Löwen.

LUGANO
In Rot ein silbernes Kreuz, bewinkelt von den silbernen Großbuchstaben L, V, G und A.

MENDRISIO
In Rot ein silbernes Kreuz.

Wappen von Bellinzona, Skulptur an der Fassade der Stiftskirche von Bellinzona, 1654.

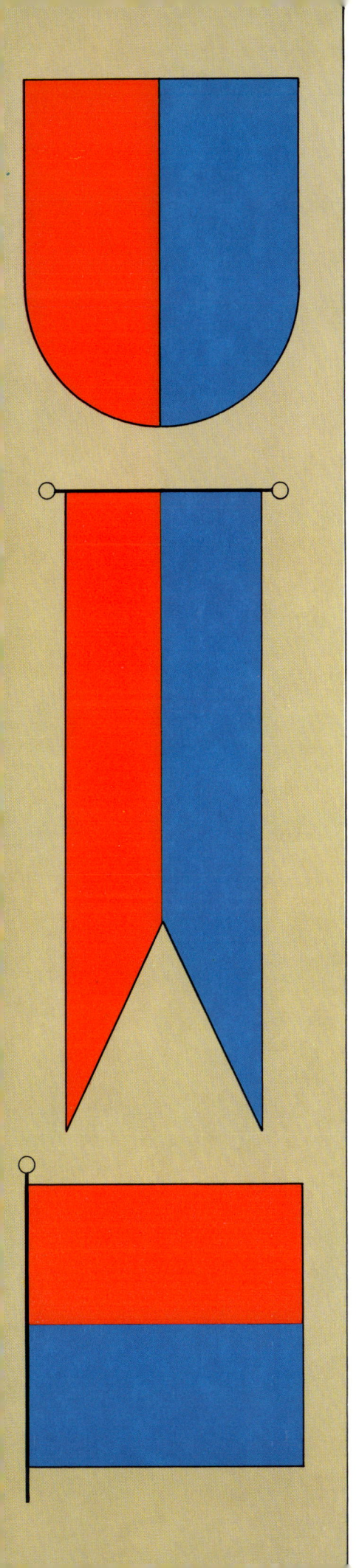

TI-I/1: Fahne des Kantons Tessin, 1797 (möglicherweise 1803).

BELLINZONA	ASCONA	BIASCA
CHIASSO	GIUBIASCO	LOCARNO
LOSONE	LUGANO	MENDRISIO

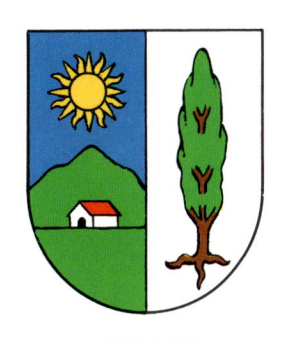

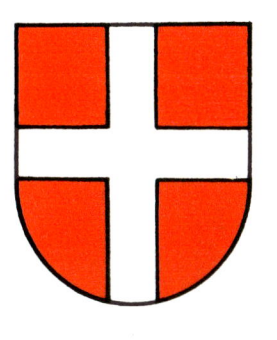

131

TI-II/1, links: Bannerträger des Bleniotales, 1603, in den Satzungen der Landvogtei.

TI-II/2, unten: Wappenbrief von Filippo Maria Visconti, Herzog von Mailand, für die Gemeinde Sonvico, vom 13. Januar 1415. Oben in der Mitte das herzögliche Wappen, das den Reichsadler mit der einen roten Menschen verschlingenden blauen Schlange der Visconti vereinigt. Die Schlange windet sich auch um die Initiale. Unten das der Gemeinde Sonvico verliehene Wappen.

Riviera: in Rot ein silberner Wellenbalken, begleitet oben von einem silbernen Tatzenkreuz, unten von einem silbernen Großbuchstaben R.

Vallemaggia: in Blau der silberne heilige Mauritius zu Pferd, in der Rechten eine Kreuzfahne haltend. Die Fahne wird heute rot mit durchgehendem silbernem Kreuz geführt. Die Wappen der heutigen acht Bezirke sind von den Vogteiwappen abgeleitet.

DAS WAPPEN DES KANTONS TESSIN

Die Mediationsakte von 1803 stellte die Autonomie der nun zu einem einzigen Kanton geeinten ehemaligen Tessiner Vogteien ausdrücklich fest. Am 23. Mai 1803 setzte der Große Rat eine Kommission ein mit dem Auftrag, dem Kanton eigene Farben zu geben, und legte sie mit Dekret vom 26. Mai fest: «Die Farben des Kantons Tessin sind Rot und Blau». Im Artikel 2 des Dekrets wurde auch das Siegel bestimmt, das ein vertikal in zwei Teile gespaltenes Feld, rechts rot und links blau, zeigen sollte. Es kann heute nicht mehr festgestellt werden, aus welchen Gründen die Tessiner Farben gewählt wurden. Die Protokolle des Großen Rates schweigen sich darüber aus. Es gab mehrere Versuche, eine Erklärung für die Farbenwahl zu finden, die indessen nicht genügend Beweiskraft besitzen[2]:

1. Eine dieser Versionen will die beiden Farben als jene der beiden politischen Hauptparteien deuten, wobei Blau für die konservative und Rot für die liberale Partei stehen würde. Diese willkürliche Annahme hält schon deshalb einer Prüfung nicht stand, weil zum Zeitpunkt der Schaffung des Tessiner Wappens diese Parteien noch gar nicht existierten.

2. Eine andere Version möchte die rote Farbe als Symbol der Schweiz, die blaue als die Farbe des italienischen Himmels deuten; somit würde diese Kombination die «italienische Schweiz» symbolisieren. Diese Deutung erscheint viel zu gesucht.

3. Es besteht noch eine dritte Version, der man mit gutem Willen eine gewisse Logik abgewinnen kann. Sie weist auf die Übereinstimmung der Tessiner Farben mit den Farben der Stadt Paris hin und möchte daraus den Schluß ziehen, die Wahl dieser Farben seitens der Tessiner habe eine Reverenz gegenüber Napoleon Bonaparte bedeuten wollen. Es wird daran erinnert, daß der Tessiner Große Rat einen Beschluß faßte, Napoleon – der sich 1804 zum Kaiser der Franzosen proklamieren ließ – ein Denkmal zu errichten, das allerdings nie ausgeführt wurde. Bei reiflicher Überlegung kann auch diese dritte Version nicht endgültig überzeugen.

4. Der Tatsache, daß die Farben Rot-Blau zum Teil in Fahnen von Schweizerregimentern in sardinischen Diensten aus dem 18. Jahrhundert vorkommen, kann in bezug auf die Tessiner Farben überhaupt keine Bedeutung beigemessen werden[3].

Wappen der Leventina, 18. Jahrhundert.

Siegel des Vallemaggia, 16. Jahrhundert, darin der heilige Mauritius mit der Kreuzfahne.

Wir möchten eine andere mögliche Erklärung ins Feld führen: es wäre durchaus denkbar, daß die Schöpfer des Tessiner Hoheitszeichens die zwei Farben gewählt haben, die in den Wappen der – zu Bezirken umgestalteten – ehemaligen Tessiner Vogteien und der wichtigsten Tessiner Gemeinden vorkommen, nämlich Rot und Blau, wobei die dritte Farbe, Weiß, nicht in Frage kommen konnte, da ihre Mitberücksichtigung zur Annahme der französischen Trikolore geführt hätte.

SIEGEL

Artikel 2 des großrätlichen Dekrets vom 26. Mai 1803 bestimmte das Kantonssiegel, gespalten von Rot und Blau, in einem ovalen Schild. Dessen ungeachtet zeigen die ersten Siegel einen Schild, der oben zwei Ausschnitte in der Form von Kreissegmenten und damit drei Spitzen aufweist und unten in eine Spitze ausläuft. Mit Dekret vom 11. Mai 1948 wurde ein dem ursprünglichen Dekret genau entsprechendes Siegel mit ovalem Schild zwischen zwei Lorbeerzweigen eingeführt. Die Umschrift lautet: CONFEDERAZIONE SVIZZERA. CANTONE TICINO. Darunter steht der Name der betreffenden Behörde (Staatsrat bzw. Großer Rat).

KANTONSFAHNE

Eine noch erhaltene Fahne aus dem ersten Jahrzehnt nach der Kantonsgründung ist von Rot und Blau geteilt und dürfte damit als Vorbild für die heute noch geltende Farbenanordnung gedient haben. In der oberen Hälfte dieser Militärfahne stehen in goldenen Buchstaben die Worte PRO PATRIA (für das Vaterland) in der unteren Hälfte PAGUS TICINENSIS (Kanton Tessin).

Eine interessante, im Staatsarchiv zu Bellinzona aufbewahrte Fahne (Tafel TI-I/1) wird als die der «Volontari Luganesi», der Luganeser Freiwilligen, bezeichnet. Sie soll von ihnen bei der Revolution von 1797 mitgeführt worden sein[4] und zeigt auf rotem Grund innerhalb von zwölf kreisförmig angeordneten weißen Flammen ein rotes Medaillon, darin ein eingekerbtes weißes Kreuz sowie, um dasselbe herum, die goldene Inschrift PATRIA, LIBERTÀ, CANTONE TICINO. Diese Worte mögen als Ausdruck des Freiheitswillens der Patrioten angesehen werden sowie ihres Wunsches, einen eigenen Kanton zu gründen. Die Fahnenstange ist mit blauem Samt überzogen[5].

KANTONSFARBEN

Da die Anordnung der Farben Rot und Blau im Wappen und in den Fahnen nicht einheitlich gehandhabt wurde, erließ der Große Rat des Kantons Tessin am 20. September 1922 ein Dekret betreffend «Farben und Siegel des Kantons», das sehr unklar abgefaßt war. Da der nicht genau definierte Ausdruck «stendardo» (Standarte) sowohl bei der Erwähnung der geteilten Fahne als in Zusammenhang mit dem gespaltenen Schild verwendet wurde, schuf das fragliche Dekret nur noch größere Verwirrung. Der Staatsrat faßte deshalb am 6. Oktober 1930 einen Beschluß, in dem für die quadratische und die längsrechteckige Fahne sowie für die Armbinde die horizontale, für das Wappen, die senkrecht aufgehängte lange Farbenflagge und die Kokarde hingegen die vertikale Farbenanordnung bestimmt wird.

Siegel des Großen Rates, 1948, dem Dekret von 1803 entsprechend.

Kantonswappen, 1803.

Der Kanton Waadt

KANTONSWAPPEN

DIE WAPPEN DER WAADT VOR 1803

Zwischen 1240 und 1260 geriet die Waadt nach und nach unter savoyische Herrschaft. Am Ende des 13. und zu Beginn des 14. Jahrhunderts führte der Zweig der Herren von Waadt aus dem gräflichen Hause Savoyen in goldenem Schild einen rotbewehrten schwarzen Adler – den im 13. Jahrhundert von mehreren Grafen von Savoyen für Reichslehen geführten kaiserlichen Adler –, belegt mit einem roten fünflätzigen Turnierkragen als Brisur (Unterscheidungszeichen der jüngeren Linien) (Tafel VD-II/1). Ludwig II., Herr der Waadt von 1302 bis 1348, änderte 1306 sein Wappen und nahm den gräflichen roten Schild mit weißem Kreuz[1] an, den er mit einem von Gold und Blau gestückten Schrägfaden als Brisur überzog (Tafel VD-II/2). Nach dem Tode Ludwigs und Erlöschen der Linie Savoyen-Waadt kaufte der Graf von Savoyen ihr Herrschaftsgebiet zurück, dessen Wappen jedoch als Vogteiwappen weiterlebte[2]. Damit begegnen wir dem typischen Beispiel eines Wappens, das vom einstigen Herrschergeschlecht auf dessen Territorium überging. Die Waadt, fortan eine der schönsten Vogteien der Grafen von Savoyen – die 1416 zur herzoglichen Würde emporgestiegen waren – erhielt spätestens zu Beginn des 16. Jahrhunderts ein neues Wappen, für dessen erstes bekanntes Vorkommen eine Wappenscheibe der Kirche von Brou in der franzö-

Wappenscheibe von Lausanne, von Hans Funk, 1539.

sischen Stadt Bourg-en-Bresse den Beleg liefert. Die 1530 eingesetzten Glasscheiben dieser Kirche wurden im Jahre 1525 auf Veranlassung der Witwe Herzog Philiberts II. von Savoyen, Margarete von Österreich, von einem Brüsseler Maler entworfen. Das Wappen der Waadt zeigt unter einem mit Edelsteinen und Perlen besetzten Reif – dem Zeichen der Baronenwürde – einen schwarzen Dreiberg in einem silbernen Schild (Tafel VD-II/3). Nach der Eroberung der Waadt durch die Berner 1536 erscheint dieses Wappen weiterhin im großen, mehrfeldrigen Wappen der Herzöge von Savoyen als sichtbares Zeichen ihres Anspruches auf das verlorene Land und ihrer nie ganz aufgegebenen Hoffnung, es dereinst zurückerobern zu können[3]. Unter der bernischen Herrschaft bestand für das Waadtland als geschlossenes Gebiet kein Wappen mehr; jede der neu errichteten zehn Landvogteien erhielt ihr eigenes Wappen[4].

Kantonswappen, 1803.

Am 23. Januar 1798 proklamiert sich die Waadt – unter dem Schutz der französischen Bajonette – als unabhängige Lemanische Republik. Am Tag darauf schreibt der Bürger Bergier-Lemaire seinem Freund Cäsar Laharpe über den Erfolg der Proklamation und erwähnt dabei die Kokarde in der grünen Freiheitsfarbe. Grün ist auch die Fahne der neuen Republik. Unter der helvetischen Einheitsrepublik 1798 bis 1803 bildet die Waadt den Kanton Léman. Da die Helvetik alle Standeswappen abgeschafft hat, wird selbstverständlich kein Wappen für den neuen Kanton kreiert.

DAS KANTONSWAPPEN SEIT 1803

Am 14. April 1803, als sich der Große Rat versammelt, schlägt die Geburtsstunde des neuen Kantons Waadt. Dem Protokoll der Sitzung des Kleinen Rates vom 16. April 1803 entnehmen wir den ersten Entwurf eines Hoheitszeichens für den neuen Kanton: «Der Kleine Rat hat Grün und Weiß als Kantonsfarben vorgeschlagen und als Siegel ein in zwei Streifen («deux bandes») geteiltes hellgrünes und weißes Feld und zwei verschlungene Hände, die ein vom Hut Wilhelm Tells überhöhtes Schwert halten. Devise: Pro libertate et fœdere». Nach Verwerfung dieses nicht gerade glücklichen Entwurfs unterbreitet der Kleine Rat der Versammlung ein neues Projekt, das nun angenommen wird. Darauf erläßt der Große Rat noch am selben Tag ein Dekret, das in freier Übersetzung lautet:
1. Die Farben des Kantons Waadt sind hellgrün und weiß.
2. Das Siegel des Kantons Waadt enthält, gemäß vorgelegtem Muster einen von Grün und Weiß geteilten Schild. Im weißen Feld steht «Liberté et Patrie» (Freiheit und Vaterland), und über dem Schild in einem Schriftband liest man «Canton de Vaud».

Dieses in Unkenntnis der heraldischen Regeln sehr ungeschickt abgefaßte Dekret enthält einen schwerwiegenden Fehler: die aus dem Muster ersichtliche Anordnung der beiden Farben ist im Text des Dekretes vertauscht. Zudem widerspricht die Aufnahme der Devise in den Schild sowohl dem guten Geschmack als auch dem heraldischen Brauch. Die Buchstaben, deren Farbe im Dekret nicht genannt wird, wurden anfänglich schwarz dargestellt. Im Laufe der Zeit hat sich hierfür Gold eingebürgert, was wiederum der heraldischen Regel widerspricht, wonach Metall nicht auf Metall gesetzt werden darf. Gemildert wird dieser Verstoß durch die Verwendung schwarzer Konturen.

SIEGEL

Am 3. Mai 1803 genehmigte der Kleine Rat eine Zeichnung des Graveurs Hoger und ließ die beiden ersten Siegel des Kantons anfertigen, das eine mit der Inschrift «Grand Conseil», das andere mit «Petit Conseil». Das heutige Siegel zeigt immer noch dasselbe Bild.

Kantonswappen
Geteilt von Silber und Grün, in der oberen Schildhälfte die Devise LIBERTÉ ET PATRIE in schwarzgeränderten goldenen Großbuchstaben.

Kantonsfarben
Weiß und Grün.

Kantonsfahne
Geteilt von Weiß und Grün, in der oberen Fahnenhälfte die Devise LIBERTÉ ET PATRIE in schwarzgeränderten gelben Großbuchstaben.

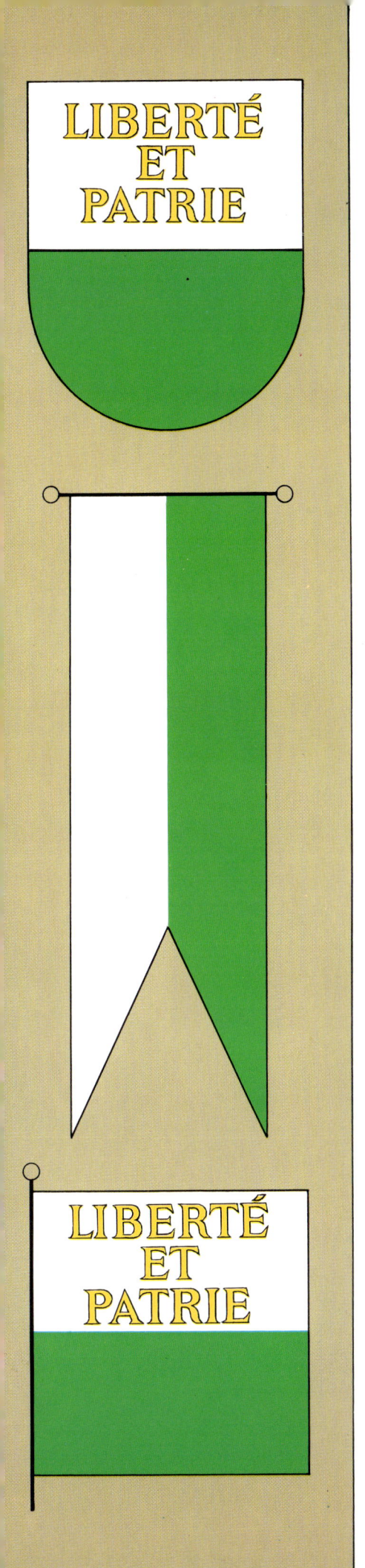

LIBERTÉ
ET
PATRIE

LIBERTÉ
ET
PATRIE

VD-I/1: Waadtländische Bataillonsfahne, 1819.

VD-I/2:
1946 verliehene Fahne der waadtländischen Kantonspolizei.

137

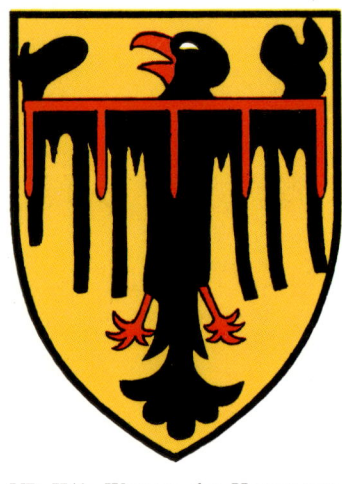

VD-II/1: Wappen der Herren von der Waadt aus dem Hause Savoyen, 1298.

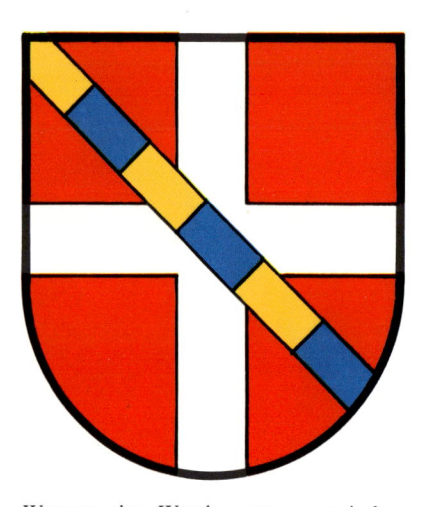

Wappen der Waadt unter savoyischer Herrschaft:
VD-II/2: im 14. und 15. Jahrhundert.

VD-II/3: nach einer Glasmalerei in der Kirche von Brou in Bourg-en-Bresse, 1530.

LAUSANNE

AIGLE

MONTREUX

MORGES

NYON

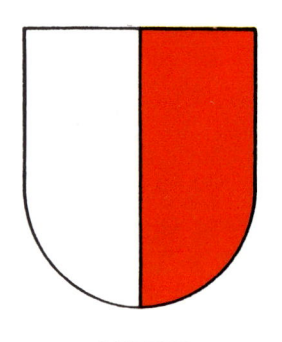

PAYERNE

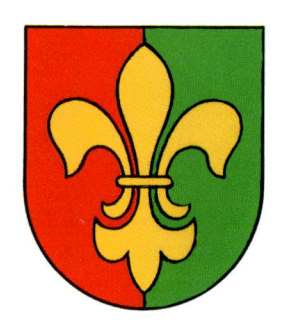

PRILLY

PULLY

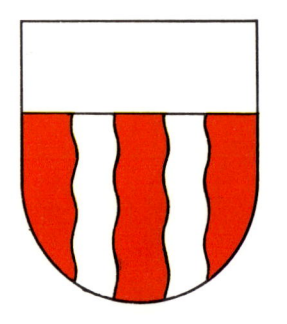

RENENS

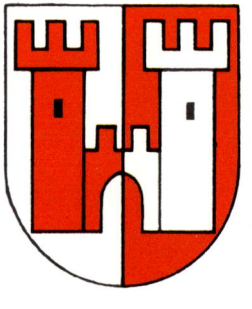

LA TOUR-DE-PEILZ

VEVEY

YVERDON

Gemeindewappen

LAUSANNE (Kantonshauptort)
Von ledigem Rot mit silbernem Schildhaupt.

AIGLE
Geteilt von Schwarz und Gold mit zwei Adlern in gewechselten Tinkturen.

MONTREUX
Gespalten: vorn in Silber drei sechsstrahlige rote Sterne übereinander, dazwischen zwei steigende rote Halbmonde; hinten in Blau eine goldene Klosterkirche mit schwarzem Tor und Fenster.

MORGES
Geteilt von Silber und Rot mit zwei Wellenbalken in gewechselten Tinkturen.

NYON
Gespalten von Rot und Blau, quer überdeckt von einem silbernen Fisch.

PAYERNE
Gespalten von Silber und Rot.

PRILLY
Gespalten von Rot und Grün, überdeckt von einer goldenen Lilie.

PULLY
Gespalten von Silber und Rot, mit einer grün gestielten und beblätterten Weintraube in gewechselten Tinkturen.

RENENS
Unter silbernem Schildhaupt in Rot zwei silberne Wellenpfähle.

LA TOUR-DE-PEILZ
Gespalten von Silber und Rot mit einer zweitürmigen, gezinnten, offenen Burg in gewechselten Tinkturen.

VEVEY
Gespalten von Gold und Blau mit zwei verschlungenen Großbuchstaben V in gewechselten Tinkturen.

YVERDON
Unter mit goldenem Buchstaben Y belegtem silbernem Schildhaupt in Grün zwei silberne Wellenbalken.

ANMERKUNGEN

[a] Aus der im Staatsarchiv des Kantons Waadt, Lausanne, aufbewahrten Korrespondenz des Departements des Innern, Militärbüro, geht hervor, daß 24 Fahnen für die Miliz und 16 für die Reserve im Oktober 1803 in Lyon bestellt und im Mai 1804 der Truppe übergeben wurden. Obwohl die in den Akten erwähnten Zeichnungen nicht mehr vorhanden sind, kann man annehmen, daß es sich um die Fahnen handelte, von denen noch ein Exemplar im Waadtländischen Militärmuseum in Morges aufbewahrt wird. Dafür spricht die große Einfachheit des Fahnenmusters, die aus der Korrespondenz hervorgeht.

[b] *Loi sur l'organisation militaire du 12 juin 1819,* Art. 171: «Tout bataillon d'infanterie aura un drapeau aux couleurs cantonales. Lorsqu'un bataillon sera employé au service fédéral, il sera ajouté à son drapeau une croix blanche et une cravate rouge et blanche.» Das nachträgliche Anbringen eines weißen Kreuzes für den eidgenössischen Dienst kann man sich kaum vorstellen. Es darf deshalb angenommen werden, daß sämtliche Fahnen nach der Ordonnanz von 1819 – entsprechend dem eidgenössischen Militärreglement von 1817 – mit dem durchgehenden weißen Kreuz versehen wurden.

KANTONSFAHNE

Die Unabhängigkeitserklärung vom 24. Januar 1798 stand unter dem Zeichen der grünen «Freiheitsfarbe», die neun Jahre zuvor in Paris von Camille Desmoulins als die Farbe der Hoffnung zum gemeinsamen Erkennungszeichen aller Freiheitsliebenden erkoren worden war. In der Folge wurde in Frankreich von der grünen Farbe Abstand genommen, da sie auch die Livreefarbe des Herzogs von Artois, des Bruders des Königs, war.

Von der kurzlebigen Lemanischen Republik sind zwei Fahnen erhalten geblieben. Sie zeigen auf grünem Grund in goldenen Lettern die Inschrift RÉPUBLIQUE/LÉMANIQUE/1798/LIBERTÉ, ÉGALITÉ[5]. Eine Militärfahne aus dem Jahr 1804[a] ist von Weiß und Grün geteilt und trägt oben in goldenen Großbuchstaben die Worte LIBERTÉ ET PATRIE, unten CANTON DE VAUD. In diesem der Kantonsfahne nachgebildeten Feldzeichen kommt die Zugehörigkeit der Waadt zur Eidgenossenschaft nirgends zum Vorschein.

Im Waadtländischen Militärmuseum in Morges werden zwei Bataillonsfahnen aufbewahrt, die dem Gesetz über die Militärorganisation vom 12. Juni 1819, Artikel 171[b] entsprechen. Sie sind grün mit durchgehendem weißem Kreuz. Von jeder Ecke der Fahne ausgehend, laufen gegen die inneren Kreuzwinkel drei kurze weiße Flammen, deren Spitzen sich nicht vereinigen und in einem gewissen Abstand vom Kreuz stehen,

Darstellung des Kantonswappens mit Freiheitshut und militärischen Emblemen, 1806.

um der goldenen Inschrift Platz zu machen. Dieselbe ist dem waagrechten Kreuzbalken entlang angeordnet und lautet oben CANTON DE VAUD, unten LIBERTÉ ET PATRIE (Tafel VD-I/1). Somit wurde das eidgenössische Kreuz 16 Jahre nach der Kantonsgründung in die Militärfahnen der Waadt aufgenommen. Bemerkenswert sind die zugunsten der Inschrift verkürzten Flammen – ein interessanter Einzelfall unter den damaligen kantonalen Feldzeichen[6].

Die alte Tradition der schweizerischen Militärfahnen des 18. und der ersten Hälfte des 19. Jahrhunderts hat das Korps der Waadtländer Kantonspolizei im Jahre 1946 wieder aufgenommen. Ihre sehr geschmackvoll konzipierte Fahne zeigt in den durch ein durchgehendes weißes Kreuz gebildeten vier Feldern das klassische Flammenmuster in den Kantonsfarben. Die Inschrift ist sehr dezent auf dem waagrechten Kreuzbalken angebracht. Anstelle einer Spitze ist die Fahnenstange mit einer kunstvoll ausgeführten Granate, dem Abzeichen der Gendarmerie, geschmückt (Tafel VD-I/2).

Der Kanton Wallis

KANTONSWAPPEN UND -SIEGEL

Bereits im Jahre 999 beschenkte Rudolf III., der letzte König des transjuranischen Burgund, das Bistum Sitten mit der Grafschaft Wallis östlich des Kreuzes von Ottan[a]. Mit diesem Akt wurde der Grundstein der weltlichen Macht der Bischöfe von Sitten gelegt und der Ausgangspunkt des späteren Freistaates Wallis begründet. Der römische König Heinrich VI. erklärte 1189 die Reichsunmittelbarkeit des Bischofs und verlieh ihm die Regalien. Ein *bischöfliches Banner* wird 1220 erwähnt: dem Meier von Sitten, Peter II. de la Tour, oblag die Pflicht, es auf Befehl des Prälaten im Kampfe zu tragen[1]. Diese Pflicht wird wiederum anläßlich der Eidesleistung des Meiers Bertholet de Grésy im Jahre 1342 urkundlich erwähnt[2]. Das alte Wappen des Bistums Sitten – gespalten von Silber und Rot – läßt darauf schließen, daß das bischöfliche Banner von Weiß und Rot gespalten war und – wie sich andernorts oft feststellen läßt – das einfache Wappen aus dem Banner hervorgegangen ist[3]. Durch die spätere Hinzufügung von Sternen sind Banner und Wappen von Sitten und vom Wallis entstanden.

In einem 1507 datierten Holzschnitt eines unbekannten Meisters, der am Anfang von Peterman Etterlyns «Kronika von der loblichen Eydtgenossenschaft» steht, ist für das

Doppeltaler des Bischofs von Sitten Matthäus Schiner, 1501. In der Mitte das Wappen Schiners, im Kreise die Wappen der Zenden und Vogteien.

Älteste Darstellung des Walliser Wappens (unten, zweites Wappen von links) auf einem Holzschnitt in der «Kronika von der loblichen Eydtgenossenschaft» von Petermann Etterlyn, 1507.

Wallis ein gespaltener Schild zu sehen, der rechts fünf und links vier Sterne trägt. In der handschriftlichen Chronik des Alberto da Vignate aus Lodi, die sich vom 24. Juni 1496 bis zum 1. März 1519 erstreckt[4], finden sich die Wappen der eidgenössischen Stände und ihrer Verbündeten; sie dürften nicht vor 1511 gezeichnet worden sein, da auch das Wappen Schiners unter der Bezeichnung «El Cardinale» darunter figuriert (er wurde am 20. März 1511 zu dieser Würde erhoben). Die in diesem Manuskript erscheinende Zeichnung des Walliser Wappens weist zwar falsche Tinkturen (Blau und Gold) auf, ist aber andererseits mit einer genauen Beschreibung versehen, die dem richtigen Wappen entspricht. Sie lautet in freier Über-

ANMERKUNG

[a] In La Bâtiaz, auf dem Gebiet der heutigen Gemeinde Martigny, stand einst das Kreuz von Ottan, das jahrhundertelang die Grenze zwischen dem zum Bistum Sitten gehörigen Wallis und dem savoyischen Chablais bildete.

Kantonswappen
Gespalten von Silber und Rot mit 13 pfahlweise 4,5,4 gestellten fünfstrahligen Sternen in gewechselten Tinkturen.

Kantonsfarben
Weiß und Rot.

Kantonsfahne
Gespalten von Weiß und Rot mit 13 pfahlweise 4,5,4 gestellten fünfstrahligen Sternen in gewechselten Farben.
Beim Hissen der Fahne ist darauf zu achten, daß die weiße Hälfte an der Stangenseite steht und die in der Vertikalachse befindlichen Sternzacken nach oben schauen.

Gemeindewappen

SITTEN (Kantonshauptort)
Gespalten von Silber mit zwei fünfstrahligen roten Sternen und von Rot.

BRIG
In Gold ein rot bewehrter und gezungter schwarzer Drache mit roter Krone.
Infolge der Vereinigung der Stadt Brig mit den Gemeinden Glis, Brigerbad und Gamsen am 1. Januar 1973 und der Umbenennung der Gemeinde in Brig-Glis ist eine Änderung des Gemeindewappens beabsichtigt. Da es noch nicht vorliegt, haben wir das bisherige Stadtwappen abgebildet.

CONTHEY
In Silber zwei gekreuzte grüne Weinranken mit zwei blauen Trauben, begleitet von drei fünfstrahligen roten Sternen, 1 und 2.

MARTIGNY
In Rot ein silberner Löwe, einen goldenen Hammer haltend.

MONTHEY
In Gold, auf grünem Dreiberg, eine grüne Eiche.

SAINT-MAURICE
Gespalten von Blau und Rot, überdeckt von einem silbernen Kleeblattkreuz (Mauritiuskreuz).

SIDERS
In Rot eine gebildete gold. Sonne.

VISP
Gespalten von Silber und Rot mit zwei zugewendeten Löwen in gewechselten Tinkturen.

ZERMATT
In Rot, auf grünem Dreiberg, ein goldener Löwe, im rechten und linken Obereck begleitet von je einem fünfstrahligen silbernen Stern.

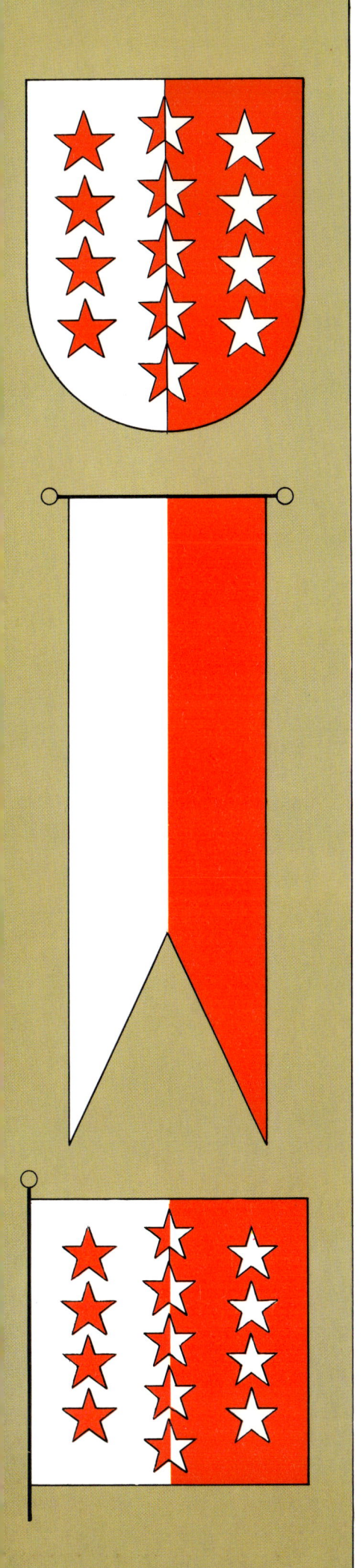

VS-I/1: Fahne einer Walliser Miliz, 18. Jahrhundert.

SION/SITTEN	BRIG/BRIGUE	CONTHEY
MARTIGNY	MONTHEY	SAINT-MAURICE
SIERRE/SIDERS	VISP/VIEGE	ZERMATT

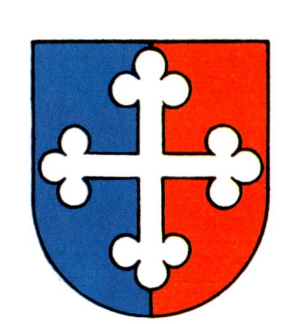

141

VS-II: Walliser Bataillonsfahne nach dem Walliser Militärreglement von 1827.

setzung: gespalten von Silber mit drei roten Sternen und von Rot mit drei silbernen Sternen, die Sterne pfahlweise gestellt [5].

In der Folge wurden die Quellen für Wappen und Banner zahlreicher: Holzschnitte von Urs Graf 1515 im vaterländischen Epos von Glareanus (Wappen mit 9 Sternen) und 1521 (Banner mit 10 Sternen), von Conrad Schnitt 1530 (Banner mit 16 Sternen)[6], Schweizerkarte von Gilg Tschudi 1538 (ein Stern inmitten eines Kranzes von 6 Sternen). Das Walliser Wappen mit 11 Sternen (6, gestellt 2,2,2 in der rechten und 5, gestellt 2,2,1 in der linken Schildhälfte) in der von Hans Jakob Stampfer gravierten und 1548 von der Eidgenossenschaft als Patengeschenk für die französische Prinzessin Claudia überreichten Medaille (vgl. Kapitel «Schweizerische Eidgenossenschaft», Abb. S. 14) darf als die erste offizielle Darstellung des Walliser Hoheitszeichens betrachtet werden.

Auf dem Siegel, mit dem die Republik Wallis das Bündnis zwischen König Heinrich III. von Frankreich und der Eidgenossenschaft bekräftigte (Solothurn, 22. Juli 1582), findet sich die erste offizielle Darstellung des Walliser Wappens mit sieben Sternen, der Schild vom kaiserlichen Doppeladler überhöht. Das gleiche Siegel hängt an der bei der Erneuerung dieses Bündnisses mit Heinrich IV. ausgestellten Urkunde vom 31. Januar 1602. An diese Allianz erinnern zwei Wappentafeln im Hause Supersaxo in Sitten (Walliser Wappen mit sieben Sternen). Von 1602 an werden die Wappendarstellungen mit einer höheren Sternenzahl immer seltener und die 1627 vom Landrat eigenmächtig geprägten Münzen zeigen den Schild ebenfalls mit sieben Sternen. Im Gegensatz zu der früheren Zeit, da man vermutlich beabsichtigte, die ursprüngliche Zahl der Zenden, der heutigen Bezirke, anzudeuten oder sich an die Zahl der Zendenwappen auf den früheren bischöflichen Münzen (1498–1528) hielt, herrscht vom Ende des 16. Jahrhunderts an die Siebenzahl der Sterne vor, die den regierenden Oberwalliser Zenden entspricht.

Ein im 18. Jahrhundert angefertigtes Siegel lehnt sich an das Modell von 1582 an, die Sterne sind jedoch fünfstrahlig (im alten Siegel waren sie sechsstrahlig) und stehen Kopf: die in der Vertikalachse befindlichen Zacken sind nach unten gerichtet. Nach dem Zusammenbruch der alten Eidgenossenschaft 1798 und der Zwischenzeit der Helvetischen Republik machte eine in Paris ausgearbeitete neue Verfassung vom 30. August 1802 das Wallis zu einer unabhängigen Republik unter der Kontrolle der französischen helvetischen und cisalpinischen Republiken; das Land war in zwölf Zenden eingeteilt. Ein Gesetz vom 4. September 1802 bestimmte: «Die Farben der Republik werden sein: weiß und roth, auf diesem Grunde werden zwölf Sternen gesetzt werden. Die Legende wird sein: *Sigillum Reipublicae Valesiae*. Die Siegel der verschiedenen Behörden werden unten den Namen jener Autorität haben, die sie braucht.» Die 12 Sterne entsprachen den zwölf Zenden, nämlich den sieben alten und den 1798 aus den ehemaligen Untertanengebieten neu geschaffenen Zenden.

Das neue Regime sollte nur von kurzer Dauer sein. Der von Napoleon Bonaparte gefaßte Plan, eine Straße über den Simplon zu eröffnen, hatte 1810 die Vereinigung des Wallis mit dem französischen Kaiserreich durch ein einfaches Dekret zur Folge. Das Land bildete nun das «Département du Simplon», das bis zum 31. Dezember 1813 dauerte, dem Tag, an dem die alliierten Mächte die Unabhängigkeit des Wallis proklamierten, die am 3. Mai 1814 durch den Verzicht Frankreichs bestätigt wurde. Auf den einstimmigen Wunsch der alten und der neuen Zenden wurde das Wallis am 12. September desselben Jahres als zwanzigster Kanton in die Eidgenossenschaft aufgenommen. Der Artikel 58 der Walliser Verfassung vom 12. Mai 1815 bestimmt: «Das Sigill des Kantons hat ein weißes und rothes Feld mit dreizehn Sternen, deren Farbe weiß im rothen, und roth im weißen Feld ist, die

Siegel der Republik Wallis, 1582; erste offizielle Darstellung des Walliser Wappens mit sieben Sternen.

Bemalte Holztafel mit Reichsadler; Wappen von Hildebrand von Riedmatten, Bischof von Sitten; Wappen der Republik Wallis (mit sieben Sternen) und Wappen von Sitten. Gedenktafel anläßlich des Bündnisses zwischen Heinrich IV., König von Frankreich, und dem Wallis, 1602.

Einschrift wird seyn *Sigillum Reipublicae Valesiae*.»

Die Schaffung des Zenden Gundis (Conthey) gemäß Art. 3 der Verfassung hatte die Annahme eines dreizehnten Sterns erfordert. Das dem Verfassungsartikel entsprechende Staatssiegel zeigt den von einer Souveränitätskrone überhöhten Schild mit den Sternen in der gleichen verkehrten Stellung wie im Siegel des 18. Jahrhunderts. Die für die rote Farbe stehenden Schraffuren sind zudem auf der falschen Seite angebracht, so daß der Schild von Rot und Weiß gespalten ist. In den heute noch verwendeten Siegeln des Staatsrates und des Großen Rates ist der Schild korrekt schraffiert; im erstgenannten Siegel trägt er eine Souveränitätskrone, im zweiten hingegen ist er vom eidgenössischen Kreuz im Strahlenkranz überhöht.

KANTONSFAHNE

Als Zeugen der Walliser Geschichte sind mehrere alte Fahnen erhalten geblieben. Das älteste und ehrwürdigste Stück ist wohl die im Schweizerischen Landesmuseum aufbewahrte Totenfahne des 1470 verstorbenen Freiherrn Petermann von Raron; sie zeigt auf rotem Grund einen gelben Adler. Das dem Kanton Wallis verliehene *Juliusbanner* von 1512 ist nicht erhalten geblieben; wir kennen es lediglich aus dem betreffenden Bannerbrief. Es war von Rot und Weiß gespalten (Sterne sind nicht erwähnt) und aufgrund des mit der Bannerverleihung verbundenen Privilegs mit einer Darstellung der Geburt Christi und des Landesheiligen St. Theodul nebst den päpstlichen Schlüsseln versehen.

In der historischen Rathaussammlung in Luzern wird eine Walliser Landesfahne aus dem ausgehenden 18. Jahrhundert aufbewahrt: sie ist von Rot und Weiß gespalten mit sieben Sternen (3,2,2) in gewechselten Farben.

Aus dem 17. und 18. Jahrhundert stammen einige noch vorhandene Zenden-, Talschafts- und Gemeindefahnen, wie:

Ernen: eine Fahne von 1797, mit rotem Kreuz, Gemeindewappen und geflammten Feldern in den Farben Gelb, Weiß, Rot, Gelb und Grün.

Goms: sieben Fahnen, die alle das Wappen des Zendens zeigen: geteilt von Rot und Weiß mit zwei Kreuzen in gewechselten Farben, wobei auch die umgekehrte Farbenanordnung vorkommt, die Kreuze bald durchgehend, bald schwebend.

Siders: auf rotem, mit goldenen Sternen besätem Grund die goldene gebildete Sonne aus dem Gemeindewappen, in der Oberecke eine Kartusche mit dem Wappen de Courten; diese Fahne wurde 1799 bei Pfyn im Kampf gegen die Franzosen mitgeführt.

Lötschental: zwei Fahnen aus dem 17. Jahrhundert, eine davon weiß mit rotem Mauritiuskreuz und reicher Ornamentierung: roter Flammenrand, Sterne, Weinranken, etc. Im Bernischen Historischen Museum wird eine *Walliser Milizfahne* (Tafel VS-I/1) aufbewahrt: sie zeigt ein weißes Mauritiuskreuz; die vier Felder sind in den Farben Blau, Gelb und Rot radial geflammt, wobei die Flammenspitzen gegen die inneren Kreuzwinkel zulaufen. Aus diesem Flammenmuster läßt sich schließen, daß diese Fahne frühestens um die Wende zum 18. Jahrhundert angefertigt worden ist[7].

Im Walliser Militärmuseum, das 1974 mit viel Sachkenntnis und Sorgfalt im eindrucksvollen Rahmen des Schlosses von Saint-Maurice eingerichtet wurde, sind mehrere Walliser *Militärfahnen* aus der Zeit nach der Kantonsgründung 1815 zu sehen, von denen wir drei erwähnen:

– Eine von Rot und Weiß gespaltene Fahne mit dem auf die Spaltungslinie gelegten, von einem schmalen goldenen Lorbeerkranz umrahmten ovalen Kantonswappen (mit kopfstehenden Sternen). Die Inschriften in goldener Kursivschrift lauten auf einer Seite «Kanton Wallis, Bataillon No 1», auf der anderen «Canton du Valais, Bataillon No 1». Wahrscheinlich wehte diese Fahne im Jahre 1815 dem Bataillon de Courten bei der Belagerung von Hüningen voran.

– Eine Fahne mit durchgehendem weißen Kreuz sowie fünf roten und vier weißen Flammen in jedem der vier Felder; in der Kreuzmitte das Walliser Wappen, dessen ovaler Schild von grünem Eichenlaub umrahmt ist. Auch in diesem Wappen stehen die Sterne Kopf. Diese Variante kommt zwischen 1815 und 1840 öfters vor.

– Eine dem Walliser Militärreglement von 1827 entsprechende Fahne (Tafel VS-II) mit roten und weißen Flammen wie zuvor. Der golden eingefaßte Schild – mit heraldisch korrekt gestellten Sternen – ist von zwei goldenen Zweigen umrahmt, Eichenlaub an der Stangenseite, Lorbeer an der Flugseite.

Siegel der Republik Wallis, 1802 (mit 12 Sternen).

Siegel des Kantons Wallis mit 13 – hier kopfstehenden – Sternen, entsprechend den gesetzlichen Bestimmungen von 1815, jedoch mit vertauschten Schraffuren.

Der Kanton Neuenburg

Offizielle Darstellung des Wappens der Stadt Neuenburg.

Siegel des Grafen Ludwig von Neuenburg, 1344 bis 1370.

ANMERKUNG

[a] Eine Brisur (vom Französischen *brisure*) ist ein in das Wappen aufgenommenes Beizeichen zur Unterscheidung von verschiedenen Linien eines Geschlechtes oder auch von Personen.

WAPPEN UND SIEGEL BIS 1848

Die Grafen von Neuenburg führten seit Ende des 12. Jahrhunderts eine Burg in ihrem Siegel, dies wohl in der Absicht, ihren Namen sphragistisch (d.h. durch ein Siegel) zu versinnbildlichen. Das älteste, nur fragmentarisch überlieferte Siegel dieser Dynasten ist 1192 belegt; es gehörte Rudolf II. von Neuenburg. Die Burg – in deren Mitte stets ein markanter Giebel die Mauer überragt – ziert die gräflichen Siegel bis zum zweiten Drittel des 13. Jahrhunderts. Nachdem sie als Siegelbild aufgegeben worden war, lebt sie später wieder auf; zum letzten Mal erscheint sie – in Verbindung mit der Vorderansicht einer Kirche und von zwei Wappenschilden begleitet – im schönen Siegel Rudolfs IV., das von 1332 bis 1336 nachgewiesen ist.

Im Siegel des Grafen Rudolf III. von 1247 begegnen wir einem Schild mit zwei Pfählen, die mit je zwei Sparren belegt sind. Die Sparren könnten in Anlehnung an den im alten Siegelbild mit der Burg befindlichen Giebel, sozusagen als heraldische Versinnbildlichung desselben, gewählt worden sein. Einen noch älteren Beleg für das Sparrenwappen, der zugleich dessen Farben bekanntgibt, liefert Conrad de Mure in seinem *Clipearius Teutonicorum* von ca. 1240: «Niwemburg gilve zone tres atque due sunt Albe, ne niveis rubei tractus sibis desunt» (Neuenburg: drei goldene Pfähle und zwei silberne, belegt mit roten Sparren). Graf Amadeus (1270–1287) führt in seinen Siegeln ein Wappen mit drei Pfählen, die mit je drei und mehr Pfählen belegt sind. Die Farben zeigte die älteste farbige Darstellung des Neuenburger Wappens in den leider verschwundenen Wappenmalereien aus dem frühen 14. Jahrhundert im Turm von Erstfelden (Tafel NE-II/1): in Gold drei silberne Pfähle, belegt mit roten Sparren; die hier erstmals belegte Helmzier besteht aus einem das Wappenbild wiederholenden Hut, aus dem ein roter und silberner Federschmuck hinausragt. Ungefähr um die Mitte des 14. Jahrhunderts wurde die Anzahl der Pfähle reduziert; sie machten einem einzigen Pfahl Platz, wodurch ein schönes, ruhiges Bild entstand. Diese glückliche Änderung ist dem kunstsinnigen Grafen Louis (1343 bis 1373) – dem letzten männlichen Nachkommen seines Geschlechtes – zu verdanken. Graf Louis, der das künstlerisch und heraldisch einzigartige Grabdenkmal der Grafen von Neuenburg erbauen ließ, erscheint in seinem schönen Siegel hoch zu Roß. Das Wappenbuch des niederländischen Herolds Gelre (um 1350) zeigt uns das Wappen in Farben: in Gold ein roter Pfahl, belegt mit drei silbernen Sparren (Tafel NE-II/2). Damit hatte das Neuenburger Wappen seine endgültige Gestalt erhalten.

Nach dem Tode von Isabella, der Tochter des letzten Grafen Louis, im Jahre 1395 erlosch dieses edle Geschlecht, das etwas mehr als zweihundert Jahre lang im Lande Neuenburg geherrscht hatte. Von nun an werden die Sparren – die von den Grafen auf das Land übergegangen sind – immer in Verbindung mit dem Wappen des jeweiligen Herrschergeschlechtes geführt. Unsere Farbtafel zeigt die Veränderungen des Neuenburger Wappens in seiner geschichtlichen Entwicklung. Nachfolgend begnügen wir uns damit, das im Schild mit den für Neuenburg stehenden Feldern kombinierte Wappen des jeweiligen Herrscherhauses zu beschreiben:

Grafen von Freiburg (im Breisgau), 1395–1458: in Gold ein roter Adler mit einem silbernen Schildrand, innen mit blauem Wolkenfeh (Tafel NE-II/3).

Markgrafen von Baden-Hochberg, 1458–1543: in Gold ein roter Schrägbalken (Tafel NE-II/4).

Prinzen von Orléans-Longueville, 1543–1707: in Blau drei goldene Lilien (Frankreich), überhöht von einem silbernen dreilätzigen Turnierkragen (Brisur[a] Orléans), in der Herzstelle ein schwebender silberner Schrägfaden (Brisur[a] Longueville) (Tafel NE-II/5). Aus dieser Zeit sind mehrere Varianten bekannt.

Könige von Preußen als Fürsten von Neuenburg, 1707–1806: geviert, 1 und 4 in Rot ein goldener Schrägbalken (Chalon), 2 und 3 Neuenburg; Herzschild mit Königskrone: in Silber ein königlich gekrönter, goldenbewehrter schwarzer Adler (Tafel NE-II/6). Das Wappen von Chalon erinnert daran, daß die preußischen Könige ihre Rechte von diesem alten Geschlecht ableiteten.

Marschall Berthier als Fürst von Neuenburg, 1806–1814. Als der König von Preußen Friedrich Wilhelm III. im Jahre 1806 das Fürstentum Neuenburg unberechtigterweise an Napoleon I. abtrat (er erhielt dafür das Königreich Hannover zugesprochen), übergab es der Kaiser der Franzosen seinem Marschall Alexandre Berthier. Er schuf das neue Hoheitszeichen des Fürstentums, indem er den Neuenburger Sparren ein Schildhaupt mit dem Wappen des französischen Kaiserreichs beifügte: in Blau ein goldener natürlicher Adler auf einem goldenen Donnerkeil (Tafel NE-II/7).

SCHWEIZER KANTON UND PREUSSISCHES FÜRSTENTUM, 1814–1848

Der Sturz Napoleons brachte auch die Herrschaft Berthiers zu Fall. Neuenburg geriet wieder unter preußische Hoheit, wurde jedoch am 12. September 1814 von der Tagsatzung als 21. Schweizer Kanton in die Eidgenossenschaft aufgenommen. Als Ausdruck dieser doppelten staatsrechtlichen Stellung standen zwei Wappen gleichzeitig in Gebrauch: Die für die inneren Angelegenheiten im Namen des Königs von Preußen handelnden Behörden führten ein ähnliches Wappen wie in der Zeit von 1707 bis 1806. Der Herzschild wurde jedoch verbessert und zeigte das korrekt ausgeführte preußische Wappen: in Silber ein königlich gekrönter, goldenbewehrter schwarzer Adler mit goldenen Kleestengeln, Zepter und Reichsapfel in den Fängen, auf der Brust der goldene Namenszug F.R. (Fridericus Rex) (Tafel NE-II/8).

In seinen Beziehungen zum Ausland war Neuenburg ein unabhängiger Staat. Im eidgenössischen Siegel von 1815 erscheint deshalb der bloße Neuenburger Schild mit den Sparren ohne Zeichen fremder Herrschaft, was wiederum beweist, daß das Wappen des einstigen Grafenhauses nach dessen Aussterben zum Landeswappen schlechthin geworden war und immer noch als solches galt. Somit überlebte das schöne historische Wappen Neuenburgs die wechselvollen Geschicke des Landes bis 1848.

FAHNEN UND FARBEN VOR 1848

Das alte, dem Wappen nachgebildete Banner (in Gelb ein roter Pfahl, belegt mit drei weißen Sparren) (Tafel NE-I/2) vermochte sich durch die Jahrhunderte hindurch unter den verschiedenen Herrscherhäusern zu behaupten. Eine noch erhaltene Fahne aus dem 17. Jahrhundert zeigt dieses Bild, ebenso eine solche, die Marie von Orléans, Herzogin von Nemours, 1707 der Stadt Neuenburg schenkte. Längs der Stange ist eine schwarze Inschrift eingestickt: MARIE DORLEANS P.L.G.D.D. (=par la grâce de Dieu, durch Gottesgnade) PRINCESSE SOUVERAINE DE NEUFCHATEL.

Von einigen «Bourgeoisies» (Bürgerschaften) sind Fahnen aus dem 17. und 18. Jahrhundert erhalten geblieben, unter anderem von Boudry, Le Locle und vor allem von der Stadt Neuenburg. Im dortigen Museum für Kunst und Geschichte wird eine ganze Anzahl solcher Fahnen aufbewahrt, die alle die Stadtfarben Rot und Grün in verschiedener Anordnung zeigen und von einem durchgehenden weißen Kreuz durchzogen sind. Die vier Felder der älteren Fahnen sind im Wellenschnitt geteilt, die späteren geflammt. Die meisten zeigen in der Kreuzmitte den schwarzen Adler mit dem Sparrenwappen als Brustschild (vgl. das Stadtwappen).

Aus der kurzen Regierungszeit Marschall Berthiers sind noch eine Fahne und vier Standarten vorhanden, die alle durch ihre reichen Stickereien auffallen. Die große Fahne zeigt auf der einen Seite das vollständige Staatswappen mit Fürstenmantel und Krone, auf der anderen eine Widmung Berthiers an die Stadt Neuenburg. Von den beiden weißen Standarten der Ehrengarde ist die eine mit dem fürstlichen Wappen und seinem gekrönten Monogramm in den Ecken sowie auf der Rückseite mit der Inschrift «Garde d'Honneur» geschmückt, während die andere den schwarzen Adler mit Brustschild zeigt. Zwei weitere Standarten, die den voll ausgeschriebenen Namen ALEXANDRE tragen, haben mehr persönlichen Charakter[1].

Im Juli 1819 überreichte der preußische Kronprinz, der nachmalige König Friedrich Wilhelm IV., im Verlauf seines Besuches in der Hauptstadt den Neuenburger Regimentern neue Fahnen, die heute im Historischen Museum aufbewahrt sind. Sie sind von einem durchgehenden weißen Kreuz durchzogen und in den damaligen Neuenburger Farben geflammt, in der Weise, daß jedes der vier Felder fünf rote und vier gelbe Flammen zeigt. In der Kreuzmitte ist ein Medaillon (Tafel NE-I/1) angebracht, in dem das Wappen des Fürstentums (vgl. Tafel NE-II/8) zwischen einem Eichen- und einem Lorbeerzweig steht. In diesen Feldzeichen kommt die eigenartige Doppelstellung Neuenburgs als Schweizer Kanton und preußisches Fürstentum zum Ausdruck.

Mit Ausnahme der neun Jahre französischer Herrschaft – unter der die dreifarbige fran-

Kantonswappen

Zweimal gespalten von Grün, Silber und Rot mit einem schwebenden silbernen Kreuzchen im linken Obereck.

Kantonsfarben

Grün, Weiß und Rot.

Kantonsfahne

Zweimal gespalten von Grün (an der Stangenseite), Weiß und Rot mit einem schwebenden weißen Kreuzchen in der Oberecke der Flugseite.

Gemeindewappen

STADT NEUENBURG

In Gold ein rot bewehrter und gezungter schwarzer Adler mit Brustschild: in Gold ein mit drei silbernen Sparren belegter roter Pfahl.

BOUDRY

Geteilt von Gold mit rotem Pfahl, belegt mit drei silbernen Sparren, und von Blau mit silbernem Fisch.

LA CHAUX-DE-FONDS

Zweimal geteilt: 1. in Blau drei fünfstrahlige silberne Sterne, 2. in Silber ein von goldenen Bienen umschwärmter goldener Bienenkorb, 3. geschacht von Silber und Blau.

COLOMBIER

In Rot ein silbernes Kreuz, auf dessen waagrechtem Balken zwei silberne Tauben stehen.

LE LOCLE

In rot-golden gerautetem Felde ein silberner Balken, belegt mit einem blauen Fluß; unten ein silberner Pfahl, belegt mit drei grünen Tannen auf grünem Dreiberg.

PESEUX

Gespalten von Gold und Blau, überdeckt von einem silbernen Balken, belegt mit einer linksgekehrten schwarzen Muskete.

NE-I/1: Mittleres Motiv der Regimentsfahnen, 1819 bis 1848.

NEUCHATEL/NEUENBURG    BOUDRY    LA CHAUX-DE-FONDS

COLOMBIER 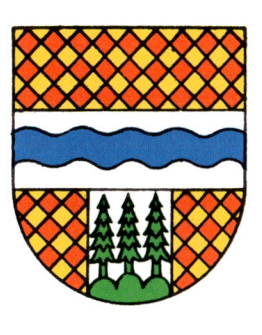   LE LOCLE    PESEUX

NE-I/2: Historische Neuenburger Fahne.   NE-I/3: Fahne 1836 bis 1848.

147

ENTWICKLUNG DES
NEUENBURGER WAPPENS
UNTER DEN VERSCHIEDENEN
HERRSCHERHÄUSERN

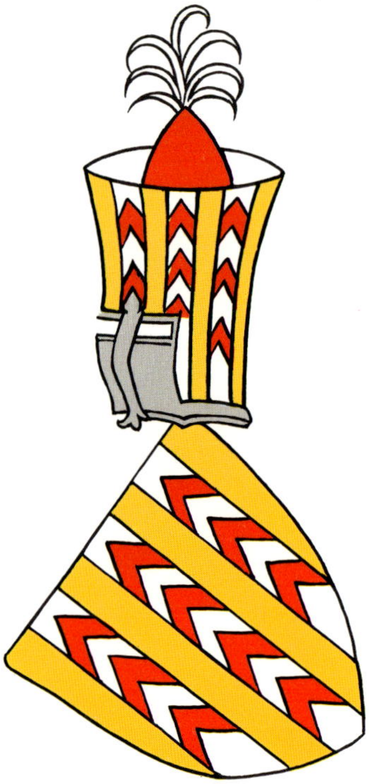

NE-II/1, rechts: Wappen der Grafen von Neuenburg, ca. 1270 bis ca. 1350. Malerei im ehemaligen Turm von Erstfelden, Anfang des 14. Jahrhunderts.

NE-II/2, rechts außen: Wappen der Grafen von Neuenburg nach dem Wappenbuch von Gelre, um 1350.

NE-II/3: Grafen von Freiburg, 1395 bis 1458.

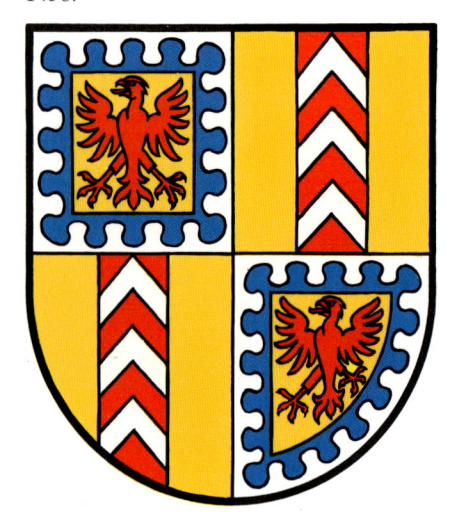

NE-II/4: Markgrafen von Baden-Hochberg, 1458 bis 1543.

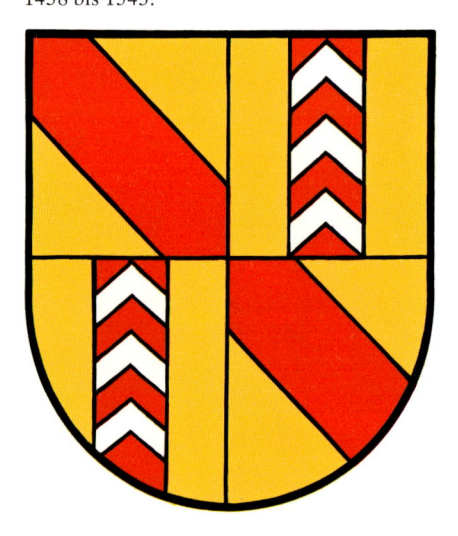

NE-II/5: Prinzen von Orléans-Longueville, 1543 bis 1707.

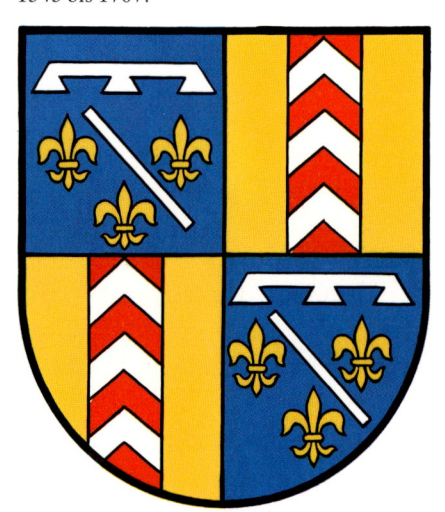

NE-II/6: Könige von Preußen, 1707 bis 1806.

NE-II/7: Marschall Berthier, 1806 bis 1814.

NE-II/8: Könige von Preußen, 1814 bis 1848.

Wappen des Fürstentums Neuenburg unter Marschall Berthier, 1806.

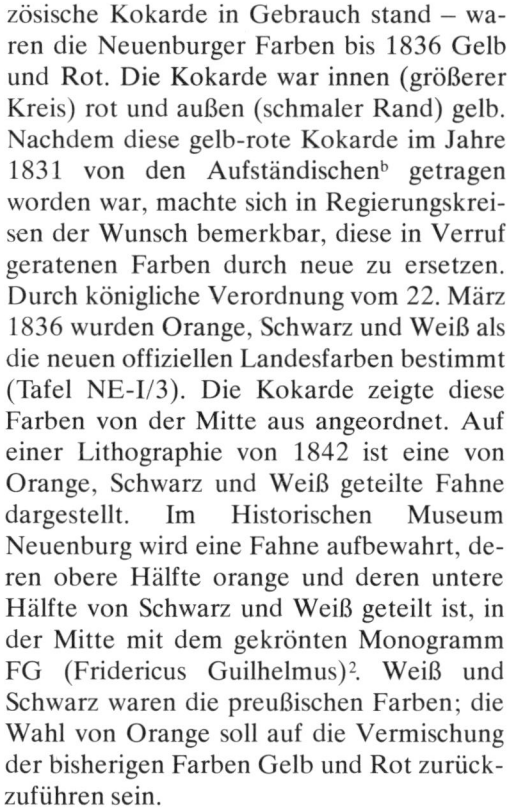

Neuenburger Regimentsfahne, 1819.

ANMERKUNGEN

Republikanische Neuenburger und Waadtländer Freischärler fielen 1831 in das von Royalisten regierte Fürstentum Neuenburg ein. Die Freischaren wurden von den fürstlichen Truppen unter dem Befehl des preußischen Gouverneurs zurückgeschlagen.

[c] Die im Landratssaal von Glarus angebrachte, zum Wappenzyklus der Kantone gehörende Standesscheibe von Neuenburg zeigt das alte Sparrenwappen.

zösische Kokarde in Gebrauch stand – waren die Neuenburger Farben bis 1836 Gelb und Rot. Die Kokarde war innen (größerer Kreis) rot und außen (schmaler Rand) gelb. Nachdem diese gelb-rote Kokarde im Jahre 1831 von den Aufständischen[b] getragen worden war, machte sich in Regierungskreisen der Wunsch bemerkbar, diese in Verruf geratenen Farben durch neue zu ersetzen. Durch königliche Verordnung vom 22. März 1836 wurden Orange, Schwarz und Weiß als die neuen offiziellen Landesfarben bestimmt (Tafel NE-I/3). Die Kokarde zeigte diese Farben von der Mitte aus angeordnet. Auf einer Lithographie von 1842 ist eine von Orange, Schwarz und Weiß geteilte Fahne dargestellt. Im Historischen Museum Neuenburg wird eine Fahne aufbewahrt, deren obere Hälfte orange und deren untere Hälfte von Schwarz und Weiß geteilt ist, in der Mitte mit dem gekrönten Monogramm FG (Fridericus Guilhelmus)[2]. Weiß und Schwarz waren die preußischen Farben; die Wahl von Orange soll auf die Vermischung der bisherigen Farben Gelb und Rot zurückzuführen sein.

KANTONSFAHNE UND KANTONSWAPPEN SEIT 1848

Die Revolution vom 1. März 1848 brachte die endgültige Loslösung von Preußen. Am 10. April wurde eine Kommission beauftragt, die Farben der neuen Republik zu bestimmen, und schon am nächsten Tag folgte die Abstimmung, die 44 gegen 37 Stimmen für die neuen Farben ergab. Mit Dekret vom 11. April 1848 wurden sie wie folgt festgelegt: Grün, Weiß und Rot, senkrecht angeordnet; ferner wurde die Aufnahme eines weißen Kreuzes in den oberen Teil des an der Flugseite der Fahne befindlichen roten Streifens beschlossen. Diese in größter Eile getroffene Farbenwahl muß aus folgenden Gründen als unglücklich bezeichnet werden:
– sie setzte sich über das alte historische Wappen Neuenburgs hinweg und huldigte der schon bei der Schaffung der Hoheitszeichen anderer neuer Kantone aufgekommenen Mode der sogenannten «grünen Freiheitsfarbe»;
– vom weißen Kreuz abgesehen, gleicht die Fahne in Farben und Anordnung völlig der italienischen Nationalflagge;
– das rote Fahnendrittel mit dem weißen Kreuz, das den Ehrenplatz an der Stangenseite – beim Wappen die heraldisch rechte Seite – einnehmen sollte, befindet sich an der Flugseite.

Obwohl kein Wappen bestimmt worden war, entstand doch ein solches durch die nach dem Dekret einsetzende Praxis und ohne gesetzliche Grundlage, indem das Fahnenbild in einen Schild gesetzt wurde. Ein Siegel wurde nicht festgelegt.

Ein Dekret des Großen Rates vom 30. Januar 1849 verbot das Tragen der alten neuenburgischen und preußischen Farben. Die Sparren fanden erst wieder mit dem Gemeindewappengesetz vom 5. März 1888 eine gewisse Verbreitung, und manche Gemeinde fügte die Sparren in ihr neu geschaffenes Wappen ein.

Bereits im letzten Jahrhundert waren immer wieder Stimmen laut geworden, die sich zugunsten der Wiedereinführung des historischen Neuenburger Wappens eingesetzt hatten. Nach der Jahrhundertwende nahm diese Bewegung an Bedeutung zu. In ihrer Sitzung vom 8. September 1917 faßte die Neuenburger Gesellschaft für Geschichte und Archäologie (Société d'histoire et d'archéologie du Canton de Neuchâtel) einen Beschluß, in dem sie auf das ehrwürdige Alter und die geschichtliche Begründung des Sparrenwappens hinwies und ihr Bedauern über das in aller Eile erlassene und mit einer geringfügigen Stimmenmehrheit angenommene Dekret von 1848 zum Ausdruck brachte. Die Gesellschaft beauftragte ihren Vorstand, alle als notwendig erachteten Maßnahmen zu treffen, um ihr Ziel zu erreichen, nämlich die Wiedereinführung des alten Wappens und der entsprechenden Farben[3]. Eine am 21. Dezember 1921 eingereichte Motion wurde aufgrund eines ungünstigen Berichtes des Staatsrates am 26. März 1923 vom Großen Rat verworfen. Einer von den Studenten der «Zofingia» im Jahre 1931 lancierten Initiative war auch kein Erfolg beschieden.

Am 17. Mai 1950 behandelte der Große Rat eine Motion, die die Wiedereinführung des Sparrenwappens unter Beibehaltung der rot-weiß-grünen Fahne zum Ziele hatte. Ein entsprechendes Dekret wurde ausgearbeitet. Die am 9. März 1954 durchgeführte Abstimmung im Großen Rat ergab 55 Stimmen für die Wiedereinführung des historischen Wappens[c] und 45 Stimmen dagegen. Das Volk ergriff das Referendum, und bei der Abstimmung vom 19. und 20. Juni 1954 wurde das Dekret mit einer beträchtlichen Mehrheit (12704 nein gegen 6243 ja) verworfen.

Die historische Fahne mit den Sparren (Tafel NE-I/2) wird trotzdem noch öfters gehißt und zeugt von der Anhänglichkeit vieler Neuenburger zu ihrer schönen alten Fahne.

Der Kanton Genf

KANTONSWAPPEN

Das Genfer Gemeinwesen, das sich allmählich im Verlauf des 13. Jahrhunderts entwickelte, stieß anfänglich auf den Widerstand des Bischofs, wurde im 14. Jahrhundert jedoch von ihm anerkannt und 1387 mit größeren Freiheiten ausgestattet. Obwohl Genf bereits zu dieser Zeit ein Wappen geführt haben muß, ist ein solches nirgends belegt. Chronisten des 16. und des 17. Jahrhunderts haben behauptet, Genf hätte anfänglich eine Sonne im Wappen geführt, nach anderen Geschichtsschreibern wäre es ein Kreuz gewesen. Ein Mauritiuskreuz (Kreuz mit Kleeblattenden) kommt tatsächlich in einem Wappen vor, das – neben dem bekannten Schild mit Adler und Schlüssel – ein altes Missale ziert, wobei die Farben dieses Wappens (blaues oder violettes Kreuz auf grauem oder schwarzem Grund – zum Teil also keine heraldischen Farben) mit den während längerer Zeit geführten Stadtfarben übereinstimmen.

Es ist interessant festzustellen, daß schon 1342 Jacques de Faucigny, Dompropst zu St. Peter – und somit der höchstrangige geistliche Würdenträger nach dem Bischof und dessen Stellvertreter – ein Siegel benützte, in dem ein gespaltenes Wappen zu sehen war: vorn zwei schräggekreuzte Schlüssel, hinten ein halber Adler. Obwohl es sich natürlich nicht um das Wappen des Gemeinwesens handelte, ist die Ähnlichkeit mit dem später gewählten Hoheitszeichen nicht abzuleugnen.

Die ersten Belege für das Genfer Stadtwappen, wie es noch heute geführt wird, setzen erst gegen die Mitte des 15. Jahrhunderts ein. Den ältesten Beleg liefert ein im Staatsarchiv aufbewahrtes «Buch der Leprakranken» von 1446 mit einer Federzeichnung des Genfer Wappens, überhöht vom päpstlichen und vom kaiserlichen Wappen. Eine weitere Federzeichnung findet sich in einem Manuskript aus dem Jahre 1449. Ein Manuskript, in dem die Freiheiten und Privilegien der Stadt aufgezeichnet sind, enthält eine mit der Jahreszahl 1451 versehene Buchmalerei, in der ein Engel vom Himmel herabsteigt und den beiden Stadtpatronen Peter und Paul den Genfer Schild entgegen-

Ein Engel stellt das Genfer Wappen den Aposteln Peter und Paul vor; nach einer Buchmalerei von 1451.

hält. Am Schluß dieses Buches ist eine weitere kolorierte Zeichnung von 1451 zu sehen, die den Generalhauptmann der Genfer Milizen mit Wappenschild und Fähnlein darstellt. Das verhältnismäßig häufige Vorkommen des Genfer Wappens innerhalb einiger weniger Jahre könnte als Zeichen dafür gedeutet werden, daß dieses Hoheitszeichen erst geschaffen worden war. Für ein früheres Vorhandensein fehlen jedenfalls die Belege. Vielleicht besteht ein Zusammenhang zwischen dem ersten Aufkommen dieses Wappens und dem Besuch Kaiser Friedrichs in Genf 1442 oder einer Bulle, mit der Papst Felix V. – aus dem Hause Savoyen, späterer Bischof von Genf – im Jahr 1444 die Freiheiten der Stadt bestätigte.

Eine Ende des 15. Jahrhunderts ausgeführte hübsche Buchmalerei in einem Missale aus dem 14. Jahrhundert stellt das von zwei Engeln gehaltene Genfer Wappen dar (Tafel GE-I/1).

Die Bedeutung des Wappens läßt sich leicht erkennen: es vereinigt den Adler, das Wappentier des Kaisers, in dessen Namen und Auftrag der Fürstbischof seine Hoheitsrechte ausübte, und den Schlüssel Petri, das Wahrzeichen des Bistums und der Kirche von Genf, von der das Gemeinwesen Macht und Freiheit erhalten hatte (das Bistum führte und führt heute noch zwei gekreuzte goldene Schlüssel in Rot). Ein Druck aus dem Jahre 1507 veranschaulicht diese Symbolik. In welschen Landen treten die Standesscheiben mit der bei den dreizehn alten Orten der Eidgenossenschaft üblichen Dreipaßdarstellung erst in den Zwanziger Jahren des 16. Jahrhunderts auf. In Genf begegnen wir diesen Standesscheiben etwas später. Bekannt sind zwei solche Scheiben, die eine von Hans Funk 1540, die andere von Karl von Aegeri 1547 geschaffen.

Nach der 1792 ausgebrochenen Revolution wurde das Genfer Wappen nicht abgeschafft, da sogar die fortgeschrittenen Anhänger der neuen Ordnung sich von den Symbolen einer glorreichen Vergangenheit nicht trennen wollten. Einzig die Krone des Adlers wollte nicht so recht ins revolutionäre Konzept passen, und der ehrwürdige Vogel mußte sie gegen eine phrygische Mütze (Freiheitsmütze) eintauschen. Mit dem Anschluß an die französische Republik im Jahre 1798 verschwand auch dieses revolutionär gefärbte Wappen. Die Stadt wurde Hauptort des «Département du Léman». Als Napoleon Bonaparte sich 1804 zum Kaiser der Franzosen ausrufen ließ und kurz darauf eine neue Heraldik nach seinem eigenen Geschmack kreierte, war auch für Genf die Zeit angebrochen, da ein neues Stadtwappen geschaffen werden durfte. Im Jahre 1811 ersuchten die Mitglieder der Genfer Abordnung, die zu den Tauffeierlichkeiten des Königs von Rom nach Paris entsandt wurde, um die Verleihung eines Wappens für ihre Heimatstadt; das Protokoll schrieb nämlich das Anbringen eines solchen Hoheitszeichens am Wagen der Delegation vor. Im Sinne des kaiserlichen Dekrets vom 17. Mai 1809, das die Modalitäten der Wappenkonzessionen regelte, erhielt die Stadt Genf am 13. Juni 1811 ihr Wappen. Abgesehen von den sogenannten Prachtstücken, d.h. von den außerhalb des Schildes erscheinenden Zutaten, die der vorgeschriebenen napoleonischen Schablone entsprachen[a], wurde leider auch der bisherige Schildinhalt arg mißhandelt: das neue Wap-

ANMERKUNG

[a] Kaiser Napoleon I. hatte die vor der französischen Revolution geltende Heraldik nach seinem Geschmack umgewandelt. Im Zuge dieser Reform wurde auch die Gestaltung der Stadtwappen grundlegend geändert. Gemäß Vorschlägen des «Conseil du sceau des titres» wurden die Städte in drei Klassen eingeteilt. Genf gehörte zu den 36 «guten Städten» (bonnes villes) – es gab deren 28 im heutigen Frankreich und acht in damals zum französischen Kaiserreich gehörenden Gebieten – deren Bürgermeister an der Kaiserkrönung teilnehmen durften. Genf erhielt ein Wappen nach der für diese Städte ersten Ranges vorgeschriebenen Schablone und durfte deshalb ein mit drei goldenen Bienen, dem persönlichen Wahrzeichen Napoleons, belegtes rotes Schildhaupt führen. Der Schild war mit einer auf einem waagrecht gestellten goldenen Merkurstab ruhenden goldenen Mauerkrone zu sieben Zinnen geschmückt, aus der ein goldener napoleonischer Adler wuchs. Der Schild war zudem von einem vom Merkurstab herabhängenden goldenen Kranz umrahmt, rechts aus Eichenlaub, links aus Lorbeer, mit roten Bändern zusammengebunden. Diese recht komplizierten Zutaten wurden in den amtlichen Drucksachen meistens fehlerhaft dargestellt.

Der Genfer Generalhauptmann Hugo von Bourdigny mit Stadtfähnlein und Stadtwappen; nach einer Buchmalerei von 1451.

Offizielles Wappen des Kantons und der Republik Genf, wie es am 8. Februar 1918 vom Staatsrat beschlossen wurde.

Wappen von Genf 1811 bis 1814 unter französischer Herrschaft.

Kantonswappen

Gespalten: vorn in Gold ein rot gekrönter, gezungter und bewehrter schwarzer halber Adler am Spalt; hinten in Rot ein goldener Schlüssel mit linksgewendetem Bart. Oberwappen: eine aus dem oberen Schildrand emporsteigende goldene Sonne, darin die schwarzen griechischen Großbuchstaben IHΣ. Wahlspruch: POST TENEBRAS LVX.

Kantonsfarben
Gelb und Rot.

Kantonsfahne
Gespalten: an der Fahnenstange in Gelb ein rot gekrönter, gezungter und bewehrter schwarzer halber Adler am Spalt; an der Flugseite in Rot ein gelber Schlüssel mit nach außen gewendetem Bart.

Gemeindewappen

STADT GENF
Führt das gleiche Wappen wie der gleichnamige Kanton.

CAROUGE
In Rot, auf grünem Boden, ein natürlicher Baum, vor dem ein natürlicher Löwe liegt.

CHÊNE-BOUGERIES
In Silber eine ausgerissene natürliche Eiche.

LANCY
Geteilt von Grün mit zwei schrägrechts gestellten fünfstrahligen goldenen Sternen zwischen zwei goldenen Schrägfäden und von Rot mit zwei schräggekreuzten goldenen Schlüsseln.

MEYRIN
Gespalten von Grün mit einem goldenen Schwert, beseitet von zwei abgewendeten silbernen Monden und von Rot mit einem silbernen Schrägbalken, begleitet von zwei silbernen Schrägfäden.

ONEX
In Rot ein silberner Wellenfaden über einem silbernen Wellenbalken, überdeckt von einer ausgerissenen grünen Erle.

VERNIER
Durch einen silbernen Wellenbalken geteilt von Grün mit einem goldenen Mühlrad und von Rot mit einer silbernen Forelle.

pen war, unter dem den Städten ersten Ranges zustehenden mit drei goldenen Bienen belegten roten Schildhaupt, gespalten von Gold mit einem gestümmelten halben schwarzen Adler am Spalt und von Blau mit einem linksgewendeten silbernen Schlüssel. In diesem traurigen, in Form und Farbe vom altehrwürdigen Hoheitszeichen abweichenden Wappen war der Adler seiner Krone und seiner Waffen beraubt und zur Karikatur erniedrigt worden[1].

Als zu Beginn des Jahres 1814 die Stunde der Befreiung schlägt, beschließt die Regierung die sofortige Wiedereinführung des alten Wappens. Am 1. Juni werden die im Namen der alliierten Mächte in Genf einziehenden eidgenössischen Truppen mit stürmischer Begeisterung empfangen. Am 19. Mai 1815 wird Genf in den Bund aufgenommen, und sein Wappen gliedert sich freundeidgenössisch den Hoheitszeichen der anderen Stände an. Nachdem das Wappen mehr als hundert Jahre lang in zahlreichen Varianten dargestellt worden war, die weder dem guten Geschmack noch den Erfordernissen eines guten heraldischen Stils entsprachen, ernannte der Staatsrat 1917 eine Kommission, die mit der Bereinigung des Kantons- und Stadtwappens beauftragt wurde. Die am 8. Februar 1918 vom Staatsrat auf Empfehlung der Kommission beschlossene Wappenform ist bis heute unverändert geblieben.

Das *Oberwappen* – in der Reihe der Schweizer Kantone einzig in seiner Art – besteht seit 1540 aus einer Sonne, in der der Name Jesu in Kurzform erscheint. Die lateinische Form IHS (Abkürzung der alten Orthographie *Ihesus*) ist in der Genfer Symbolik die älteste und häufigste. Die griechische Form IHΣ (*Ies*, für *Iesous*) kommt 1558 an einem Stein des «Collège de Calvin» vor und ist in Erinnerung an die Stadt der Reformatoren des 16. Jahrhunderts anläßlich der Wappenbereinigung von 1918 offiziell wieder aufgenommen worden. Die früher ganz sichtbare Sonne bricht seit dem 19. Jahrhundert aus dem oberen Schildrand hervor.

Um 1530 tritt erstmals – in einem Siegel – der Wahlspruch POST TENEBRAS SPERO LVCEM (im Siegel LVCEN geschrieben) auf, der die Hoffnung der Stadt auf das Licht, also auf bessere Zeiten ausdrückt. Seit etwa 1542 auf den Münzen, seit 1554 auf dem Stadtsiegel heißt der Wahlspruch POST TENEBRAS LUX (Der Finsternis folgt das Licht), womit gesagt wird, daß Genf zum Licht des Evangeliums gefunden hat. Im Staatsratsbeschluß von 1918 wird unter der Rubrik «Bemerkungen» erwähnt, die Devise könne – in schwarzen Buchstaben – oberhalb oder unterhalb des Schildes, freistehend oder auf einem weißen Spruchband, angebracht werden; sie darf den von den Sonnenstrahlen beanspruchten Raum jedoch nicht belegen[2].

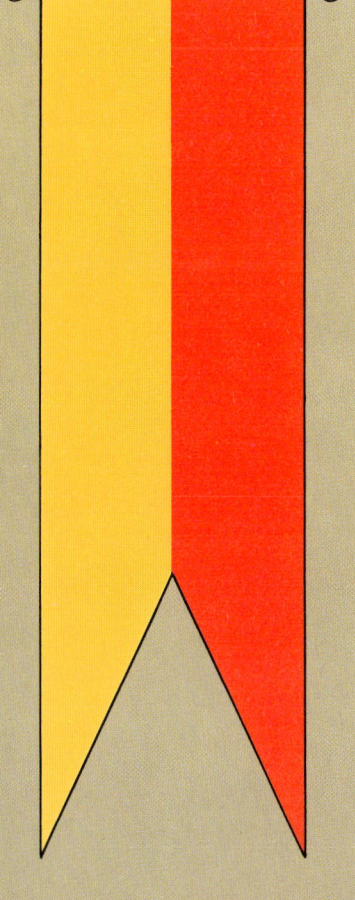

GE-I/1: Wappen von Genf. Buchmalerei vom Ende des 15. Jahrhunderts.

CAROUGE	CHENE-BOUGERIES	LANCY
MEYRIN	ONEX	VERNIER

153

GE-II/1: Genfer Militärfahne, 1713.

GE-II/2: Genfer Bataillonsfahne, 1820.

Silbertaler der Stadt Genf aus dem Jahre 1557. Vorderseite mit dem vom Reichsadler überhöhten Stadtwappen. Rückseite mit der Sonne und dem Namen Jesu in Kurzform.

SIEGEL

Die Stadt Genf besaß mit großer Wahrscheinlichkeit schon am Ende des 13. Jahrhunderts ein eigenes Siegel, da der Bischof Guillaume de Conflans 1293 seinen Untertanen die mißbräuchliche Verwendung eines eigenen Siegels vorwirft. In gleichem Zusammenhang wird 1404 ein Siegel erwähnt, ebenso 1410, diesmal offenbar als den Bürgern von Genf erlaubtes Zeichen. Von all diesen Siegeln ist leider kein einziger Abdruck erhalten geblieben.

Erst im Jahre 1447 begegnen wir dem ersten bekannten Abdruck eines einfachen Siegels mit dem Adler und dem Schlüssel aus dem Stadtwappen. Seither zeigen sämtliche Siegel den Schild mit diesen bekannten heraldischen Figuren. Von 1451 bis 1535 wird ein größeres Siegel mit Inschrift verwendet. Vom Jahre 1526 stammt das große Siegel, das an der Urkunde hängt, mit der das Bündnis mit Bern und Freiburg geschlossen wurde. In dem 1530 angeschafften neuen Siegel ist, wie bereits erwähnt, erstmals der Wahlspruch POST TENEBRAS SPERO LVCEN (anstatt Lucem) und von 1554 an die – auf den Münzen seit einigen Jahren verwendete – Devise POST TENEBRAS LUX zu lesen. Auf dem großen und dem kleinen Siegel von 1728 sowie in einem während der Restauration nur selten gebrauchten Siegel begegnen wir dem Namen Jesu in der bekannten Kurzform innerhalb einer strahlenden Sonne.

KANTONSFAHNE

Ein Inventar von 1507 erwähnt mehrere Banner und Fähnlein in den damaligen Stadtfarben Schwarz und Grau – ein wohl einzig dastehendes Beispiel dieser eigenartigen Farbkombination. Die älteste Darstellung eines Genfer Feldzeichens mit dem bekannten Wappenbild ist auf der bereits erwähnten Zeichnung von 1451 zu finden.

Ende des 16. und Anfang des 17. Jahrhunderts führte das Genfer Militär Fahnen mit durchgehendem gelbem Kreuz auf rotem oder rot-schwarz geflammtem Grund. In französischen Diensten stehende Genfer Truppen erhielten 1677 vom Rat die Erlaubnis, Adler und Schlüssel in die Oberecke ihrer Fahnen zu setzen. 1705 beschloß der Kleine Rat, jedem Regiment eine Fahne anderer Farbe zu geben. Gewählt wurden Rot, Gelb, Blau und Grün für die Oberstenkompanien. Die übrigen Kompanien erhielten achtmal schräggeteilte Fahnen, in denen die Unterscheidungsfarbe mit Weiß kombiniert war. Vier solcher Feldzeichen sind erhalten geblieben. Der Garnison wurde eine Fahne gleichen Musters in den Farben Rot und Gelb zugewiesen. Wenige Jahre später wurden neue Fahnen eingeführt: sie sind gelb und rot geflammt – die Flammen gegen die Fahnenmitte zulaufend mit einem weißen Medaillon, in dem das von der Sonne mit IHS und der Devise «Post tenebras lux» überhöhte Genfer Wappen zwischen Palmzweigen erscheint. Eine solche Fahne mit der Jahreszahl 1713 (Tafel GE-II/1) wird im Museum für Kunst und Geschichte in Genf aufbewahrt. Einige Jahre nach dem Eintritt der Republik Genf in die Eidgenossenschaft wurden noch die Fahnen nach altem Muster verwendet. Im Jahre 1820 führte eine neue Ordonnanz Feldzeichen nach eidgenössischem Muster mit dem durchgehenden weißen Kreuz und in den Kantonalfarben geflammten Feldern ein; in der Kreuzmitte war das Genfer Wappen angebracht (Tafel GE-II/2).

KANTONSFARBEN

Wie bereits erwähnt, waren die offiziellen Farben des Genfer Gemeinwesens ursprünglich Grau und Schwarz. Gegen Ende des 16. Jahrhunderts kamen vereinzelt Blau-Schwarz und Violett-Schwarz auf. Diese Farbenkombination setzte sich durch und wurde gegen die Mitte des 17. Jahrhunderts endgültig angenommen. Im Jahre 1699 wurde beschlossen, diese Farben durch die des Wappens zu ersetzen und den Weibeln rot-gelbe Mäntel zu geben. Diesem Beschluß wurde jedoch keine Folge geleistet, und es dauerte beinahe 100 Jahre, bis die Weibel in ihrer den Wappenfarben angepaßten Amtstracht erschienen, nämlich am 10. Juni 1792. Als im Dezember 1792 die Revolution ausbrach, wurde nach französischem Vorbild eine Trikolore, also eine dreifarbige Fahne, eingeführt: sie war waagrecht geteilt, oben rot, unten gelb, mit einem schmalen schwarzen Mittelstreifen, eine Kombination, die die bisherigen Stadtfarben mit dem Schwarz der Militärkokarde vereinigte. Nach dem Anschluß an die französische Republik 1798 mußte diese Fahne der französischen Trikolore weichen, und erst die Restauration von 1814 brachte die alten Farben Gelb und Rot wieder zu Ehren.

Der Kanton Jura

Zum Zeitpunkt der Drucklegung besteht der Kanton Jura noch nicht. Er entsteht, wenn Volk und Stände seiner Gründung durch Änderung der Bundesverfassung zustimmen. Die Volksabstimmung darüber findet im Lauf des Jahres 1978 statt.

WAPPEN UND FAHNEN AUS VORBERNISCHER ZEIT (VOR 1815)

Der bisherige bernische Landesteil Jura in dem Umfang, den er vor dem 1976 eingeleiteten Trennungsverfahren hatte (d.h. die sieben Amtsbezirke Courtelary, Delsberg, Freiberge, Laufen, Münster, Neuenstadt und Pruntrut), bildete einst das Gebiet des Fürstbistums Basel. Nach der Reformation 1527 hatte der Bischof von Basel seinen Sitz nach Pruntrut verlegt. Bis 1792 residierten die Bischöfe im Schloß, das 1559 ausgebrannt und 1591 unter Bischof Jakob Christoph von Blarer von Wartensee in neuer Pracht wieder aufgebaut worden war. Aus der Zeit der Fürstbischöfe sind noch zahlreiche heraldische Denkmäler und Dokumente erhalten geblieben, darunter Wappenscheiben und Exlibris. Eine im Jurassischen Museum von Delsberg aufbewahrte Standarte des Fürstbischofs Friedrich von Wangen von Geroldseck (1775-1782) zeigt auf der Vorderseite (Tafel JU-I/1), auf weißem Grund, einen auf Bischofsstab und Schwert gelegten Schild, auf dem die fürstliche Krone ruht. Der Schild ist geviert: Feld 1 und 4 in Silber ein roter Baselstab (Bistum Basel), der erste linksgewendet; 2 gespalten: vorn in Rot ein goldengekrönter silberner Löwe, hinten in Gold, besät mit blauen Schindeln, ein goldengekrönter roter Löwe, der erste Löwe linksgewendet (Wangen-Geroldseck); 3 wie 2, die beiden Feldhälften jedoch in umgekehrter Reihenfolge. Auf der Standartenrückseite (Tafel JU-I/2) erscheint das Wappen der Herrschaft Elsgau (Ajoie): in Rot ein silberner Balken, belegt mit einem goldenen Basilisken, der einen goldenen Bischofsstab hält.

Die Wirren der französischen Revolution brachten die fürstbischöfliche Herrschaft zu Fall. Nachdem der Titularbischof von Lydda, Gobel, der im Fürstbistum eine wichtige Rolle gespielt hatte, 1791 vor der Nationalversammlung in Paris den Eid auf die Verfassung geschworen hatte, bildete sein Neffe Josef-Anton Rengger im Fürstbistum ein Revolutionskomitee[1]. Er mußte allerdings vor den vom Bischof herbeigerufenen österreichischen Truppen fliehen. Als die Österreicher abzogen, stand der vom größten Teil seines Volkes verlassene Bischof Joseph-Sigismund von Roggenbach (Bischof von 1782 bis 1794) beinahe allein den französischen Revolutionstruppen gegenüber. Im April 1792 mußte er das Land verlassen, in das bald die Franzosen eindrangen. Sie besetzten Delsberg und zogen am 4. August

Oben: Siegel der Raurakischen Republik, 1792.

Unten: Siegel des französischen Departements «Mont-Terrible», 1793.

Wappenscheibe von Johann-Heinrich von Ostein, Fürstbischof von Basel, 1641.

Unten: Medaillon aus einer nicht mehr vorhandenen Fahne der Großvogtei («Grand-Baillage») Pruntrut, Ende des 18. Jahrhunderts. Wappen: oben Elsgau (Ajoie), unten links Pruntrut (altes Wappen) und rechts St-Ursanne.

Mittelteil der Stadtfahne von Delsberg, 18. Jahrhundert.

Entwurf einer jurassischen Fahne, 1913.

1792 in die Hauptstadt Pruntrut ein. Freiheitsbäume wurden aufgerichtet. Im November wurde die französische Trikolore gehißt und die Abschaffung aller an die einstige bischöfliche Herrschaft erinnernden Embleme beschlossen. Ende November kehrte Rengger, begleitet von einer Eskorte französischer Dragoner, in das Land zurück und hielt, unter den Klängen der Marseillaise, einen triumphalen Einzug in Pruntrut. Am 18. Dezember 1792 wurde die *Raurakische Republik* ausgerufen. Als Siegel verwendeten die neuen Machthaber einen ovalen Schild mit Liktorenbündel, darauf die Inschrift «Vivre libre ou mourir» (in Freiheit leben oder sterben). Die Umschrift lautete: REPUBLIQUE RAURACIENNE[2].

Aber schon Ende März 1793 wurde die neue Republik – die nur den nördlichen Teil des ehemaligen Bistums umfaßte – aufgelöst. Der Konvent in Paris hatte nämlich die Schaffung eines neuen Departements beschlossen und dabei dem vom souveränen Volk des Gebietes von Pruntrut «frei geäußerten Wunsch» entsprochen, sich der französischen Republik anzuschließen. Einer in der Raurakischen Republik durchgeführten «Abstimmung» folgte die Einverleibung des Landes in den französischen Staat unter dem Namen «Département du Mont-Terrible». Im Siegel änderte man lediglich die Umschrift. Am 17. Februar 1800 wurde auch dieses neue Departement aufgelöst und in das Departement Haut-Rhin (das ehemalige Oberelsaß) eingegliedert. Am 17. Januar 1814 wurde das Land von den Alliierten besetzt und als *Fürstentum Pruntrut* dem Baron von Andlau-Birseck als Generalgouverneur unterstellt. Am 13. Mai desselben Jahres verfügte er die Wiedereinführung der alten Kokarden in den bischöflichen Farben Rot-Weiß. Am 23. August 1815 kam das Gebiet schließlich an den Kanton Bern, kleinere Gebietsteile an Basel und Neuenburg.

WAPPEN UND FAHNEN IN DER NEUEREN ZEIT

Im Jahre 1913 machte der Neuenburger Heraldiker Jean Grellet[3] den Versuch, der Juraregion ein eigenes Symbol zu geben. Er schlug vor, die Embleme der politischen Vorgänger des Juras, nämlich den roten Bischofsstab und das Liktorenbündel der kurzlebigen Raurakischen Republik, in heraldischer Form in einer Fahne zu vereinigen. Diese beiden Symbole sollten wie folgt angeordnet werden: das Fahnentuch von Weiß und Rot gespalten, im weißen Feld an der Fahnenstange der rote, der Teilungslinie zugewandte Baselstab, im roten Feld an der Flugseite ein weißes Liktorenbündel (ohne die als Emblem der Sansculottes und der Jakobiner für unpassend befundene Freiheitsmütze), umwunden von einem goldenen Band, darauf die schwarze Inschrift VIVRE LIBRES OU MOURIR, mit gegen die Teilungslinie gerichtetem Axtblatt. Die Farben sollten sowohl auf das ehemalige Fürstbistum Bezug nehmen als auch die Verbundenheit der Region mit der Eidgenossenschaft ausdrücken. Der Vorschlag von Grellet scheint jedoch im Volk und bei den Behörden auf nicht gerade großes Interesse gestoßen zu sein, denn das Projekt geriet schnell in Vergessenheit. Erst

1943 wurde die Idee erneut aufgegriffen. Der Delsberger Apotheker Gustave Riat schlug eine Fahne vor, die dann von dem Berner Heraldiker Paul Boesch gezeichnet wurde. Dieser Entwurf fand im Volke sofort Anklang und auch Unterstützung bei den maßgeblichen jurassischen Vereinigungen. Diese legten im Oktober 1947 den Entwurf dem Berner Regierungsrat vor, und am 3. Mai 1949 ersuchten sie ihn um offizielle Anerkennung der jurassischen Fahne, was erst am 12. September 1951 geschah[a]. Im betreffenden Regierungsratsbeschluß steht u.a.:

> «1. Die von den drei jurassischen Organisationen ‹Pro Jura›, ‹Société jurassienne d'émulation› und ‹Association pour la défense des intérêts du Jura› dem Regierungsrat präsentierte Fahne: Gespalten, in Silber ein roter Baselstab, und in Rot drei silberne Balken, wird beim Staatsarchiv des Kantons Bern registriert und damit neben der Bernerfahne als jurassische Fahne im Sinne von Art. 1 und 2 der Staatsverfassung anerkannt.
> 2. Die Regierungsstatthalterämter und die Staatsanstalten im jurassischen Landesteil, sowie die Gemeindebehörden der jurassischen Amtsbezirke, werden ermächtigt, bei der Beflaggung neben der Schweizerfahne, der Bernerfahne und den Fahnen ihrer Amtsbezirke und Gemeinden die jurassische Fahne zu hissen.
> 3. Die Kennzeichen des Staates Bern in seiner Gesamtheit und bei seiner Vertretung nach außen, bleiben das Bernerwappen und die Bernerfahne mit dem schreitenden schwarzen Bären auf goldenem Schrägrechtsbalken auf rotem Grund.»

Der rote Baselstab wie auch die Fahnenfarben deuten auf das einstige Fürstbistum Basel hin. Die Balken symbolisieren die sieben Amtsbezirke. Aus dieser Fahne wurde ein – nicht offizielles – jurassisches Wappen abgeleitet, indem man das Fahnenbild in einen Schild setzte[4].

WAPPEN UND FAHNE DES ZUKÜNFTIGEN KANTONS JURA

Am 1. März 1970 gaben die Stimmberechtigten des Kantons Bern mit 90358 Ja gegen 14133 Nein der Bevölkerung der sieben jurassischen Amtsbezirke die Möglichkeit, allein zu bestimmen, welchem Kanton sie angehören wolle. Sie sprach sich mit deutlicher Mehrheit für das Selbstbestimmungsrecht aus. Aufgrund eines Antrages des Bundesrates gewährleistete die Bundesversammlung mit Beschluß vom 7. Oktober 1970 den entsprechenden Zusatz zur bernischen Staatsverfassung. Darnach sollte in einer Reihe von Volksbefragungen über die Bildung eines neuen Kantons und, gegebenenfalls, über dessen Grenzen entschieden werden.

Eine erste Volksbefragung vom 23. Juni 1974 ergab in den erwähnten sieben Amtsbezirken eine Mehrheit von 36802 Ja gegen 34057 Nein zugunsten eines neuen Kantons. In den drei Südbezirken Courtelary, Münster (Moutier) und Neuenstadt (La Neuveville) und im Bezirk Laufen, die dagegen gestimmt hatten, wurden weitere Volksabstimmungen durchgeführt, aus denen sich der Wille der Bevölkerung der vorgenannten Bezirke offenbarte, beim Kanton Bern zu verbleiben. Darauf verlangten vierzehn an der vorläufigen Grenze zwischen Bern und Jura gelegene Gemeinden auf dem Weg der Gemeindeinitiative eine Abstimmung über das Verbleiben im alten Kanton. Acht Gemeinden entschieden gegen und sechs für den alten Kanton – unter den letzteren Münster (Moutier) mit 2540 gegen 2151 Stimmen.

War damit das Gebiet des künftigen Kantons abgesteckt, so konnte nun das Trennungsverfahren beginnen. Am 21. März 1976 wurde ein Verfassungsrat gewählt, der das Grundgesetz des neuen Kantons ausarbeitete. In der Volksabstimmung vom 20. März 1977 haben die Stimmberechtigten des künftigen Kantons Jura mit großer Mehrheit die Verfassung angenommen.

In Art. 5 der «Verfassung der Republik und des Kantons Jura» ist das Kantonswappen wie folgt beschrieben und abgebildet: «Gespalten von Silber mit rotem Bischofsstab und von Rot mit drei silbernen Balken». Die jurassische Verfassung ist somit die einzige Kantonsverfassung, in der das Kantonswappen erwähnt wird.

Das Wappen entspricht genau der im Jahre 1951 festgelegten jurassischen Fahne. Die Fahne ist unverändert geblieben. Dabei ist bemerkenswert, daß die sieben Teile an der Flugseite der Fahne und in der heraldisch linken Schildhälfte seinerzeit auf die sieben Amtsbezirke anspielten, währenddem heute nur drei dieser Bezirke (Delsberg, Freiberge und Pruntrut) zum künftigen neuen Kanton gehören.

Kantonswappen
Gespalten von Silber mit einem roten Bischofsstab und von Rot mit drei silbernen Balken.

Kantonsfarben
Weiß und Rot.

Kantonsfahne
Gespalten von Weiß mit der Fahnenstange zugewendetem rotem Bischofsstab und von Rot mit drei weißen Balken.

Gemeindewappen

DELSBERG (Delémont) (Kantonshauptort)
In Rot, auf silbernem Sechsberg, ein silberner Bischofsstab (Baselstab).

BASSECOURT
In Gold drei schwarze linke Seitenspitzen.

COURGENAY
In Silber, auf grünem Dreiberg, eine goldenbewehrte rote Gans, überhöht von drei fünfstrahligen roten Sternen nebeneinander.

PRUNTRUT (Porrentruy)
In Silber ein steigender, goldenbewehrter schwarzer Eber mit roter Zunge.

SAIGNELÉGIER
In Gold, auf rotem Sechsberg, ein runder, schwarzgerahmter silberner Spiegel.

SAINT-URSANNE
In Silber ein aufrechter, rotgezungter schwarzer Bär, der einen goldenen Bischofsstab hält.

FARBTAFEL S. 160

Pyramide mit den schweizerischen Gemeindefahnen an der Landesausstellung (EXPO) 1964 in Lausanne.

ANMERKUNG

[a] Vorher mußten eine Revision der bernischen Staatsverfassung und eine Umfrage bei den Regierungsstatthaltern der jurassischen Amtsbezirke durchgeführt werden.

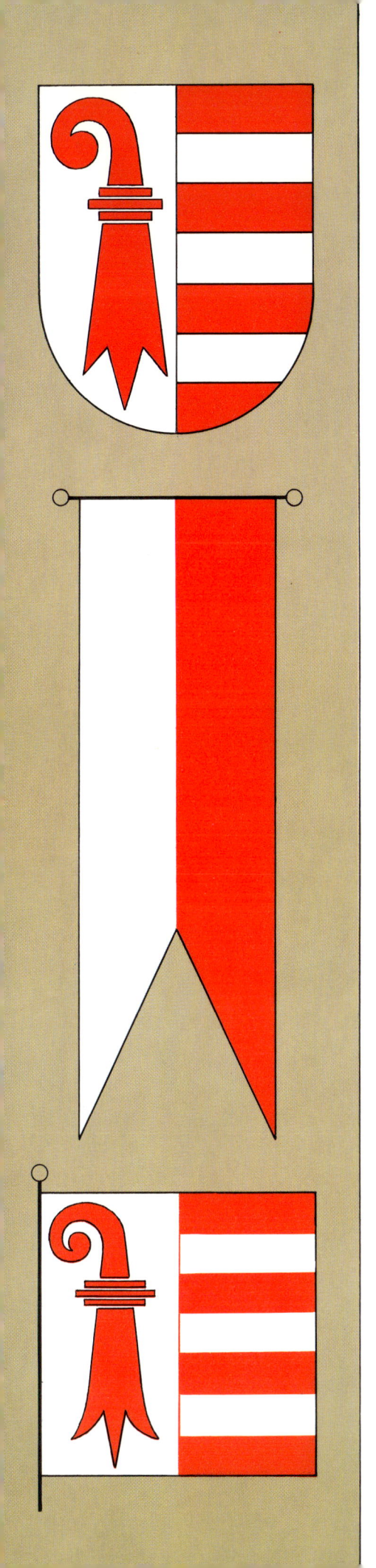

JU-I/1–2: Standarte von Friedrich von Wangen von Geroldseck, Fürstbischof von Basel, 1775 bis 1782. Die Vorderseite (oben) zeigt das fürstbischöfliche Wappen, die Rückseite (links) das Wappen des Elsgaus (Ajoie).

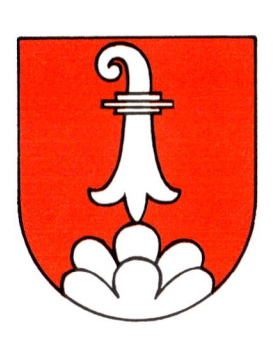

DELEMONT/DELSBERG  BASSECOURT  COURGENAY

PORRENTRUY/PRUNTRUT  SAIGNELÉGIER  ST-URSANNE

159

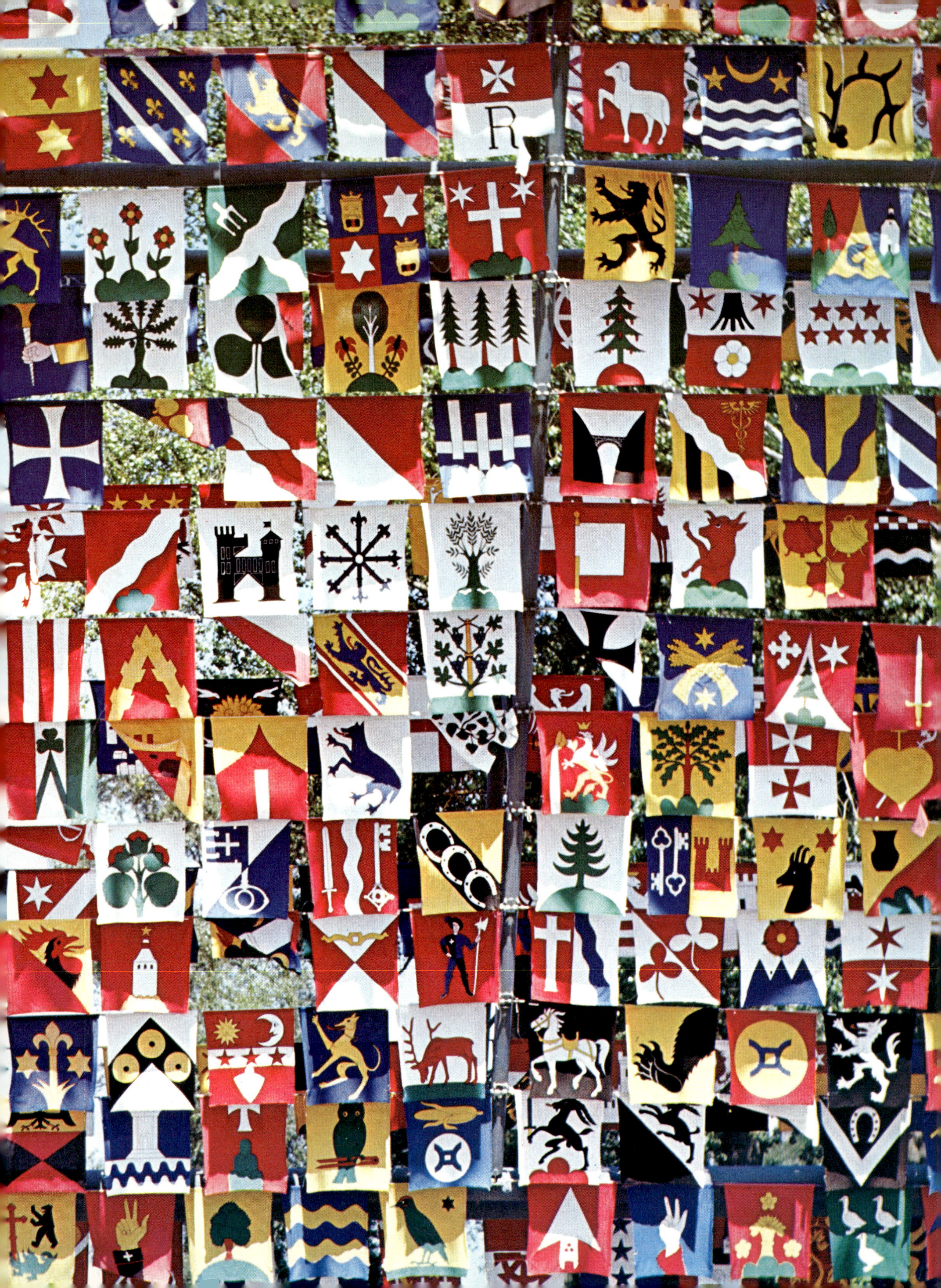

Anhang

HERALDIK IN KÜRZE

Die *Heraldik* umfaßt die beiden Hauptgebiete des Wappenwesens: die *Wappenkunde*, die sich mit der Entstehung und Entwicklung der Wappen sowie mit ihrer fachgerechten Beschreibung befaßt, und die *Wappenkunst*, d.h. die graphische oder plastische Darstellung der Wappen. *Wappen* sind erbliche oder bleibende, Personen oder Körperschaften und Gemeinschaften repräsentierende farbige Zeichen. Ihr Ursprung liegt im mittelalterlichen Bewaffnungswesen: das Wort Wappen stammt von *Waffen*. Die ersten Wappen kamen während des zweiten Viertels des 12. Jahrhunderts auf, wobei einerseits die Kreuzzüge mit ihrer zuvor nie gesehenen Ansammlung von größeren Kriegsscharen und andererseits die damalige Bewaffnung, die den einzelnen Krieger unkenntlich machte, eine erhebliche Rolle spielten. Aus dem dringenden Bedürfnis nach einer weithin sichtbaren Kennzeichnung sowohl der Heerhaufen als der Einzelkämpfer entstanden die Wappen als praktische Notwendigkeit. Der *Schild* wurde dabei zum Bildträger und damit zum Hauptbestandteil des Wappens.

Die Wappenbilder können hauptsächlich auf drei Quellen zurückgeführt werden: die Feldzeichen (Gonfanons, Banner); die Siegel; die Bestandteile der ritterlichen Bewaffnung (farbig bemalte Schilde mit metallenen Verstärkungen, bunte Waffenröcke und Pferdedecken). Trotz seines ritterlichen Ursprungs blieb das Wappen kein dem Adel vorbehaltenes Zeichen. Schon im Frühmittelalter führten Städte, Zünfte und Klöster ein Wappen, und bald kamen die ersten bürgerlichen Wappen auf.

Zu den Wappenbeschreibungen in diesem Buch seien hier einige Eigentümlichkeiten der Heroldssprache angeführt: Wappen werden stets vom Standpunkt des Schildträgers aus beschrieben, was zur Folge hat, daß die für den Beschauer linke Seite als rechte und die für ihn rechte Seite als linke bezeichnet wird. Da der Schild zudem am linken Arm getragen wurde – die rechte Hand brauchte der Krieger zur Handhabung seiner Waffe – und der rechte Schildrand vorne stand, nennt man diese Seite auch «vorn». Sowohl im Schild als im Banner schauen die Tiere in der Regel nach vorn (früher somit dem Feinde entgegen).

Die heraldischen Farben werden *Tinkturen* genannt. Man unterscheidet dabei die eigentlichen *Farben* (Rot, Blau, Grün, Schwarz) und die *Metalle* (Gold = Gelb und Silber = Weiß). Gold wird meistens mit Gelb, Silber mit Weiß dargestellt, was schon wegen der besseren Leuchtkraft sehr zu empfehlen ist. Eine wichtige Grundregel heißt, niemals Farbe auf Farbe und Metall auf Metall zu setzen. (Ausnahmen von dieser auf gute Sichtbarkeit und Fernwirkung basierenden Regel kommen trotzdem vor.)

FAHNEN- UND FLAGGENKUNDE IN KÜRZE

Die Fahnen- und Flaggenkunde wird auch mit dem vor rund 30 Jahren kreierten Ausdruck *Vexillologie* (vom Lateinischen *vexillum* = Feldzeichen, Fahne, Standarte) bezeichnet.

FAHNEN UND FLAGGEN

Eine *Fahne* (vom Althochdeutsch *fano*, Mittelhochdeutsch *vane*, *van*) ist sprachlich gleichbedeutend mit «Tuch». Sie besteht tatsächlich aus dem an einer Stange befestigten Tuch. Sie vertritt eine Körperschaft, einen militärischen Truppenkörper, eine bestimmte Mehrheit von Personen oder auch eine einzelne Person. Im Gegensatz zur Flagge ist sie aus meist kostbarem Material hergestellt und nicht durch ein gleichartiges Stück ersetzbar.

Das Wort *Flagge* kommt erst seit dem Anfang des 17. Jahrhunderts vor. Zunächst war die Flagge ausschließlich das Nationalitätskennzeichen eines Schiffes. Somit war die Schiffahrt die «Heimat des Flaggenwesens». Erst mit dem Erwachen des meist revolutionär geprägten Nationalgefühls im letzten Drittel des 18. Jahrhunderts machte sich das Bedürfnis bemerkbar, Flaggen auch am Lande zu hissen und seine Nationalität durch farbige Stoffstücke zu kennzeichnen.

Meistens wird eine Flagge mit einer beweglichen Leine an einem Flaggenmast *gehißt*. Die Flagge wird nicht aus so kostbarem Material hergestellt wie die Fahne; im Gegensatz zur Fahne wird sie nach Bedarf auch ersetzt.

Obwohl die gehißten Schweizer-, Kantons- und Gemeindefahnen ihrer Verwendung nach ausgesprochenen Flaggencharakter haben, konnte sich das Wort «Flagge» – wahrscheinlich mangels maritimer Tradition – in der Schweiz nie richtig einbürgern. Wir sprechen stets von der Landesfahne sowie von Kantons- und Gemeindefahnen, nicht zuletzt wegen ihres militärischen Ursprungs, aber **auch wegen ihres quadratischen Formats** und ihres heraldischen Bildes. Für die langen, zweizipfligen Farbenflaggen hingegen wird der Ausdruck «Flagge» verwendet, ebenso – richtigerweise – für die Schweizerflagge zur See.

GONFANON

Der Gonfanon (= Kriegstuch) ist eine Reiterstandarte, die in der Regel aus einem rechteckigen Stück Stoff besteht, dessen eine Schmalseite zur Befestigung an einer Lanze eingerichtet ist. An der gegenüberliegenden Seite (Flugseite) sind mehrere textile Verlängerungen angesetzt, die anfänglich spitz zulaufend *(Zipfel)* und seit dem 12. Jahrhundert parallele Längsseiten *(Lätze)* aufweisen, wobei zwischen den Lätzen meistens ein gewisser Abstand besteht.

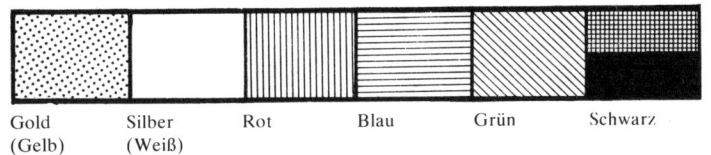

Gonfanons sind bereits um 800 nachgewiesen, somit in vorheraldischer Zeit. Nach Aufkommen des Wappenwesens wird der Gonfanon zum Träger heraldischer Bilder. Bemerkenswert ist dabei die im geraden Winkel zur Fahnenstange verlaufende heraldische Längsachse. Der militärische Gebrauch des Gonfanons in Deutschland geht bis gegen Ende des 14. Jahrhunderts zurück.

BANNER

Für diese Fahnenform ist der rechteckige Zuschnitt des Tuches sowie heraldische Bebilderung kennzeichnend. Die Banner hatten zuerst, ab Ende des 12. Jahrhunderts, eine hochrechteckige Form. Im Verlauf der ersten Hälfte des 14. Jahrhunderts setzten sich annähernd quadratische Tücher durch, die jedoch niemals länger als hoch waren.

Zur gleichen Zeit kommen Banner vor, bei denen an der Oberkante des Tuches ein langer, latzförmiger *Schwenkel* (auch Zagel genannt) ist, der entweder eine Fortsetzung des Stammtuches bildet (vgl. Tafel ZH-I/3) oder farbig von ihm abgesetzt sein kann (vgl. Tafel ZH-I/1). Möglicherweise war der Schwenkel ein Überbleibsel der an den Gonfanons befindlichen Lätze. Über die Bedeutung des Schwenkels bestand schon im Spätmittelalter Unklarheit, und auch die Historiker der nachfolgenden Jahrhunderte äußerten diesbezüglich unterschiedliche Meinungen. Die einen betrachteten diese Fahnenzutat als ein Ehren-, Verdienst- oder Hoheitszeichen, während die anderen im Schwenkel das Zeichen einer erlittenen Schmach (hauptsächlich durch Bannerverlust) sahen. Die zweite Annahme trifft unserer Ansicht nach für Orte der Eidgenossenschaft nur in Ausnahmefällen zu (vgl. das Kapitel «Appenzell Innerrhoden»).

Als Herzog René von Lothringen nach den Siegen von Murten (1476) und Nancy (1477) an den Bannern der Eidgenossen die von ihm als Schmachzeichen betrachteten Schwenkel abschnitt, stieß er damit nicht überall auf Anerkennung. Die Zürcher nähten ihren Schwenkel bekanntlich wieder an. Bei dem vom Herzog in ehrlicher Überzeugung vollzogenen feierlichen Akt mögen seine französischen Anschauungen nicht zu unterschätzende Rolle gespielt haben. In einigen westeuropäischen Ländern, u.a. in Frankreich, führten die Vasallen zu Beginn ihrer militärischen Laufbahn **nämlich ein dreieckiges Fähnlein** (französisch: *pennon*). Bei Rangerhöhung zum Bannerherrn *(chevalier banneret)* wurde das Fähnlein durch Abschneiden der Spitze zum Banner umgestaltet. (Darüber sowie über die Bedeutung des Schwenkels vgl. E.A. GESSLER: *Über die eidgenössischen Kriegsfahnen und das Glarner Fahnenbuch*, in «Zeitschrift für Schweizerische Geschichte», IX. Jg., Zürich 1929, S. 76–81. Dazu auch BRUCKNER, S. XXXI–XXXII, 87 und 92.)

MILITÄRFAHNEN

Mit diesem Ausdruck haben wir die in der zweiten Hälfte des 17. Jahrhunderts in Zusammenhang mit der eidgenössischen Organisation des Wehrwesens von den einzelnen Orten eingeführten, von den alten heraldischen Bannern gänzlich abweichenden, meistens geflammten Kompanie- und Bataillonsfahnen bezeichnet. Sie wurden, mit Ausnahme der durch die Helvetik bedingten Unterbrechungen, bis zur Einführung der eidgenössischen Fahne in verschiedenen Formen verwendet.

Unter *Standarte* im militärischen Sinne versteht man die Fahne einer reitenden und in den modernen Armeen auch einer motorisierten Truppe. Ihrer Verwendung gemäß weist die Standarte ein kleineres Format als die Infanteriefahne auf.

FAHNEN UND FLAGGEN UND IHRE KORREKTE VERWENDUNG

HERALDISCHE FAHNEN

Wie unsere Landesfahne sind auch die Kantons- und Gemeindefahnen quadratisch. Sie tragen ein heraldisches Bild, d.h. das Kantons- oder Gemeindewappenbild wird vom Schild auf das Fahnentuch übertragen, wobei die heraldisch rechte Seite des Wappens (für den Beschauer links) den Vorrang hat und bei der Fahne an der Stangenseite steht (Ausnahmen: die Kantone Luzern, Schwyz und Tessin. Vgl. die betreffenden Kapitel). Somit schreiten die Tiere stets gegen die Fahnenstange. Dabei ist zu beachten, daß heraldische Figuren nicht einfach vergrößert und in genau gleicher Gestalt als Fahnenbild verwendet werden können. So wie diese Figuren den Schildfläche gut ausfüllen, so müssen sie in das Fahnentuch hineinkomponiert und dem quadratischen Raum angepaßt werden. Das gilt ganz besonders für Tierfiguren.

Bei der Beflaggung von *Hausfassaden* ist darauf zu achten, daß die Fahnenstange schräg an der Fassade befestigt wird, wobei der obere Winkel zwischen Mauer und Stange 45° bis maximal 60° betragen sollte. Waagrecht angebrachte Fahnenstangen sind unbedingt zu vermeiden, da sie das Fahnenbild verfälschen und besonders die Tierfiguren in eine unnatürliche Stellung bringen.

Bei Fahnen, die im Freien an hohen Masten gehißt werden, ist dem *Größenverhältnis zwischen Fahne und Fahnenmast* gebührende Beachtung zu schenken. Eine zu kleine Flagge, an der Spitze eines hohen Mastes gehißt, verfehlt ihre Wirkung und wird einen eher lächerlichen Eindruck hinterlassen. Aber auch eine zu große Fahne verletzt das ästhetische Gefühl.

Eine als Zeichen der Trauer «auf Halbmast» gesetzte Fahne muß sich immer in einem genügenden Abstand vom Boden befinden, so daß sie vom Boden aus nicht mit der Hand berührt werden kann. In den meisten Fällen ist ein Verhältnis von Flaggenhöhe zu Masthöhe von 1:4 angemessen. Eine feste Regel läßt sich jedoch nicht bestimmen, da auch der Ort, an dem die Stange steht (freier Platz, Hügel, Flachdach, etc.), eine nicht zu unterschätzende Rolle spielt.

Eine in den Standes- oder Gemeindefarben ausgeführte spiralförmige *Stangenbemalung* sollte nur dort Anwendung finden, wo das Fahnentuch fest mit der Fahnenstange verbunden ist. Bei loser Verbindung (Hißvorrichtung) zwingt

Gold (Gelb)	Silber (Weiß)	Rot	Blau	Grün	Schwarz

161

eine solche Bemalung dazu, nur solche Fahnen zu hissen, deren Farben mit denen der Stange übereinstimmen.

Die *Rangfolge* verschiedener nebeneinander gehißten Fahnen, zum Beispiel an Gebäuden oder auf Festtribünen, wird von der gleichen heraldischen Regel bestimmt wie das Wappen, die vom Schildträger aus betrachtet bzw. beschrieben werden (vgl. «Heraldik in Kürze»). Somit wird die bei Beflaggungen zu beachtende Rangfolge vom Gebäude oder gegebenenfalls von der Tribüne aus bestimmt. Werden beispielsweise drei Fahnen gehißt, erhält die Schweizerfahne den Ehrenplatz in der Mitte, die Kantonsfahne den rechten und die Gemeindefahne den linken Platz. Dem Beschauer hingegen präsentiert sich die Kantonsfahne links und die Gemeindefahne rechts. Mehrere Fahnen werden nie übereinander an der selben Flaggenleine gehißt.

Es sei noch auf die in Ländern mit Seeschiffahrtstradition selbstverständliche Regel hingewiesen, wonach während der Nacht keine Flagge weht. Sie wird bei Sonnenaufgang gehißt und bei Sonnenuntergang eingeholt.

FARBENFLAGGEN

Seit über 100 Jahren bedient man sich der langen zweizipfligen Flaggen in den Landes-, Kantons- bzw. Gemeindefarben. Diese senkrecht hängenden Farbenflaggen sind als wirkungsvolles Dekorationselement sehr beliebt. Sie sollten jedoch ihren Charakter beibehalten und ausschließlich die Standes- bzw. Gemeindefarben zeigen. Kombinationen mit einer am oberen Teil angebrachten quadratischen Kantons- oder Gemeindefahne sind sinnlos und ergeben ein unruhiges Bild.

Werden an den zwei Flaggenspitzen Quasten verwendet, so sind sie vorzugsweise in gewechselten Farben auszuführen.

WIMPEL

Der an einem Flaggenmast gehißte dreieckige, einzipflige Wimpel zeigt die Kantons- bzw. Gemeindefarben in waagrechter Anordnung, und zwar oben die Vorrangfarbe (bei der zweizipfligen Flagge auf unseren Farbtafeln für den Beschauer links). Bei dreifarbigen Wimpeln laufen die Teilungslinien nicht parallel, sondern gegen die Spitze hin. Im Schwyzer Wimpel steht das Kreuzchen in der Oberecke.

Hängt ein Wimpel an waagrechter Leine mit der Spitze nach unten, so muß seine Farbanordnung genau derjenigen der ebenfalls hängenden zweizipfligen Farbenflagge entsprechen.

TROMPETENFÄHNCHEN

Die hin und wieder, zum Beispiel bei sogenannten Heroldsfanfaren, als Trompetenschmuck verwendeten quadratischen Kantonsfähnchen werden an ihrem oberen Rand am Instrument befestigt. Die sonst an der Fahnenstange befindliche Seite muß an der Trompete vorn, d.h. am Schallbecher stehen. Somit befinden sich etwa die Bären von Bern und Appenzell oder die Löwen des Thurgaus in der Marschrichtung des Bläsers.

ANMERKUNGEN UND BENÜTZTE LITERATUR

ABKÜRZUNGEN

AH
Archivum Heraldicum, internationales Bulletin der Schweiz. Heraldischen Gesellschaft (seit 1953).
AHS
Archives héraldiques suisses/Schweizer Archiv für Heraldik, Zeitschrift der Schweiz. Heraldischen Gesellschaft.
ASA
Anzeiger für schweizerische Altertumskunde 1855–1898; neue Folge 1899–1938. Zürich, Verlag des Schweiz. Landesmuseums. Fortsetzung: vgl. ZAK.
BK 1948
Wappen, Siegel und Verfassung der Schweizerischen Eidgenossenschaft und der Kantone, Schweiz. Bundeskanzlei, Bern 1948.
BRUCKNER
Bruckner, A. und B.: *Schweizer Fahnenbuch* (mit Fahnenkatalog), St. Gallen 1942.
GLASGEMÄLDE
Schneider, J.: *Glasgemälde, Katalog der Sammlung des Schweiz. Landesmuseums,* Stäfa 1970.
SLM
Schweizerisches Landesmuseum, Zürich.
VH
Vexilla Helvetica, Jahrbuch der Schweiz. Gesellschaft für Fahnen- und Flaggenkunde (seit 1969).
ZAK
Zeitschrift für Archäologie und Kunstgeschichte, 1939 ff., Verlag des SLM.

Ergänzend zu den numerierten Anmerkungen und Literaturhinweisen sind nachstehend einige wichtige Werke zum Thema aufgeführt. Aus Platzgründen war es nicht möglich, alle Werke die eine vollständige Sammlung der Gemeindewappen eines Kantons oder eines Bezirks enthalten, anzugeben. Für weitere Literaturangaben stehen die Schweizerische Heraldische Gesellschaft in Luzern (Wappen und Siegel) und die Schweizerische Gesellschaft für Fahnen- und Flaggenkunde in Zollikon zur Verfügung.

ALLGEMEINE LITERATUR

HERALDIK:
Galbreath, D.L.: *Handbüchlein der Heraldik,* Lausanne 1930; *Manuel du Blason,* Lausanne 1942.
Galbreath, D.L./Jéquier, L.: *Manuel du Blason,* Lausanne 1977.
Ganz, P.: *Geschichte der heraldischen Kunst in der Schweiz im XII. und XIII. Jahrhundert,* Frauenfeld 1899.
Gevaert, E.: *L'Héraldique, son esprit, son langage et ses applications,* Brüssel 1923.
Leonhard, W.: *Das große Buch der Wappenkunst,* München 1976.
Neubecker, O.: *Heraldik, Wappen – Ihr Ursprung, Sinn und Wert,* Frankfurt/Main 1977.
Seyler, G.A.: *Geschichte der Heraldik* (Wappenwesen, Wappenkunst, Wappenwissenschaft), J. Siebmacher's großes Wappenbuch, Band A, Nürnberg 1885–1889 (1890); Nachdruck, Neustadt an der Aisch 1970.

SIEGELKUNDE:
Kittel, E.: *Siegel,* Braunschweig 1970.

FAHNENKUNDE:
Neubecker, O.: *Fahnen und Flaggen,* Leipzig 1939; *Historische Fahnen* (Die Welt in Bildern, Album 8), Hamburg o.J. (1932); *Fahne* (militärisch), in «Reallexikon zur deutschen Kunstgeschichte», Bd. 6, Stuttgart 1972, Sp. 1060–1168; daselbst, Sp. 1168–1183: Deuchler, F./Neubecker, O.: *Fahnenbuch.*
Smith, W. (deutsche Bearbeitung: Neubecker, O.): *Die Zeichen der Menschen und Völker. Unsere Welt in Fahnen und Flaggen,* Luzern 1975.

ANMERKUNGEN

EINFÜHRUNG

1 Tripet, M.: *Les armoiries et les couleurs de Neuchâtel,* Neuenburg 1892.
2 Durrer, R.: *Die Geschenke Papst Julius II. an die Eidgenossen,* XIX. Historisches Neujahrsblatt 1913, Verein für Geschichte und Altertümer von Uri.
3 Mäder, P.M.: *Das Restaurieren historischer Fahnen. Ein Beitrag über die Schäden durch frühere Konservierungs- und Restaurierungsarbeiten,* ZAK, Bd. 32, 1975, Heft 4, S. 263–275.

SCHWEIZERISCHE EIDGENOSSENSCHAFT

1 Studer, G.: *Die Berner Chronik des Conrad Justinger,* Bern 1871, Beilage II, Conflictus Laupensis, S. 308. Die davon abgeleiteten deutschen Texte finden sich in Beilage III, Anonyme Stadtchronik, S. 365, sowie in der Berner Chronik von 1420, S. 87.
2 Horstmann, H.: *Vor- und Frühgeschichte des europäischen Flaggenwesens,* Bremen 1971, S. 56–67: «Der Gonfanon des Kaisers», insbesondere die Schlußfolgerung (S. 65): «Zusammenfassend läßt sich feststellen, daß die deutschen Kaiser in staufischer Zeit einen roten Gonfanon geführt haben. Dieser Gonfanon war in der Regel bildlos. Nur in den Zeiten, in denen der Kaiser durch ein Kreuzgelübde gebunden war, trug das rote Tuch ein Kreuz.» Die rote Fahne mit dem weißen Kreuz als Haupteerfahne findet sich zuerst in der Schlacht bei Gölheim 1298.
Die von verschiedenen Autoren (u.a. Borgeaud, Ch.: *Die Schweizerfahne,* Beilage zu AHS 1917, aus «Schweizer Kriegsgeschichte», Heft 10) als Beweis für die frühere Vorkommen der «Kaiserfahne» angeführte Handschrift *Liber ad honorem Augusti* des Petrus de Ebulo aus der Zeit um 1195 fällt als zuverlässige Quelle aus, da die dort befindlichen Bilder später überarbeitet und mit Zusätzen versehen worden sind (vgl. Horstmann, op. cit., S. 59 und 64–65).
3 Einen noch älteren Beleg für das Vorkommen der «Schweizerfahne» glaubten verschiedene Autoren, u.a. Segesser v. Brunegg, H.A.: *Schweizer im Deutschordensland. Die Schweizerfahne aus der Schlacht bei Tannenberg (Grünwald) 1410,* in AHS 1933, S. 66–74 und 110–121 (Hinweis auf S. 117) sowie Gessler, E.A.: *Schweizerkreuz und Schweizerfahne,* Zürich 1937, S. 27, im polnischen Fahnenbuch «Banderia Prutenorum» gefunden zu haben, in dem auf Fol. 5r ein rotes Banner mit durchgehendem weißem Kreuz abgebildet ist. Nach den neuesten Forschungen dürfte es sich jedoch um «das deutsche Reichsbanner oder das polnische Floriansbanner» handeln; vgl. Ekdahl, S.: *Die «Banderia Prutenorum» des Jan Dlugosz – eine Quelle zur Schlacht bei Tannenberg 1410,* Göttingen 1976, S. 89–94 und 176–177.
4 Gessler, E.A., op.cit., S. 32.
5 Gessler, E.A., op.cit., S. 19–20, erwähnt als Kuriosum die «nur zeitweilige Änderung der allgemein üblichen Zeichen», indem gemäß EA (Eidg. Abschied) III. 2., S. 731, 1513, 1. August, «weiße Kreuze und weiße Schlüssel» geführt wurden, ebenso 1529, was den Schweizern seitens ihrer Gegner den Spottnamen «Schlüsselsoldaten» eintrug.
6 Ms. A4 in der Zentralbibliothek Zürich; Stumpf, Joh.: *Wappenbuch schweizerischer und ausländischer Geschlechter.*
7 EA, 4, Id, 899; vgl. 909.
8 *Das burgundische Astkreuz* ist das Wahrzeichen des heiligen Andreas, Schutzpatron des einstigen burgundischen Herrscherhauses und des Ordens vom Goldenen Vlies. Wir begegnen diesem Kreuz in zahlreichen Feldzeichen des Heeres Karls des Kühnen. Nach dessen Tod 1477 vermählte sich seine einzige Tochter und Erbin, Maria von Burgund, mit Erzherzog Maximilian von Österreich, der 1493 als Maximilian I. deutscher Kaiser wurde. Durch diese Heirat kamen burgundische Lande in österreichischen Besitz; damit fanden aber auch die Symbolik des Goldenen Vlieses und burgundische Heraldik Eingang in Österreich. Das burgundische Astkreuz wurde in die kaiserlichen Feldzeichen übernommen und schmückte sie bis zur Mitte des 17. Jahrhunderts. Unter Kaiser Karl V. gelangte das Astkreuz auch nach Spanien, in dessen Fahnen es noch im 19. Jahrhundert zu sehen war. Es erscheint sogar heute noch in der spanischen Königsstandarte.
Vgl. V. Tourneur: *Les origines de l'Ordre de la Toison d'Or et la symbolique des insignes de celui-ci,* Brüssel 1956, sowie Ausstellungskatalog: *Die Burgunderbeute und Werke burgundischer Kunst,* Bernisches Historisches Museum 1969.
9 Bächtiger, F.: *Andreaskreuz und Schweizerkreuz/Zur Feindschaft zwischen Landsknechten und Eidgenossen,* in «Jahrbuch des Bernischen Historischen Museums», 51. und 52. Jg. 1971 und 1972, S. 205–270.
10 Bruckner, S. 304 und 305.
11 Gemälde der Schlacht bei Moncontour bei Bruckner, Tafel 58. Vgl. Vivis, G.: *Die Fahnen des Regiments Ludwig Pfyffer (1567/70) und der Schweizerregimenter in Frankreich,* AHS 1913, S. 15–24 und 67–75, sowie P. Fischer, R.: *Neue Forschungen zu den Appenzeller Fahnen und den von Appenzellern erbeuteten Feldzeichen,* ZAK Bd. 32, Heft 4/1975, S. 281–295; über die Fahnen von Moncontour: S. 288–290.
12 Auch die französischen Truppen führten damals schon zum Teil ein weißes Kreuz in ihren Fahnen. Vgl. Martin, P.: *Enseignes françaises de*

1557–1558, in «Livrustkammaren», 9–10, Stockholm 1954, S. 137–175, sowie Ziggioto, A.: *Gli antichi libri di bandiere della Biblioteca Reale e dell'Archivio di Stato di Torino*, in «Recueil du 4e Congrès international de Vexillologie, Turin, 1971».
13 P. Fischer, R., op.cit., S. 289.
14 Mühlemann, L.: *Vom weißen Kreuz zur Trikolore*, erster Teil: das Ancien Régime, VH 1970, S. 12–18.
15 Mäder, P.M.: *Erinnerungsblatt mit den Fahnen und Uniformen der eidgenössischen Zuzüger in Basel, 1792* mit geschichtlichem Rückblick und, als Anhang, *Versuch einer chronologischen Übersicht der wesentlichen Schweizer Militärfahnentypen und -muster im 17. und 18. Jahrhundert*, VH 1970, S. 1–5b.
16 Bruckner, Fahnenkatalog, S. 17, Nr. 82 und Abb. S. 18.
17 Bruckner, S. 305.
18 de Rham, C./Mühlemann, L.: *Les drapeaux des régiments suisses au service du Royaume de Sardaigne*, in «Armi Antiche», Numero speciale per il 4° Congresso Internazionale di Vessillologia, Turin 1971, S. 13–33.
19 Über die Fahnen der Schweizerregimenter in fremden Diensten vgl. die laufend erscheinenden Artikel in VH.
20 Mattern, G.: *Die Flaggen und Kokarden der Schweiz zwischen 1792 und 1848*, AHS 1974, S. 14–22.
21 Mattern, G., art. cit., S. 20.
22 Bruckner, S. 362 und 364.
23 Bruckner, S. 374 und 375.
24 Bruckner, S. 376.
25 Rudolf Münger, der u.a. die Serie der Pro Juventute-Briefmarken 1918–1926 mit den Kantonswappen entwarf, setzte sich für die schlanke Form und die freie Gestaltung des Schweizerkreuzes ein. Publikationen u.a.: *Gedanken über das Schweizerkreuz und seine Anwendung und Gestaltung*, in «Das Werk», Jg. 9, 1922, S. 85–89 (1 Tafel); *Das Kreuz im Schweizerwappen*, in «Schweizerwochejahrbuch» 1928/1929, Schweizerart und -arbeit, S. 22–23.
26 «Bericht der ständeräthlichen Kommission über die Petition Haffter und Genossen betreffend das Wappen der schweizerischen Eidgenossenschaft» vom 18. Juni 1890, S. 8: «Das schweizerische Militärdepartement hat also wohlgethan, unsere Bataillonsfahnen umzuändern und sie in Übereinstimmung mit dem Wappen der schweizerischen Eidgenossenschaft zu bringen.»
27 Mäder P.M.: *Die Kommandostandarten des Generals und der Heereseinheiten der Schweizerischen Armee*, VH 1971, S. 29–38.
28 Kern, L.: *Wappen, Landesfarben und Siegel der Eidgenossenschaft*, BK 1948, Teil II: «Die Siegel», S. 24–31, dazu Abb. auf S. 55–58. Stantz, L.: *Wappen der schweizerischen Eidgenossenschaft und ihrer XXII Kantone*, in «Archiv des Historischen Vereins des Kantons Bern», VI. Bd., Bern 1867.

KANTON ZÜRICH
1 31. Jahresbericht (1922) des SLM, Zürich 1923, S. 27–28 sowie 36 ff.
2 Schneider, J.: *Glasgemälde*, Bd. I, darin 17 Abb. von Zürcher Standesscheiben.
3 Nigg, W.: *Felix und Regula*, Zürich 1967.
4 Schneider, H.: *Schweizer Schützenfähnchen des 15. und 16. Jahrhunderts*, ZAK Bd. 32, 1975, Heft 4.
5 Kolorierter Umrißstich von Rudolf Huber, farbig reproduziert bei Schneider, H.: *Vom Brustharnisch zum Waffenrock/De la cuirasse à la tunique*, Frauenfeld 1968.
6 Farbig reproduziert bei Schneider, H., op.cit. (Anm. 5).
7 Sämtliche Angaben über die Siegel der Stadt Zürich verdanken wir den freundlichen Mitteilungen von Stadtarchivar Dr. Hugo Hungerbühler.

KANTON BERN
1 Wegeli, R.: *Heraldische Schilde im Bernischen Historischen Museum*, AHS 1919, S. 28–32.
2 von Fischer, R./Lerch, Chr.: *Das Wappen und die Landesfarben. Die Siegel*, BK 1948, S. 303–308.
3 Zeerleder, A.: *Die Berner Handfeste*, in «Festschrift zur VIII. Säkularfeier der Gründung Berns, 1191–1891», Bern 1891, Kapitel V.
4 Studer, G.: *Die Berner Chronik des Conrad Justinger*, Bern 1871, S. 316 (Anonyme Stadtchronik, 1424 abgeschlossen). Die Chronik erwähnt «einen schwarzen beren in einem wissen velde». Vgl. auch S. 8 (Berner Chronik, 1421 abgeschlossen).
5 Justinger, Ed. Studer, op.cit., S. 35 und 331 (Anonyme Stadtchronik).
6 von Rodt, Ed.: *Die Banner der Stadt und Landschaft Bern*, in «Berner Taschenbuch für das Jahr 1893/94», Bern 1894, S. 1–50, die betreffende Behauptung auf S. 24 und 25.
7 Über den Ursprung dieses Irrtums und dessen Berichtigung gegen Ende des 19. Jahrhunderts vgl. Freiherr von Neuenstein, K.: *Das Wappen des großherzoglichen Hauses Baden in seiner geschichtlichen Entwicklung*, Karlsruhe 1892, S. 5–17 (Das Wappen der Herzoge von Zähringen).
8 Bruckner glaubte, das Berner Fähnlein sei im 14. Jahrhundert ursprünglich ganz rot, im 14./15. Jahrhundert rot mit einem waagrechten weißen Strich und erst später von einem weißen Kreuz durchzogen gewesen (vgl. Fahnenkatalog, S. 27). Diese Ansicht Brucknerns wurde kurz nach Erscheinen des Fahnenbuches widerlegt. Vgl. Strahm, H.: *Das Berner «Freiheitsbanner»*, im «Bund» vom 20. Januar 1943. (Diesen Hinweis verdanken wir Herrn Dr. F. Bächtiger, Konservator am Bernischen Historischen Museum.)
9 Zesiger, A.: *Das Schweizerkreuz, 1. Das Bernerkreuz*, AHS 1910, S. 2–7. Ferner Gessler, E.A.: *Schweizerkreuz und Schweizerfahne*, Zürich 1937, S. 6f. Gessler revidierte seine Meinung in seinem Buch *Die Banner der Heimat*, Zürich 1942, S. 3.
10 von Rodt, E.: *Geschichte des Bernischen Kriegswesens von der Gründung der Stadt Bern bis zur Staatsumwälzung von 1798*, Bd. II, Bern 1834, S. 68, sowie Bruckner, Fahnenkatalog, S. 27.
11 Schneider, H.: *Schweizer Schützenfähnchen des 15. und 16. Jahrhunderts*, ZAK Bd. 32, 1975, Heft 4, S. 245–246 und 256–257.
12 Bruckner, Fahnenkatalog, S. 28.
13 Bruckner, Fahnenkatalog, S. 105, Nr. 612 (Schenkenberg) und S. 125, Nr. 727 (Trachselwald).
14 Bruckner, Fahnenkatalog, S. 138, Nr. 808 (Yverdon) und S. 139, Nr. 821, Abb. auf S. 140 (Zofingen).
15 Bruckner, Fahnenkatalog, S. 3, Nr. 3 und 4 (Aigle), S. 130, Nr. 755 und Abb. S. 236.
16 Zeugin, G.: *Eine Landesteilfahne für das Berner Oberland*, AH 1954, S. 19. Ferner Mattern, G.: *Schweizer Regionalfahnen*, VH 1975, S. 18 und 19.

KANTON LUZERN
1 Galliker, J.M.: *Die runde Ämterscheibe von Luzern auf dem Stadtplan 1597 des Martinus Martini*, AHS 1972, S. 32–36.
2 Schulthess, E.: *Die Städte- und Landes-Siegel der Schweiz*, Zürich 1853, S. 56.
3 Weber, P.X.: *Die Siegel der Stadt Luzern bis zur Helvetik*, AHS 1933, S. 145–150. Vgl. auch Reinle, A.: *Die Kunstdenkmäler des Kantons Luzern*, Bd. VI, S. 416.
4 Mader, R.: *Die Fahnen und Farben der Schweizerischen Eidgenossenschaft und der Kantone*, St. Gallen 1942, S. 49.
5 Galliker, J.M.: *Das Banner von Luzern*, in der Schriftenreihe «Luzern im Wandel der Zeiten», Nr. 39, Luzern 1966, S. 20.
6 Schneider, H.: *Schweizer Schützenfähnchen des 15. und 16. Jahrhunderts*, ZAK Bd. 32, 1975, Heft 4, S. 252 und 253 sowie Abb. 10–12.
7 Galliker, J.M.: *Luzerns Panner und Fähnlein*, AHS 1968, S. 2–18 (Zitat von S. 17).

KANTON URI
1 Galliker, J.M.: *Das Arbedo-Denkmal in der Peterskapelle zu Luzern*, AHS 1975, S. 47–56.

KANTON SCHWYZ
1 Studer, G., Ed.: *Die Berner Chronik des Conrad Justinger*, Bern 1871, S. 46.
2 Bruckner, S. 123.
3 Bruckner, Fahnenkatalog, S. 107, Nr. 617 und Abb. S. 6.
4 Bruckner, S. 121, Vgl. auch Castell, A.: *Das Wappen und die Landesfarben*, BK 1948, S. 467.

KANTON OBWALDEN
1 von Bonstetten, A.: *Superioris Germaniae confoederatio descriptio* (Beschreibung der Eidgenossenschaft in den oberdeutschen Landen).
2 Galliker, J.M.: *Die Fahne von Unterwalden*, AHS 1969, S. 16–26 (Zitat von S. 17).
3 Galliker, art.cit., S. 18, Anm. 7.

KANTON NIDWALDEN
1 Niederberger, F.: *Das Wappen und die Landesfarben*, BK 1948, S. 553–559 (Zitat von S. 553).
2 Niederberger, F., art.cit., S. 553.

KANTON GLARUS
1 Stantz, L.: *Wappen der Schweizerischen Eidgenossenschaft und ihrer XXII Kantone*, in «Archiv des Historischen Vereins des Kantons Bern», VI. Bd., Bern 1867, S. 709.
2 *Die Wappen der Schweizerischen Eidgenossenschaft und der Kantone*, ohne Verlagsvermerk und ohne Jahreszahl.
3 Gautier, A.: *Les armoiries et les couleurs de la Confédération et des cantons suisses*, Genf und Basel 1878, S. 60.
4 Tschudi-Schümperlin, I./Winteler-Marty, J.: *Glarner Gemeindewappen*, Glarus 1941.
5 Mader, R.: *Die Fahnen und Farben der Schweizerischen Eidgenossenschaft und der Kantone*, St. Gallen 1942, S. 73.
6 BK 1948, Abb. S. 593.
7 Brief vom 1. Oktober 1959 an den Verfasser.
8 Durrer, R.: *Glarner Fahnenbuch*, Zürich 1928.
9 Einen bedeutenden Teil der Dokumentation über die Glarner Militärfahnen verdanken wir dem im Landesarchiv aufbewahrten Manuskript über die Hoheitszeichen des Kantons Glarus: Zweifel, J.: *Les insignes de souveraineté et emblèmes du Canton de Glaris. Leur signification et leur emploi dans la vie administrative et communale*, Glarus 1948.
10 Winteler, J.: *Die Landesfarben des Kt. Glarus*, AHS 1935, S. 65–69.

KANTON ZUG
1 Birchler, L.: *Die Kunstdenkmäler des Kantons Zug*, Basel 1935, II. Halbbd., «Die Kunstdenkmäler von Zug-Stadt», S. 45.
2 Anderes, B.: *Glasmalerei im Kreuzgang Muri*, Spar- und Leihkasse Oberfreiamt Muri, Hrsg., Bern 1974, S. 152 und 153.
3 Gessler, E.A.: *Die Banner der Heimat*, Zürich 1942, S. 42.

KANTON FREIBURG
1 Hauptmann, F.: *Das Wappen von Freiburg*, in «Freiburger Geschichtsblätter», Jg. 4, 1897, S. 54–63.
2 Schneider, H.: *Schweizer Schützenfähnchen des 15. und 16. Jahrhunderts*, ZAK Bd. 32, 1975, Heft 4, S. 247 und 248.
3 Bruckner, Tafel 86, bei der von den beiden Flammenfarben nur die schwarze, die zweite jedoch nicht ersichtlich ist. Auf S. 360 erwähnt der Autor ausdrücklich die «in den Freiburger Standesfarben» gehaltene Fahne. Die von M. de Diesbach in seinem Aufsatz *Les armes de Fribourg en Uechtland*, AHS 1903, S. 55, Anm. 3, erwähnten drei Fahnen der Restauration zeigen ebenfalls die Farben Schwarz und Blau.
4 Freiburgisches Staatsarchiv, Register «Gruyères», Nr. 71, Fol. 135, Rücks.
5 De Diesbach, M., art.cit., S. 53.
6 De Vevey, B.: *Armorial des Communes et des Districts du Canton de Fribourg*, Zürich 1943, S. 7.
7 Schneider, H.: *Vom Brustharnisch zum Waffenrock*, Frauenfeld 1968, Tafel 8/2.

KANTON SOLOTHURN
1 Ganz, P.: *Ämterscheibe des Standes Solothurn*, AHS 1928, S. 110–111, Farbtafel VI.
2 Sigrist, H.: *Das Wappen und die Landesfarben*, BK 1948, S. 719–727 (Zitat von S. 720).
3 Fiala, F.: *Das St. Ursus-Panner, ein Andenken an die Belagerung von Solothurn MCCCXVIII*, Solothurn 1869, sowie Bruckner, S. 32 und 33 und Fahnenkatalog, S. 110, Nr. 638.
4 Vgl. Fiala, op.cit., S. 18 und 19.

163

5 Schneider, H.: *Schweizer Schützenfähnchen des 15. und 16. Jahrhunderts,* ZAK Bd. 32, 1975, Heft 4.
6 Vgl. *L'habit rouge et blanc de Hans Roth,* AHS 1940, S. 39.

KANTON BASEL-STADT
1 Schaefer, G./Hummel, D.: *Das Vorbild des Baselstabes,* AHS 1947, S. 81–86.
2 Staehelin, A./Barth, U.: *Der Baselstab,* in «Basler Stadtbuch 1975», Christoph-Merian-Stiftung Hrsg., Basel 1976, S. 148–178, in drei Teile gegliedert: I. Herkunft und Entwicklung des Baselstabs bis zum Ende des 14. Jahrhunderts (A. Staehelin) S. 148–156. II. Der Baselstab vom 14. Jahrhundert bis zur Kantonstrennung 1832/33 (U. Barth) S. 157–170. III. Der neuzeitliche Baselstab (U. Barth) S. 171–178. Zitat: Teil I, S. 155.
3 Staehelin, A., art.cit., Teil I, S. 155 und 156.
4 Schneider, J.: *Glasgemälde,* Bd. I, S. 48 und 156, Abb. Nr. 85.
5 Barth, U.: art.cit., Teil II, S. 166.
6 Barth, U.: art.cit., Teil III, S. 173.
7 Wurstisen, Chr.: *Basler Chronik,* 1. Ausg. 1580, 2. Ausg. 1765–1799, 3. Ausg. 1883, Basel, S. 360, Anm. 4.

KANTON BASELLAND
1 Bruckner, S. 370.
2 Bruckner, Fahnenkatalog, S. 48, Nr. 257.

KANTON SCHAFFHAUSEN
1 Bruckner-Herbstreit, B.: *Die Hoheitszeichen des Standes Schaffhausen und seiner Gemeinden,* Reinach-Basel 1971, S. 73.
2 Bruckner-Herbstreit, B.: op.cit., S. 68 und 69.
3 Es sind nur noch Teile des gelben Tuches erhalten: vgl. Bruckner, Fahnenkatalog, S. 103, Nr. 598.
4 Bruckner, Fahnenkatalog, S. 104, Nr. 604–606, mit Abb., sowie Bruckner-Herbstreit, B., op.cit., S. 153.

KANTON APPENZELL AUSSERRHODEN
1 Diebolder, P.: *Das Wappen des Kantons Appenzell,* AHS 1926, S.5.Anm.6.

KANTON APPENZELL INNERRHODEN
1 *Appenzeller Urkundenbuch,* Bd. I (1913), S. 9 ff., Nr. 18.
2 Ruosch, A.: *Hoheitszeichen von Appenzell I. Rh.* (Separatdruck aus dem «Innerrhoder Geschichtsfreund» 1955, 3. Heft), S. 6 und 7.
3 Stantz, L.: *Wappen der schweizerischen Eidgenossenschaft und ihrer XXII Kantone,* in «Archiv des Historischen Vereins des Kantons Bern», VI. Band, Bern 1867, S. 740.
4 Adolphe Gautier hatte bereits in seinem Werk *Les armoiries et les couleurs de la Confédération et des cantons suisses,* 2. Aufl., Genf und Basel, 1878, S. 86, für den Gesamtkanton Appenzell einen gespaltenen Schild vorgeschlagen, in dem jedoch beide Bären nach rechts schauen. Die für das gemeinsame Wappen im Bundessiegel getroffene Lösung für die gemeinsame Fahne wurde nicht übernommen. In allen Fällen, da nur 22 Masten für die Fahnen der schweizerischen Kantone zur Verfügung stehen, vertritt die Fahne von Appenzell Innerrhoden nach wie vor das ganze Land Appenzell.
5 Diebolder, P.: op.cit., S. 4.

6 Koller, A.: *Die Siegel,* BK 1948, S. 883–888.
7 P. Fischer, R.: *Neue Forschungen zu den Appenzeller Fahnen und den von Appenzellern erbeuteten Feldzeichen,* ZAK Bd. 32, 1975, Heft 4, S. 281–295.
8 P. Fischer, R.: *Vom Fahnenwesen des Landes Appenzell,* in «Appenzeller Volksfreund», 6. April 1974.
9 Zitiert von Paul Martin in seinem *St. Galler Fahnenbuch,* St. Gallen 1939, S. 33.
10 P. Fischer, R.: vgl. Anm. 8, op.cit., S. 286, Abb. 7 und 8.
11 P. Fischer, R.: *Das Rathaus in Appenzell,* in «Appenzellische Jahrbücher» 88, 1960, S. 51–61.

KANTON ST. GALLEN
1 Gull, F.: *Die Gemeindewappen des Kantons St. Gallen,* AHS 1918, S. 97–100, 149–152, 202–208, und AHS 1919, S. 39–43, 83–92, 125–132.
2 Gull, F.: *Das Wappenbild der Abtei und der Stadt St. Gallen in älteren Bannern und Siegeln,* AHS 1907, S. 68–76 (Zitat von S. 68 und 69).
3 Gull, F.: art.cit., AHS 1919, S. 129, Anm. 1. Wahrscheinlich war das Wappen: in Silber eine schwarze Kirchenfahne.
4 Pro Juventute: *Sammlung der schweizerischen Kantonswappen nach den 1918–1926 herausgegebenen Pro Juventute-Marken,* Zürich, o.J.
5 *Die Gemeindewappen des Kantons St. Gallen,* bearb. von der Gemeindewappenkommission, St. Gallen 1947.
6 Martin, P.: *St. Galler Fahnenbuch,* 79. Neujahrsblatt, Historischer Verein des Kantons St. Gallen, St. Gallen 1939, S. 11–47.
7 Martin, P.: op.cit., S. 55–71.
8 Fahnenrückseite abgebildet bei Martin, P., op.cit., S. 50, Abb. 33.

KANTON GRAUBÜNDEN
1 Schmidt, G.: *Die restaurierten Malereien in der reformierten Kirche zu Ilanz,* ASA, neue Folge, Bd. XXXVII, Zürich 1935, Heft 2, S. 145–149 und Abb. 5.
2 De Rham, C./Mühlemann, L.: *Les drapeaux des régiments suisses au service du Royaume de Sardaigne,* in «Armi Antiche», Bollettino dell'Accademia di S. Marciano, Turin 1971, S. 22, Fig. 22 und S. 27, Fig. 27.
3 Pieth, F.: *Das Wappen und die Landesfarben,* BK 1948, S. 951–972 (Zitat von S. 953).
4 von Jecklin, Fr.: *Über Vereinfachung des Bündnerwappens,* AHS 1911, S. 1–8.
5 *Die Bündner Wappenfrage,* Gutachten der Historisch-Antiquarischen Gesellschaft, des Kunstvereins und der Vereinigung für Heimatschutz; Separatdruck aus dem Bündner Monatsblatt 1931.
6 von Salis, P.: *Wappen, Fahne und Flagge von Graubünden wie sie von Rechts wegen sein müssen,* Zürich 1936. Von Salis hatte sich vehement für die Beibehaltung des von Silber und Schwarz gespaltenen Wappens des Grauen Bundes eingesetzt. Seine Argumente sind jedoch nicht überzeugend.
7 Poeschel, E.: *Die Kunstdenkmäler des Kantons Graubünden,* Band I, Basel 1937, S. 269.
8 Poeschel, E.: op.cit., S. 267–269.

KANTON AARGAU
1 Mattern, G.: *Schweizer Regionalfahnen,* VH 1975, besonders S. 19 und 20. Eine weitere Fahne aus dem 17. Jh. bei Bruckner, Fahnenkatalog, S. 50, Nr. 264, Abb. S. 247.
2 Zu den dem Freiämter Wappen nachgebildeten Gemeindewappen vgl. Halder, N.: *Bereinigte und neue Gemeindewappen des Kantons Aargau,* in «Jahrbuch des Standes Aargau/2» (Aarau 1955), S. 94 und «3» (Aarau 1957), S. 92.
3 Bronner, F.X.: *Der Kanton Aargau, historisch, geographisch, statistisch geschildert,* St. Gallen und Bern 1844–1845, Bd. 1, S. 11.
4 Halder, N.: *Landesfarben, Siegel und Wappen,* BK 1948, S. 1017–1039 (Zitat von Seite 1034).

KANTON THURGAU
1 Gautier, A.: *Les armoiries et les couleurs de la confédération et des cantons suisses,* Genf 1864 und 1878 (Hinweis auf S. 102).
2 Grenser, A.: *Die Wappen der XXII Kantone Schweizerischer Eidgenossenschaft. Heraldisch, historisch und kritisch erläutert,* Braunschweig 1866, S. 27.
3 Hauptmann, F.: *Die Wappengruppe der Kiburg,* AHS 1924, S. 49–60 und 129–135, Hinweis S. 60.
4 Schaltegger, F.: *Herkunft des Thurgauer Wappens,* in «Thurgauische Beiträge zur vaterländischen Geschichte», Heft 64/65, Frauenfeld 1928, S. 137–145.
5 Leisi, E.: *Das richtige Wappen des Thurgaus* (Sonderabdruck aus «Thurgauische Beiträge zur vaterländischen Geschichte», Heft 84, Frauenfeld 1947.

KANTON TESSIN
1 Trezzini C.: *Le armi dei baliaggi ticinesi,* AHS 1941, S. 82–86.
2 Mader, R.: *Die Fahnen und Farben der Schweizerischen Eidgenossenschaft und der Kantone,* St. Gallen 1942, S. 124–126.
3 Vgl. Mader, R., op.cit., S. 125. Die vom Autor erwähnten Fahnen stammen aus der ersten Hälfte des 18. Jh. und kommen als Quelle deshalb nicht in Betracht. Die Fahnen vom Ende 18. Jh., die sowohl zeitlich als in bezug auf ihre Farben ev. herangezogen werden könnten, wurden von Schweizerregimentern geführt, deren Mannschaften sich aus den Kantonen Bern und Schaffhausen sowie aus Graubünden rekrutierten. Somit sind auch diese Feldzeichen für die fragliche Argumentation auszuschließen. Vgl. de Rham, C./Mühlemann, L.: *Les drapeaux des régiments suisses au service du Royaume de Sardaigne,* in «Armi Antiche, Numero speciale per il 4º Congresso internazionale di Vessillologia, Turin 1971, S. 13–33.
4 Lienhard-Riva, A.: *La bannière cantonale tessinoise,* AHS 1931, S. 127–130 (Fahnenbeschreibung und Kommentar S. 129), sowie Bruckner, Fahnenkatalog, S. 74, Nr. 418 und Tafel 70.
5 Mader, R., op.cit., S. 125, erblickt im roten Fahnentuch und in der blauen Fahnenstange «wiederum Spuren der neuen Tessiner Farben». Im Gegensatz zu Lienhard-Riva und Bruckner weist Mader diese Fahne der Zeit «nach 1803» zu.

KANTON WAADT
1 Galbreath, D.L.: *Sceaux et armoiries de la baronnie de Vaud,* AHS 1941, S. 59–62, sowie Dubois, F.-Th.: *Monuments héraldiques de la domination savoyarde sur le Pays de Vaud,* AHS 1940–1944, darin besonders Jg. 1940, S. 1–6.
2 Dubois, R.-Th.: *Les armes du bailliage de Vaud,* AHS 1905, S. 127–129.
3 Dubois, F.-Th.: *A propos des armes écartelées des ducs de Savoie,* AHS 1935, S. 70–72.
4 Vgl. die Berner Ämterscheibe im Kapitel «Kanton Bern», S. 35.
5 Fahne abgebildet bei Bruckner, S. 350. Beschreibung im Katalogteil, S. 132, Nr. 767.
6 Wir danken Walter Gehri, Lausanne, für die wertvollen Auskünfte (vgl. Anm. a und b), die er uns aufgrund seiner Recherchen im waadtländischen Staatsarchiv erteilte.

KANTON WALLIS
1 Abbé Gremaud, J.: *Documents relatifs à l'histoire du Vallais,* Lausanne 1875–1898, Bd. I, S. 222 ff.
2 Dupont-Lachenal, L.: *Notes sur les armoiries des Evêques de Sion,* in Sonderausgabe des «Anzeigers des Bistums Sitten» zum 10. Jahrestag der Bischofsweihe von Mgr. Nestor Adam, Bischof von Sitten, Sitten 1962, S. 92 und 93.
3 Stumpf zeigt in seiner Chronik von 1548, S. DCXVIII, für das Bistum Sitten einen gespaltenen Schild, sowie auf S. DCXXIV das Wappen des Bischofs Adrian I. von Riedmatten geviert, 1 und 4 Bistum Sitten, gespalten, 2 und 3 de Riedmatten.
4 Tagliabue, E.: *Le insegne degli Svizzeri al principio del Secolo XVI,* AHS 1894, S. 216–223.
5 Tagliabue, E.: op.cit., S. 220.
6 *Walliser Wappenbuch,* Hrsg. Kantonsarchiv, Sitten 1946, S. 273 und Abb. S. XVIII.
7 Bruckner (Fahnenkatalog, S. 133, Nr. 775) weist diese Fahne dem 17. Jh. zu und streitet diese Angabe in seinem Nachtrag, S. 80, indem er das Feldzeichen ins 16. Jh. zurückversetzt, obwohl ein solches Flammenmuster zu dieser Zeit noch gar nicht existierte.

KANTON NEUENBURG
1 Bruckner, Fahnenkatalog, S. 86, Nr. 507–511.
2 Bruckner, Fahnenk., S. 87, Nr. 515.
3 Vgl. den (nicht signierten) Artikel: *Pour les chevrons de Neuchâtel,* AHS 1917, S. 159 und 160.

KANTON GENF
1 Deonna, H.: *Armoiries de Genève sous l'Empire,* AHS 1911, S. 161–163.
2 Demole, E.: *Armes officielles de Genève,* AHS 1918, S. 47–48.

KANTON JURA
1 Frossard, A., père et fils: *Les Princes-Evêques de Bâle de 1575 à 1828,* Porrentruy 1944.
2 Mattern, G.: *Die Flaggen und Kokarden der Schweiz zwischen 1792 und 1848,* AHS 1974, S. 14–22.
3 Grellet, J.: *Le drapeau jurassien,* AHS 119, S. 135–136.
4 Mettler, Ch.-E.: *Armorial des Communes du Jura Bernois,* Porrentruy 1952. Darin das der Fahne nachgebildete Wappen.